Introduction to English Law

イギリス法入門［第2版］

● 歴史、社会、法思想から見る

戒能通弘・竹村和也
Michihiro Kaino & Kazuya Takemura

法律文化社

目　次

序　論　**イギリス法を学ぶ意義とは？** ……………………… 1

第**1**章　**イギリス法の成立とその歴史** ……………… 13
- 1　コモン・ローの誕生と発展　15
- 2　エクイティの成立と特徴　21
- 3　議会主権と法の支配　25
- まとめ　33

第**2**章　**イギリス社会とイギリス法** ………………… 37
- 1　イギリス社会と歴史，伝統　38
- 2　他国の法との比較から見るイギリス法　46
- まとめ　58

第**3**章　**判例法主義** …………………………………… 62
- 1　判例法主義の背景　63
- 2　判例法，コモン・ローをめぐる法思想　65
- 3　現代イギリスの判例法主義　70
- まとめ　78

第**4**章　**法律家制度** …………………………………… 80
- 1　イギリスの裁判制度　81
- 2　イギリスの法律家制度　90
- 3　イギリスの裁判官制度　96
- まとめ　101

第**5**章　**陪　審　制** …………………………………… 104
- 1　イギリス社会と陪審制　105
- 2　「自由の灯火」としての陪審制　109
- 3　陪審制の限界　115
- まとめ　120

i

第6章　法の支配 ········ 124

 1 マグナ・カルタとエドワード・クック 125
 2 議会主権と法の支配 133
 3 現代イギリスの法の支配——ダイシーと1998年人権法 137
 まとめ 142

第7章　イングランドの法とスコットランド法 ········ 144

 1 大陸法とイギリス法 145
 2 スコットランド法の成立と発展 152
 3 現代スコットランドの法と政治 160
 まとめ 166

第8章　イギリス法とヨーロッパ ········ 170

 1 欧州人権条約と1998年人権法 171
 2 イギリスの司法制度改革とヨーロッパ 179
 3 EU 離脱とイギリス法 185
 まとめ 198

第2版あとがき／あとがき
主要参考文献
人名索引／事項索引

Key Word

実体的デュー・プロセス／ イギリスにおける法典化／ ウルフ改革／
法曹学院／ マグナ・カルタ／ リヴァイアサン／ イギリス憲法と習律

❗ Topics

連合王国最高裁判所のエンブレム／ ジョン・ロック／ ブレグジット
と議会主権／ バークの思想／ ピーター・ゼンガー事件（1735
年）／ イギリスの民事・刑事法の特徴／ 大陪審／ テロ対策関連
法／ EU 法の痕跡——議会主権原則の修正／北アイルランド国境問
題

☕ Tea Break

2020年コロナウイルス法とリモート裁判／ かつらとガウン／ イギリ
スのテレビドラマと陪審制／ 薔薇の名前／ スクーンの石／ スコット
ランド啓蒙／ 連合王国最高裁判所／ ブレグジットとプレミアリーグ

序　論　イギリス法を学ぶ意義とは？

　本書は，主に大学の法学部の皆さんを対象としたイギリス法の入門書，教科書である。まず，そもそも何故，イギリス法をはじめとする外国法を勉強する必要があるのか，外国法を勉強する意義とは何か，疑問に感じる学生の皆さんもいるかもしれない。

　英語の授業の増加，海外の大学への留学プログラムの充実など，日本の大学でもグローバル化，国際化に対応した取り組みが進みつつあり，今後もそのような傾向は強まるだろう。その一方で，本書が対象とするイギリス法，あるいはアメリカ法，ドイツ法，フランス法，中国法といった外国法の教育が，語学教育などと同じように充実したとはいえないだろう。そもそも学生の皆さんには，日本の法律を学ぶのに精一杯という人も多いと思われる。また，中学，高校で学び，一定の素地がある上で力を伸ばせる英語の学習とは違い，外国法は日本の法律と異なる部分が大きく，勉強の二の足を踏むという人もいるだろう。さらに，例えば，七法科目を学ぶことで法科大学院への進学や公務員試験の準備ができるといった実益が見えにくいのも，外国法を勉強することが，語学の勉強ほどは熱心に行われていない要因であろう。

　ただ，外国法を勉強することには，以下のような意義があると考えられる。

　①　将来，ビジネス，海外勤務等で外国法の知識が必要になる人も多いだろう。そのような際，ある１つの外国法を学んでおけば，実際に必要になるのが別の国の法律であるとしても，応用が利くことは意外にある。多くの国々で用いられている制度をもつような，ある１つの国の法を学ぶことで，世界の様々な国の法や制度に興味をもつきっかけとなり，無理なく視野を広げていくといったことが可能になるだろう。

　②　日本の法や法制度，外国の法や法制度は，それぞれの国の歴史，社会，法思想によって生み出されたものである。外国法を十分に理解するためには，

1

その土壌であるその国の歴史，社会，法思想などを理解しなければならない。逆にいうと，外国法は，その国の歴史，社会，法思想とともに学ぶと理解できるようになるということもある。こういったアプローチを身につけると，日本の法や法制度をより深く理解することにもつながる可能性がある。

③　外国法を勉強する意義としてよく挙げられるものであるが，日本法とは異なる外国法を学ぶことで，日本の法や法制度を評価する視点を獲得し，日本法を批判したり，改善点を探したりできるようになる。

本書が扱うイギリス法を学ぶことにも，上記の①から③に対応する意義があると筆者は考えている。

①　まず，イギリス法の特徴を学ぶことは，イギリス法に対する理解を深めるだけでなく，イギリス法に影響を受けた国々の法を知る手がかりにもなる。よく知られているように，かつてイギリスは世界の覇権を握っており，大英帝国と呼ばれていた。16世紀以来，海外に勢力を拡大し続け，19世紀の末には，全世界の5分の1以上の土地がその大英帝国に属していたといわれている。その際，イギリスは，フランスやスペインといった他のヨーロッパの国々が支配していなかった地域には，イギリス法をもち込んでいた。その結果，アメリカ合衆国はもちろんのこと，フランスの植民地であったケベック州以外のカナダ，オーストラリア，ニュージーランド，それからアジアではインド，シンガポール，香港などの法律は，現在でもイギリス法の影響を受けたものになっている。例えば，イギリス法の主要な特徴の1つとして判例法主義がある。判例法主義とは，法の基本的な部分が法典ではなく，裁判所の判決，判例に含まれていることであるが，イギリスだけでなく，上記の国々，地域でも見られる。日本では馴染みの薄い判例法主義であるが，その原点であるイギリスの判例法主義を学ぶことで，数多くの国々の法の骨格のあり様を知る手がかりも与えられるだろう。

②　歴史，社会，法思想から理解を試みるアプローチは，イギリス法を理解する際に極めて有効な方法であると考えられる。古い歴史をもつイギリス法には，日本の法律を勉強している人にとっては不合理と思われるような，理解しづらいものが多い。そして，イギリス法の主要な特徴に関しても，歴史，社

会，法思想といった各々の背景とともに理解することが必要である。例えば，上記の判例法主義に関していうと，裁判をする際は，日本のように法典を見れば明確な条文がある訳でなく，膨大な数の裁判所の判決，判例から類似の事件を探し出すことから始めなければならない。非常に煩雑であるとともに，何が法であるのか，特に一般の人々には非常に分かりづらいものになっている。ただ，イギリスでは，法典が創られる前の13世紀に全国的な裁判所がロンドンに定着する前後から，事件を解決する過程でルールが創られ，判例集に収められていくという方法が途絶えることはなかった。このような歴史を知ると，イギリスで判例法主義が採られている理由が見えてくるだろう。また，裁判の中の重要な役割である事実認定を，完全に一般市民に委ねてしまう陪審制もある。違憲立法審査制がなく，議会が，たとえ人権を侵害するような法律であっても制定できてしまうという議会主権も維持されてきた。この陪審制や議会主権が何故維持されてきたのか，日本の法や法制度に慣れ親しんだ人々には理解が難しいものである。ただ，裁判や立法に，国王の影響力が過度に及ばないようにして，国王の専制政治を防ぐというイギリスの歴史や法思想とともに学ぶと，十分な理解が可能になると思われる。一方，イギリスでは21世紀になってから，新たな最高裁判所の設置など，大きな法改革が行われている。この点に関しては，ヨーロッパへの接近，移民の増加などのイギリス社会の変化を念頭に入れて理解する必要がある。要するに，歴史，社会，法思想という観点に立つことにより，より深くイギリス法を理解することが可能になると考えられるのである。同じようなアプローチは，日本の法の理解を深めようとする際にも有益であるだろう。

　③　日本法との関連では，確かに日本の法律の大部分は，明治時代にドイツの法律を参考にして導入されたものである。また，憲法は第二次世界大戦後に，アメリカにならって導入されている。したがって，日本の法の基盤は，ドイツ法を元にしてできたものであり，基本法である憲法にアメリカ法の影響が見られると整理されることが多い。しかしながら，日本国憲法に定められている，「何人も，法律の定める手続によらなければ，その生命若しくは自由を奪はれ，又はその他の刑罰を科せられない」（日本国憲法第31条）という罪刑法定

主義に関わる規定は，13世紀のイギリスのマグナ・カルタを起源としたものである。また，明治時代にもマグナ・カルタは研究されており，明治憲法の「日本臣民ハ法律ニ依ルニ非スシテ逮捕監禁審問処罰ヲ受クルコトナシ」（第23条）という規定は，マグナ・カルタを参考にして創られた規定であった。したがって，例えば，日本において罪刑法定主義が十分に守られているか否かは，そのモデルであるイギリス法の趣旨を検討することによっても評価できるだろう。他にもイギリス法を学ぶことから得られる示唆は，決して少なくない。1つだけ例を挙げると，陪審制の限界が挙げられるだろう。イギリスは陪審制の母国であり，その原型は13世紀まで遡るとされている。ただ，上記で述べたように，不合理な側面も数多くあり，イギリス国内でも批判が多い。裁判の重要な役割である事実認定を一般市民に委ねてしまう制度だからである。しかし，その際，イギリスの歴史や法思想によって陪審制が支えられてきたことを知れば，見方が変わるかもしれない。それは市民から成る陪審の独立を維持することで，国王の意のままになる裁判官などの権力から独立した判断が可能になり，人々の自由が守られたという歴史，法思想である。一方，日本の裁判員制度に関して，地方裁判所での裁判員裁判の判断が第二審で覆されてしまうことへの批判が，最近強まっている。裁判員の権限をもっと強めるべきではないかとの議論である。ただ，日本でも，イギリスと同じように，一般市民に大きな権限を与えるだけの理由があるか否かは，検討する余地がある。

＊

　ここまで，外国法，そしてイギリス法を勉強する意義について説明してきたが，本書もそのような観点を意識した構成になっている。

　まず，第1章の「イギリス法の成立とその歴史」では，イギリスの主要な法であるコモン・ロー，そしてエクイティの歴史を中心に，イギリス法の歴史を説明する。また，本書各章で詳しく説明することになる法律家制度，陪審制，法の支配と議会主権の起源も説明する。イギリス法は歴史的継続性を特徴としており，例えば，日本の明治時代のように，ドイツ法などを参考にした法典がいくつも導入され，法制度が一挙に変わるといった断絶がない。したがって，イギリス法の歴史，あるいは諸制度の起源を理解することは，現代のイギリス

法を知る上でも，極めて重要である。

　続く第2章の「イギリス社会とイギリス法」では，イギリス法が歴史的継続性を特徴とするのと同様に，イギリス社会も歴史，伝統を重視する社会であることを説明する。このような保守的な姿勢は，イギリスの法律家がもつ特徴でもあり，そのようなイギリスの法律家の思考方法の影響も受け，イギリスの法や法制度は，大きな断絶なく今日に至っているとも考えられる。その一方で，21世紀になって，最高裁判所が改革されるなど，歴史，伝統を覆す動きが活発になった。移民が急増し，多様な文化を尊重する多文化主義政策が必要となったこと，1990年代後半から10年ほどは顕著であったヨーロッパへの接近，さらには若者を中心とした「クール・ブリタニア」といった新しいイギリスのアイデンティティの模索など，その背景となったイギリス社会の変化についても紹介する。

　なお，第1章の最後では，第3章から第6章で詳しく検討される判例法主義，法律家制度，陪審制，法の支配と議会主権それぞれの概要も示している。また，第2章では，イギリス法と，イギリス法と数多くの共通の特徴をもつアメリカ法を，英米各々の社会において裁判がどう位置づけられているかという観点から比較している。そして，その比較に基づいて，現代イギリスの判例法主義，法律家制度，陪審制，法の支配の特徴を示す。したがって，第1章と第2章は，本書の総論的な部分でもある。

　第3章の「判例法主義」では，何故，イギリスが判例法主義を採っているのか，歴史的要因を中心に説明する。また，判例法主義では，裁判官によって法が発展させられ，時には新しい法原則が導入されていたため，どうしても立法の権限をもっていない裁判官の越権行為ではないかとの批判が出てこざるを得なかった。そのような批判を乗り越えようとしたものとして，16，17世紀に活躍したエドワード・クック（1552‐1634）の法思想について検討している。一方，18世紀後半から19世紀前半に活躍したジェレミー・ベンサム（1748‐1832）は，判例法主義が「裁判官創造法」に基づいているとする影響力のある批判を展開した。その結果，19世紀後半には，裁判官の任務は，法の適用に限定されるべきだと強く意識されるようになる。そして，先例を変更してはいけないと

序　論　イギリス法を学ぶ意義とは？　　5

いう厳格な先例拘束性の原則が成立する。なお，この第3章では，最近のイギリスの裁判例にも触れながら，現代イギリスの判例法主義のあり方についても紹介する。

　第4章の「法律家制度」では，まず，比較的軽い事件を扱う下級裁判所と，それ以外の大きな事件を扱う上級裁判所という区分に基づき，イギリスの裁判制度について概観する。その後，弁護士がバリスタ（法廷弁護士）とソリシタ（事務弁護士）という2種類に分かれていることや各々の業務，それから，そのような二分制が取られている背景について説明する。さらに，イギリス法の主要な特徴の1つである法曹一元制も取り上げる。法曹一元制とは，上級裁判所での弁護，弁論権を独占してきたバリスタから，勅選弁護士と呼ばれる少数精鋭の弁護士が選ばれ，さらに，その中から上級裁判所の裁判官が選ばれるという制度であり，裁判官の質を保証できるとして，長年，維持されてきた。ただ，近年，バリスタが上級裁判所で弁護，弁論すること，あるいは上級裁判所の裁判官になることを独占していることが批判され，ソリシタなどにも道が開かれている。この辺りの詳細，背景についても説明する。

　第5章の「陪審制」では，おそらく読者の方々の関心が一番高いであろう陪審制について，まず，その概要を説明する。ただ，陪審制についても十分に理解するためには，その歴史を知ることが重要である。陪審員の主要な役割は，例えば，被告人が罪を犯したか否か，被告人が故意に罪を犯したのかといった裁判における事実認定である。そして，その際の判断の独立性が重視され，裁判官が陪審の事実認定に干渉できないことが17世紀後半に確立している。関連して，18世紀の法律家，ウィリアム・ブラックストーン（1723-80）などの法思想も紹介したい。イギリスの歴史では，国王が裁判官に圧力をかけて，自分に反抗的なものを厳しく罰するということがあり，ブラックストーンは，陪審の独立こそ，イギリス人の自由を守るものであると強調していた。ただ，陪審制についても，刑事陪審を受ける権利の制限や民事陪審による裁判，陪審員の候補の減少など，近年は，その限界が露になっている。そのようなイギリスの陪審制の現在についても紹介する。

　第6章の「法の支配」では，まず，罪刑法定主義の起源とされ，イギリスの

みでなく，全世界の法の支配の原点とされることもある13世紀のマグナ・カルタについて扱う。このマグナ・カルタは，国王の専制政治が目立ってきた17世紀前半の論争でも度々言及されている。その時代の判決もいくつか扱うが，特にこの章では，クックやベンサム，それから19世紀末にイギリスの法の支配の集大成を行ったとされるアルバート・ヴェン・ダイシー（1835‐1922）など，イギリスの法思想に焦点を当てたい。17世紀の後半に議会主権が確立し，国王が単独で課税したり，刑罰を下したりすることに歯止めがかけられた。そうすると今度は，主権をもち，法的に制限することが不可能とされた議会の立法権をどうコントロールするかが，イギリスの法の支配の課題になる。国王ではなく，議会に主権をもたせることこそが，人々の自由を守るために重要であると考えられていたため，現在の日本のように，裁判官による違憲立法審査制などが導入される余地はなかったのである。その際，ベンサムは世論で，ダイシーは，習律，慣習によって議会をコントロールできると論じていたが，彼らの法思想を紹介することで，現代に至るイギリスの法の支配の特徴を説明する。

　第7章の「イングランドの法とスコットランド法」では，スコットランドの法について説明する。スコットランドは，元々独立した王国であった。そして，スコットランド法は，イギリス法以上に歴史的継続性をもつとともに，ローマ法の影響を受けて，英米法と大陸法という2つの法体系の間に位置づけうるなど，独自の発展を遂げている。本書では，章を設け，大陸法と英米法の違いも明らかにした上で，その中間にあるとされるスコットランド法の特徴や，スコットランドの裁判所や法律家制度について説明している。さらに近年は，スコットランド議会が創設され，一定の課税権をもつようになっていることなどが注目される。2014年9月18日の，スコットランド独立の是非を問う住民投票の実施など，独立の機運も高まっていたが，第7章では，このようなスコットランドの新たな動きについても説明する。

　最終章である第8章の「イギリス法とヨーロッパ」では，EU（欧州連合）など，ヨーロッパの中でのイギリス法について説明する。周知の通り，UK（連合王国）は，2016年6月23日の国民投票によってEUから離脱することを決め，紆余曲折を経て，イギリス時間の2020年1月31日の23時にEUを離脱し，

序　論　イギリス法を学ぶ意義とは？　　7

移行期間を経て同年12月31日の23時からEU法が適用されなくなり，EUと新しい関係に入っている。この章では，人や物の移動の自由といったEUの特徴的な政策，イギリスのEU離脱までの背景や過程について説明する。さらには離脱後のEU法とイギリス法との関係についても詳説するが，EU法はイギリス法の一部になっていたのであり，その多くは離脱後も被同化法としてイギリスで効力を持ち続けている。一方，イギリス法とヨーロッパという観点からは，欧州人権条約に注目する必要がある。この条約はEUとは別組織の欧州評議会によって創られ，欧州人権裁判所によって運用されているが，イギリスも批准している。そして1998年人権法により，この条約は，イギリスで国内法化され，イギリスの裁判所でも適用されるようになった。その結果，例えば，テロリズム防止のための議会制定法が，欧州人権条約の「自由および安全についての権利」に反していないかといった問題が，裁判所によって判断されることになった。これは，議会を法的に制限することはできないという議会主権の伝統に反しているようにも見える。ただ，欧州人権条約に違反していると考えられる場合も，裁判所は不適合であると宣言するのみで，不適合とされた法律の改廃は，議会に委ねられている。しかしながら，欧州人権条約の「独立かつ，公平な裁判所による公正な審理を受ける権利」という規定が，大法官の職務を縮減し，当時の最高裁判所であった貴族院の裁判権を廃止するといった大きな改革を生み出している。第8章では，これらの改革についても詳細に扱う。

　以上，本書各章の概要を紹介したが，「歴史，社会，法思想から見る」という副題からも分かるように，本書では，①から③のアプローチの内で，特に，②の歴史，社会，法思想から理解を試みるアプローチが中心になっている。確かに，イギリスの実定法についての理解も重要ではあるが，本書は，歴史，社会，法思想からのアプローチが，イギリス法の十分な理解のためには，まず必要ではないかとの立場に立っている。詳しくは第8章を見てほしいのだが，例えば，大法官は，2005年の憲法改革法に至るまでは，（ａ）内閣の閣僚としての大臣の役割，（ｂ）最高裁判所としての貴族院の首席裁判官，そして，（ｃ）議会としての貴族院の議長を兼務していた。また，同じく，議会の上院である貴族院が，近年までは裁判権を有しており，イギリスの最高裁判所であった。

日本に置き換えると，法務大臣が最高裁長官と参議院の議長を兼ね，また，参議院が最高裁判所を兼ねるようなものであり，なかなか理解しづらいものである。ただ，こういった制度が中世や近代に起源をもつこと，それからイギリス法が，歴史的継続性を特徴としており，上記についても，2005年の憲法改革法まで大きな変革がなされなかったことを知れば，納得できる部分もあるだろう。また，イギリスの社会については主に第2章で触れられているが，イギリス法が歴史的継続性をもつことは，イギリス社会の保守性と関連させると，より明確な理解が可能である。

　陪審制や法の支配と法思想の関係については，すでに簡単に触れているが，判例法主義も法思想によって支えられていた面が小さくない。イギリスでは，長い間，議会ではなく，裁判所によって法が発展させられてきた。同時に，裁判官の任務は，法の適用であることも強調されていた。では，どうすれば，越権行為と見なされずに，法を発展させたり，修正することができたのだろうか。詳細は第3章で説明しているが，一見，立法をしているような場面でも，裁判官は法を宣言しているに過ぎないという「法宣言説」という考え方が，クックなどによって論じられた。そして，そのようなクックの法思想は極めて説得力をもっており，18世紀の後半にベンサムが登場して，クックなどの法思想の欠陥を明らかにするまでは，裁判官に対する批判を封じ込むことが可能であった。このように，イギリスでは，法思想によって制度や実践が正当化され，支えられていた面が小さくないため，法思想からのアプローチも，イギリス法の主要な特徴を理解する際に有用だと考えられる。

　同時に，①と③に関しても，本書から学んでいただけることは多いのではないかと考えている。①のアプローチについていうと，上で触れたように，イギリスが起源である判例法主義は，多くの国々で導入されているが，陪審制も，アメリカ，カナダ，オーストラリア，ニュージーランドといったイギリス法の影響を直に受けた国々で採用されている。さらに，ロシア，スペイン，ベルギーでも陪審制が用いられており，韓国では陪審制を変形させた裁判制度が採られている。イギリスの陪審制のポイントを学べば，これらの国々の裁判制度を比較するといったことも可能になるだろう。また，③に関しても，すでに触

序　論　イギリス法を学ぶ意義とは？　　9

れた陪審制と裁判員制度をめぐる論点以外についても，イギリス法の様々な特徴から，日本の法や法制度のあり方を問い直すことができないか，いくつかの章の「まとめ」において論点を示している。具体的には，イギリスの判例法主義，法律家制度，それから法の支配のあり方などから，日本法を批判的に考察したり，改善点について考えてもらえるような工夫を施している。

　日本でも，イギリスの実定法に焦点を当てた優れた教科書は，いくつも出版されている。ただ，ここ数年のイギリス法の動向をフォローしつつ，歴史，社会，法思想からアプローチしているような入門書は，あまり見当たらないようである。そして，このようなアプローチを取ることによって，法学を専攻している方々のみならず，他分野を専攻しつつ，イギリス法に興味をもっている方々，UK の EU からの離脱（ブレグジット）やスコットランドの独立の動きなどに興味をもっている方々などの関心にも応えられればと考えている。さらに，このようなアプローチは，政治思想や社会思想に関心のある方々にも有用なアプローチではないかと思われる。また，本書では，弁護士や訴訟の数，制度改革などについて，できるだけ新しいデータを反映させるよう試みるとともに，日本法とイギリス法の比較の視点も示しているため，法学部の学生の皆さんはもちろん，本格的にイギリス法や外国法，比較法の研究を進めたいと考えている方々の関心にも沿っているのではないかと期待している。

　すでに述べたように，現在のイギリス法を理解するためには，その歴史とともに理解する必要がある。他にも，理解を深めることができるよう，数多くのクロス・リファレンスを促している。もし読み進めていく中で，理解が難しい部分があれば，参照されている本書の別の箇所を確認してほしい。その他にも本書では，イギリス法をめぐる多様な問題に関心をもってもらえるよう，「Key Word」（本文の直近の内容と関連する話題），「Topics」（やや話題が異なるが，興味深い話題），「Tea Break」（雑学的な話題）に分けたコラムもいくつか挿入している。そのうち，例えば，「Tea Break」では，「（バリスタや裁判官の）かつらとガウン」，「イギリスのテレビドラマと陪審制」，「ブレグジットと（サッカーの）プレミアリーグ」といった話題を扱っている。また，もっと詳しく学びたいという方々のために，各章末には，「ブックガイド」を置き，基本

的な文献，さらには関連する小説などを列挙しつつ，各々に簡単な内容紹介を付けている。

　本書は，イギリス法の入門書，教科書であるが，その際の「イギリス」が何を指すかということを，ここで確認しておきたい。シンプルな問題に思われるだろうが，実は，専門家の間でも明確なルールがない，非常に扱いが難しいものである。日本でイギリスというとき，右の地図のイングランド，ウェールズ，スコットランド，北アイルランドを合わせたもの（正式名称は，グレート・ブリテンおよび北アイルランド連合王国）を指すことが多いだろう。ただ，第 7 章で説明するスコットランド法などは，イングランドやウェールズの法と異なる部分が大きい。そこで，イギリス法の入門書である本書では，イギリスとは，基本的にイングランドとウェールズ，特に，イングランドを指すこととする。そして，イングランド，ウェールズ，スコットランド，北アイルランドを合わせた，連合王国（United Kingdom）については，「United Kingdom」を略した UK という表記を，主に用いている。

　なお，本書では，一般的な教科書の体裁に従って，本文に注を付けていない。もちろん，日本，そしてイギリスにも，多くの優れた先行業績があり，数多くの著書，論文などを参考にさせていただいた。本書は，研究書ではなく，入門書，教科書であるため，主要なもの，比較的入手しやすいものに限られてはいるが，巻末に〈主要参考文献〉として掲載している。

図　UK（グレート・ブリテンおよび北アイルランド連合王国）の地図

出典：Peter Hermes Furian / Alamy Stock Photo

1 イギリス法の成立とその歴史

　外国で「イギリス」という言葉を用いても通用しない。「イギリス」という日本語はポルトガル語で「イングランド」を意味する「イングレス」あるいはオランダ語の「エンゲルス」から派生したといわれている。本国では，UK（United Kingdom：連合王国）という言葉がよく用いられるが，序論でも説明したように，このUKとは「グレート・ブリテンおよび北アイルランド連合王国（United Kingdom of Great Britain and Northern Ireland）」の略称である。

　このような名称になったことには歴史的な理由がある。イングランドは元々，UKの中心となる島で，ロンドンなどの大都市があるブリテン島の一部を占める国家に過ぎなかったのだが，13世紀に（正式には1536年に）ウェールズを併合し，1707年にスコットランド王国と合邦することによりグレート・ブリテン「連合王国」になった。さらにイングランドが1801年にアイルランドと合邦することによりグレート・ブリテンおよびアイルランド連合王国に，そして1922年，アイルランドで北部アルスター地方を除く南部の26州が独立して「アイルランド自由国」が成立した結果，グレート・ブリテンおよび北アイルランド連合王国になったのである。このように，元々独立した諸国から成り立っているため，1つの国家の中にいくつかの法体系が存在する。イングランドとウェールズは同じ法体系をもつが，スコットランドは独自の法体系を有しているし，北アイルランドも，強い影響を受けているがやはりイングランドとは異なった法体系をもつ。本書では，序論で説明したように，「イギリス」はイングランドとウェールズ，特に，イングランドのことを示しているが，このような背景から，「イギリス法」も，イングランド法，あるいはイングランド・ウェールズ法の意味で使用している。

13

連合王国最高裁判所のエンブレム

　イングランド・ウェールズとスコットランド，北アイルランドは異なった法体系をもつが，UKは，共通の最高裁判所である連合王国最高裁判所（Supreme Court of the United Kingdom）をもつ（☞第8章2（2））。

　下記のエンブレムは，その連合王国最高裁判所のエンブレムであるが，4つの草花が描かれているのが分かるだろうか。上から時計回りにバラはイングランド，亜麻の花はアイルランド，アザミはスコットランド，それらをつなげている真中の円状のリーキ（西洋ニラネギ）はウェールズを表している。

　なお，有名なユニオン・ジャックは，白地に赤の十字のイングランド王国国旗（聖ジョージ旗），青に白のクロスのスコットランド王国国旗（聖アンドリュー旗），白地に赤のクロスのアイルランド王国国旗（聖パトリック旗）を重ねたものである。

出典：Ian Bottle / Alamy Stock Photo

　さて，そのイギリス法の際立った特徴の1つは歴史的継続性である（☞第2章1（1））。現代のイギリス法，法制度は，古い時代に成立し，そのまま今日まで続いているものが多い。例えば，13世紀に制定されたマグナ・カルタの一部は，いまだに効力をもっている。したがって，イギリス法，法制度を理解するためには，その成立過程，歴史を知る必要がある。そこで，ここでは，まず第1節で，イギリス法の基幹ともいうべきコモン・ローの成立と発展を説明する。第2節では，そのコモン・ローの欠陥を補う形で登場してきたエクイティを扱う。その際，イギリス政治の歴史についても触れながら進めていきたい。また，第1節では，陪審制，法律家制度，そして，第3節では，法の支配や議会主権の起源についても説明する。これらの多くは13世紀から17世紀に成立したものであるが，形を変えつつも，今日でもイギリス法の屋台骨を支えているものである。

1 コモン・ローの誕生と発展

(1) ノルマン王朝のイングランドとコモン・ロー

コモン・ロー（common law）という言葉は，おそらく多くの人々にとって聞きなれない言葉であろうが，それは，通常，以下の4つの意味で用いられる。

①まず，common という単語が，「共通の」という意味をもつように，コモン・ローは，「イギリス共通の法」という意味をもつ。以下で見るように，イギリスでは，当初は，それぞれの地域の慣習で裁判が行われており，法は，ばらばらの状態であったが，12世紀以降，国王が全土に裁判権を拡大していき，イギリス共通の法＝コモン・ローが成立する。②また，そのコモン・ローは，裁判官の判決，判例から成り立っていた。すなわち，裁判官が判決を下すと，その判決が先例となり，ある事件を解決する際は，それと同様の事件を解決した先例にならって解決することで，あるいは，適切な先例がない際は，新しく先例を創ることによって，コモン・ローは発展していったのである（☞第3章1（1））。したがって，コモン・ローという言葉は，判例法を指すこともある。③なお，次節で見るように，15世紀ごろになると，そのコモン・ローの欠陥を補う形で，エクイティという法体系が登場してくるが，そのエクイティとの対比でコモン・ローという言葉が用いられることもある。④さらに，現代に至るまでイギリス法の中心は，裁判官の判決から成る判例法であるため，日本が影響を受けたドイツなど，法典，制定法を中心とするヨーロッパ大陸の国々の法，大陸法と比較する際も，コモン・ローという言葉が用いられる。

さて，①の「イギリス共通の法」であるコモン・ローは，どのように誕生したのだろうか。

イギリスは島国ではあるが，古くから様々な民族の出入りがあった。紀元前6世紀には，現在はアイルランドやスコットランドに多く見られるケルト人がイギリスに渡来し，1世紀には，当時，大帝国を築いていたローマ帝国の属領にもなった。その後，5世紀には，現在のイギリス人の根幹を成す民族のアングロ・サクソン人の祖先で，ゲルマン民族のサクソン人やアングル人が来襲，

1 イギリス法の成立とその歴史　15

定着している。なお，アングル（Angle）は，イングランド（England）の語源となった言葉であるが，彼らは後に，フランスからやってきたノルマン人に支配されてしまう。有名なバイキングを祖先にもつそのノルマン人は，ヨーロッパ各地を侵略し，現在のフランスの北部に，ノルマンディー公国を建設していた。そして，その当主であるノルマンディー公ウィリアムは，11世紀にイギリスを侵略し，アングロ・サクソン系のハロルド2世をイギリス南部のヘイスティングスで破って，1066年のクリスマスにイギリスの王，ウィリアム1世（在位：1066-87）となった。ノルマン王朝の始まりである。

ウィリアム1世は，ドゥームズディ・ブック（Domesday Book）と呼ばれる世界最古の土地台帳を作るなど，中央集権化を進めていった。征服した国の状況を把握するために，誰がどの程度の土地をもっているのかなどを記録させたと考えられている。その際，国王は，王会（Curia Regis）の前身となった，宮廷での有力者との会議により統治を行っていたが，それは，立法，行政，司法の区別なく，統治全般に関わっていた。そして，後の時代には，その王会から議会や裁判所が分化している。さらに，ウィリアム1世の四男，ヘンリ1世（在位：1100-35）は，行政機関を整備し，王の収入を管理する機関である財務府や尚書部を作っている。ここでも，行政と裁判の区別がなされておらず，財務府や尚書部の双方とも裁判権を有していたが，後者の尚書部は，第2節で扱うエクイティを管轄する大法官裁判所（Court of Chancery）になっていく。

ヘンリ1世の孫であり，プランタジネット朝という新たな王朝を築いたヘンリ2世（在位：1154-89）も中央集権化を進めていくが，最大の功績は国王の裁判権の拡大であろう。それによってコモン・ローが生まれたために，ヘンリ2世は，「コモン・ローの父」と呼ばれることがある。当時のイギリスには，全国共通の法，裁判所がなく，各地のゲルマン民族の慣習によって裁判が行われていた。ヘンリ2世は，1166年から各地に巡回裁判官を派遣したが，派遣された裁判官たちは国王の代理人として，国王が法廷にいるかのように裁判を行った。その際，異なった慣習の中から最も適切な慣習を用いて裁判が行われたため，それ以外の慣習は淘汰され，共通の法が生み出されることになる。そして，コモン・ロー＝イギリス共通の法が形成されることになったのである。

なお，巡回裁判には，巡回を待っていては迅速な救済を受けることができないという不都合などもあったため，13世紀には，地方を巡回せずに現在は国会議事堂などがあるウェストミンスターに定着する裁判所も出てきた。これらは，国王裁判所と呼ばれ，上で触れた財務府から分化した，借金の問題や損害賠償請求などを扱うようになる財務府裁判所（Court of Exchequer），民事事件の大部分を管轄とする裁判所の民訴裁判所（Court of Common Pleas），刑事事件などの国王の利害に関係する事件を扱い，16世紀頃から民事事件も扱うようになった王座裁判所（Court of King's Bench）によって構成されていた。そして，巡回裁判に代わり，これらの国王裁判所は，高等法院（High Court of Justice）（☞第4章1（1））に統合される1875年まで存続して，コモン・ローの発展に大きく寄与している。

　次に，国王裁判所の手続について説明したい。そこで裁判を始めるには，まず，訴訟開始令状（original writ）を取得する必要があった。令状とは，国王から国王の行政官に対して，令状に書かれた行為を行うように命じる文書であるので，訴訟開始令状とは，訴訟を開始するために「被告を呼び出せ」といった国王の行政官に対する命令であった。令状は，国王，その官吏，裁判所などによって発給されていたが，その内，訴訟開始令状は，国家の重要文書に押される印章である国璽を管理していた尚書部（後の大法官府）が発給していた。この訴訟開始令状にはいくつかの種類があって，訴えを起こそうとする人は，自分の訴えに最も合致した令状を選ぶ必要があり，例えば，土地を有するものがその土地を奪われ，奪ったものに対して，土地への権利を主張する場合には，権利令状（writ of right）を取得する必要があった。当初は，大法官府が発給する令状の種類は限定的であったが，次第に多くの種類の令状を発給するようになり，人々のより多様な訴えが裁判所で取り上げられるようになる。そして，そこからネグリジェンス（過失不法行為），生活妨害，名誉毀損といった類型が生じてくる。さらに，例えば，ネグリジェンスの場合に被告の判断能力が十分ではなかった事件ではどういった解決をするかという形で，類型ごとに細かなルールが生じてきて，コモン・ローは発展していった。

1　イギリス法の成立とその歴史　17

（2）陪審制と法律家の起源

　コモン・ローと同様に，現代のイギリス裁判を支えている陪審制と法律家制度の起源も，極めて古い時代に求めることができる。

　元々国王裁判所では，熱鉄に手を触れさせ，火傷が悪化していないならば無罪とするなど，神に訴えた神判が行われていた。また，雪冤宣誓という方法も取られていた。雪冤とは，身の潔白を証明することであるが，これは，被告が原告の訴えを宣誓の上で否定し，定められた数の隣人が支持すると，被告の主張の正しさが証明されるという方法であった。しかしながら，教会でも神判は不評となり，1215年にローマで行われたカトリック教会のラテラン公会議において，聖職者が神判に関わることが禁止される。神判は，神の意思に基づく裁判ともいえたので，聖職者なしに続けることは難しく，その結果，ヨーロッパ各国やイギリスでも用いられなくなり，その代わりの証明方法として用いられたのが陪審であった。

　現在の陪審制の主要な特徴は，例えば被告人が人を殺したか否か，正当防衛であったか否かといった事実認定を，一般市民から選ばれた陪審員に委ねることであるが（☞第5章1（1）），その原型とされているものは，現在の陪審とは異なる性格をもつもので，アサイズと呼ばれている。事実を確認するために12人の近隣の住民に宣誓の上で証言させるという行政上の手続がノルマンディーからイギリスにすでにもたらされていて，上で触れたドゥームズディ・ブックの作成の際にも活用されていたのだが，それをヘンリ2世が裁判手続に導入したのが，アサイズと呼ばれる陪審の原型である。これは，証人的な性格をもち，現在の陪審とは異なった性格をもつものであったが，14世紀後半までには，法廷での証言を審理する審判者としての陪審という現在の形に近づいていった。

　イギリスの法律家制度も，陪審制と同様に長い伝統をもっている。ヘンリ2世の孫であった，13世紀半ばのヘンリ3世（在位：1216-72）の時代には，すでに職業的な法律家が出現し始めている。そして，この当時，訴訟当事者の代理人として令状を取得したりする代訴人と，当事者のために弁論する代弁人の2種類の法律家がいたが，この代訴人と代弁人は，現在のイギリスの法律家たち

の原型であるとも考えられる。現在のイギリスでは，裁判を始める際は，まず，ソリシタ（事務弁護士）に依頼し，そのソリシタが，適切なバリスタ（法廷弁護士）を選ぶ。そして，一定の規模以上の訴訟を扱う上級裁判所では，バリスタが依頼人のために弁論，弁護をしているが（☞第4章2（1）），代訴人と代弁人は，それぞれ，ソリシタとバリスタの起源と考えうるのである。

　裁判官に関していうと，聖職者が裁判官を務めることもあったのだが，14世紀には，代弁人が，裁判所の監督下に置かれ，裁判実務を担当するようになっている。そして，この時期に代弁人はサージャントと呼ばれるようになっていたが，サージャントから裁判官が選ばれ始め，後にはサージャントが，民訴裁判所，王座裁判所などの裁判官職を独占するようになった。現在のイギリスでも，上級裁判所の裁判官が，基本的には弁護士であるバリスタから選ばれる法曹一元制が取られているが（☞第4章3（1）），その起源も14世紀にあり，非常に古いものなのである。なお，サージャントはサージャント・インというギルド（職業団体）を形成していたが，このギルドにおいて親方の技の伝授を受けた徒弟，つまりサージャントから法曹養成教育を受けた者がアプレンティスであり，現在のバリスタの直接の先駆である。アプレンティスはサージャントにならない限り裁判官にはなれなかったが，それ以外の多くの法実務を担い，存在感を高めていった。そして，16世紀にはアプレンティスから生まれたバリスタが，サージャントに代わって裁判官に任命されるようになった。

　ところで，裁判官やサージャントは自分の家を所有していたのに対して，アプレンティスは宿舎に住んでいた。これらの宿舎はギルドによって取得された貴族の屋敷（inns）や別邸であり，14世紀の半ばにはこの宿舎が法学教育を担うようになった。この宿舎は，法曹学院（Inns of Court）と呼ばれるようになるが，例えば，リンカーン伯爵の屋敷に由来するとも考えられているリンカーンズ・インや，映画「ダヴィンチ・コード」にも登場するテンプル騎士団の所領の跡地が分割されたインナー・テンプルやミドル・テンプルがあった。リンカーンズ・イン，インナー・テンプルやミドル・テンプルはいまだに存続しており，法曹学院は，現在も，バリスタの養成に関与している（☞第4章2（1））。

1　イギリス法の成立とその歴史　　19

（3）ジョン王とマグナ・カルタ

　第1節の最後に，ヘンリ2世の末子であったジョン王（在位：1199 - 1216）の時代の大きな出来事にも触れておきたい。ヘンリ2世の後を継いだのは，フランスとの領土争いなどのため，在位期間のほとんどを戦地で過ごしたリチャード1世（在位：1189 - 99）であったが，リチャード1世は，その勇猛果敢な姿から獅子心王（Richard the Lion Heart）と呼ばれていた。

　そのリチャード1世が1199年に戦死すると，末弟のジョンが王になった。しかし，このジョン王には，いまだに人気のある兄のリチャード1世とは対照的に，領地を大幅に失った失地王という不名誉なニックネームが付けられている。

　本節（1）で見たように，ウィリアム1世は，フランスのノルマンディー公国からイギリスに侵略し，1066年にイギリスの王位に就いた。したがって，ジョン王も，フランスの一部を領有していたのだが，フランス王フィリップ2世との争いに敗れ，その地の大半を失ってしまう。そして，失地回復のために戦費が必要となり，人々に重税を課そうとしたが，諸侯などが反乱を起こし，彼らの要求をのまざるを得なくなった。その要求が，後に，法の支配のシンボルとなるマグナ・カルタ（大憲章）である。マグナ・カルタは1215年にジョン王によって受け入れられたが，同意後2ヶ月ほどで無効にされてしまう。ただ，ジョン王の息子のヘンリ3世によって，1225年にも発布されている。そして，その1225年のマグナ・カルタの第29条では，法の適正手続の原則の起源とされるものが定められているが，その規定は，いまだに効力をもち，現在のイギリス法の一部になっている（☞第6章1（1））。ここでも，イギリス法の歴史的継続性を見ることができる。

　ところで，ジョン王がなくなった後も，イギリスの王たちは，フランスにあった領土をあきらめることはなく，イギリスとフランスは，百年戦争（1337 - 1453）に突入している。当然，莫大な戦費のための増税が必要になったが，それも要因となり，現在のイギリス議会の原型が誕生する。

　すでに見たように，元々，国王の統治を支えていたのは王会であった。それが大評議会と少数の側近などから構成される小評議会に分化していくのだが，

前者は議会（パーラメント）に発展していく。そして，国王は，課税の同意を得るために州や都市の代表を議会に招集し始めるようにもなった。その議会は，当初は国王からの臨時の課税の要求に応える場であるに過ぎなかった。しかし，後には課税に対する検討と同意を通じて，議会は国王の政策をチェックする場になり，課税の見返りに請願や新たな立法を求めたことを端緒にして立法機関となってゆく。また，14世紀には，貴族とそれ以外の市民などが，別々に会議を行うことになった。2025年2月時点のイギリスの議会は，世襲貴族（88名），功績のあった人にその身分が認められる一代限りの貴族（723名），大主教などの聖職者（24名）などから構成される貴族院（House of Lords）と，公選制が取られていて，650の各小選挙区を代表する庶民院議員（650名）によって構成される庶民院（House of Commons）から成っているが，その原型と言えるものは14世紀に見られるのである。

2　エクイティの成立と特徴

（1）エクイティとは何か

いうまでもなく裁判の目的は紛争の解決である。だが，判決が妥当なものとして受け入れられるためには，裁判官の判決が恣意的なものではなく，客観的なものであると考えられる必要がある。日本の裁判官は，制定法に依拠して判決を下しているため，よほどのことがなければ，恣意的に判決を下しているとは思われないだろう。それに対して，イギリスの場合は，法の基幹であるコモン・ローが，第1節でも見たように，裁判官の判決に基づく判例法であるため，先例が法として扱われることになる。裁判ごとに，先例に沿った解決がなされたり，そうでなかったりすると，裁判は恣意的なものと捉えられ，信頼を失ってしまうだろう。実際は，先例がある場合には必ずそれに従わなければならないという厳格な先例拘束性の原則が19世紀末に確立されている（☞第3章2（2））。ただ，裁判官が裁判の客観性を担保するために，同種の先例がある場合や，確固たる法準則がある場合にそれに従うという傾向は，裁判官が専門性を帯びた段階からあったとも考えられている。

1　イギリス法の成立とその歴史　21

しかしながら，先例に厳格に従い過ぎることで，コモン・ローが柔軟性を欠き，妥当な救済が与えられなくなる事態が無視できなくなってきた。例えば金銭の貸借にあたり捺印証書（契約書）を債務者が債権者に交付した場合，もしそれが心理的な強迫によってなされたとしても，コモン・ローでは強迫は物理的圧迫に限定されていたために救済はなされなかった。第1節（1）で見たような，コモン・ローを運用していた国王裁判所の判決が不十分であると考えられるようになったのである。その問題に対応する際，中心的な役割を果たしていたのが，尚書部から発展した大法官府である。

　イギリスでは1628年に，議会の同意，制定法がなければ課税できないことなどを定めた有名な権利請願（Petition of Right）が成立している。これは，議会が，人々の権利，自由を国王への請願（petition）の形で主張したものであった。このように，イギリスでは，救済する権限のある機関に対して，書面で願い出ることが行われていたが，国王に対して，恩恵として特別の救済を請願することは14世紀には，すでに一般的になっていた。これらの請願は，王会の後身の国王評議会で処理されたり，その重要メンバーであった大法官と大法官府によって扱われていた。大法官府は，裁判が不公正であるという理由で，あるいは，王座裁判所などのコモン・ロー裁判所においては救済を受けることができず正義が行われないという理由で出された請願を処理し，大法官裁判所として機能するようになる。

　第1節（1）で説明したように，尚書部の時代から大法官府は，重要文書に押される印章である国璽を管理するとともに，裁判を開始するために必要な訴訟開始令状を発給していた。そのため，大法官府のスタッフは法の専門家でもあり，裁判所として発展する素地が整っていたともいえる。その結果，15世紀には大法官府の扱う事件数は急増して，大法官裁判所が生まれ，コモン・ローと並ぶ別の法体系，エクイティ（衡平法）が独立した法体系として発展するようになる。

　では，この大法官裁判所はどのような判決を下していたのだろうか。それを理解するためには，エクイティとは何かを，まず理解する必要がある。エクイティは，自然的正義や衡平などと訳される。古代ギリシャの著名な哲学者，ア

リストテレス（前384 - 前322）による正義の分類においてすでに見られる原理
であり，すべての事例に対処できない一般的な法を補正する原理とされてい
た。また，17世紀前半に大法官を務めたエルズミア卿（1540頃 - 1617）は，エ
クイティと大法官の役割を次のように説明している。すなわち，エルズミア卿
によれば，「人々の行動は極めて多様で，限りないものなので，個別の事例す
べてに適切に合致し，どの様な状況でもしくじることのない一般法を創ること
はできない。大法官の職務は，詐欺，信託違反や，どのようなものであれ不正
や抑圧について，人間の心をただし，法の極端をやわらげ，緩和する」ので
あった。また，エルズミア卿は，「無慈悲な心によって判決が下される場合，
大法官は判決に誤りや欠陥があるからではなく，訴訟当事者の心に慈悲がない
故に，その判決を押し留め，是としない」とも述べていた。大法官裁判所，そ
してその長である大法官は，法的な権利に基づいてではなく，良心に訴えるこ
とで判決を下し，先例に基づき，厳密な解決がなされていたコモン・ローを補
正していたといえるだろう。

（2）エクイティの裁判とコモン・ロー

　大法官は，当初は，上記のアリストテレスが述べていたように，画一的な判
断ではなく，事件ごとに裁量で判決を下していた。しかしながら，そういった
例が積み重なっていき，同種の事件には同じような解決が下されるようになる
と，人々も，そのような予測可能な解決を期待するようになった。事件ごとに
大法官が判断するのではなく，一定のエクイティの法原理が生み出されるよう
になったのである。また，それまでのコモン・ローでは，金銭による損害賠償
が救済の中心にあったが，契約上の義務を履行させる特定履行（specific
performance）や，差止命令（injunction）といった救済方法も，エクイティ固有
の制度であった。例えば，土地の売買契約に違反した土地の売主は，コモン・
ローでは金銭による損害賠償が義務づけられたが，エクイティにおいては，金
銭賠償では不十分であり，その土地そのものを引き渡さなくてはならないとさ
れたのである。
　エクイティの法原理の代表的な例は，次に見る信託（trust）であろう。日本

1　イギリス法の成立とその歴史　｜　23

でも信託銀行という銀行があるように，今日でも幅広く応用されている制度である。例えば，現在は経済的に成功しているが，若い頃は貧しくて大学に行けず苦労したため，以前の自分と同じような境遇の若者に，経済的な援助をしたいと考えている人がいるとする。ただ，できるだけ自分の財産を有効に，かつ長い期間にわたって活用したいが，自分にはお金を運用して奨学金の元手を増やす知識がないという人もいるだろう。そういった場合に，その人が委託者となり，受託者である信託銀行にお金の運用を任せ，その際の運用益を受益者である学生に奨学金として渡すということも行われているようである。

このように，現在の日本でも活用されている信託であるが，大法官裁判所で扱っていた信託の1つとして，未成年者の土地保有権を守るために設定されたものがあった。イギリスでは，土地の保有に関して，未成年者が土地を相続した場合，領主が未成年者の後見人となり，その土地を相続人が成年に達するまで使用，収益することができるという後見権という封建的な制度があり，未成年者に土地を相続することは容易なことではなかった。そこで，このような場合に，土地保有者（信託設定者）が，未成年の相続人（受益者）が成人するまでは土地からの収益を与え，成人になった後には土地の不動産権を譲渡するという約束の下で，不動産権を友人など（受託者）に譲渡するという仕組みが利用されたのである。

ところが受託者が約束を守らず，収益を奪い取るという事態が発生した場合，コモン・ローでは，受託者に対して約束を守るように強いることはできなかった。コモン・ローでは，土地の保有者は，その土地から自由に収益を上げることを妨げられるべきではないとされていて，受託者に約束を守らせるような訴訟開始令状がなかったのである。そこで信託設定者の求めに応じて大法官裁判所が救済を与えることになるが，大法官は，約束を破った背信的な受託者のコモン・ロー上の権利を否定した訳ではなかった。このような場合には，大法官は背信的な受託者に対して良心に従って行動するように，土地に対する権利を行使することを禁じる差止命令を出した。また大法官は，背信的な受託者がコモン・ロー裁判所へ訴えを提起することを禁止したり，その権利がコモン・ローで認められたとしても，判決の執行を求めることを禁止することがで

きた。そして，もし被告(背信的な受託者)がこれらの命令に反した場合には，大法官は裁判所侮辱罪を犯したとして被告を拘束，拘禁することもできたのである。

これに対して，コモン・ロー裁判所は，人身保護令状（habeas corpus）によって，その拘束が不法であるとして，被告を釈放しようとした。そして，大法官側がこれに従わない場合には，拘禁者を裁判所侮辱罪とするという対抗策に出ている。このためにコモン・ロー裁判所と大法官裁判所との間で，両者の管轄をめぐる争いが生まれることになった。

この争いは，17世紀の初めに，当時の国王のジェームズ1世（在位：1603-25）によって，コモン・ロー裁判所と大法官裁判所の間の争いでは，エクイティが優先するとの裁定が行われ，管轄をめぐる争いには一応の決着がつけられた。こうした決着の背景としては，17世紀初めに，エドワード・クック（1552-1634）を代表とするコモン・ローを扱う法律家たちが，コモン・ローをよく知らない国王は裁判に干渉すべきでないと論じ，専制的な政治を行った当時の国王たちに批判的であったことも考慮する必要があるだろう（☞第6章1（2））。国璽を管理するなど，国王に近かった大法官が長を務め，国王に友好的であった大法官裁判所に国王が肩入れするのは，自然なことであった。ただ，本節で見てきたように，先例を尊重する傾向もあってコモン・ローが固定化してしまっていた中で，その不備を補おうとしたエクイティが優先されたという見方も可能である。なお，17世紀半ばに，オリバー・クロムウェル（1599-1658）という軍人，政治家がピューリタン革命という革命を起こし，国王チャールズ1世（在位：1625-49）を処刑してしまった時代には，大法官裁判所は，国王寄りの裁判所として廃止されそうになった。しかしながら，17世紀末以降は，コモン・ローとエクイティは，協調，共存するようになる。

3　議会主権と法の支配

（1）議会制度の発展

本章では最後に，ヘンリ8世（在位：1509-47），エリザベス1世（在位：1558-1603）といった著名な君主を輩出したテューダー朝（1485-1603）以降の

歴史を見ることで，イギリスの憲法の重要な原則である議会主権と法の支配が，どのように確立されたかを説明する。

2020年にイギリスがEUを離脱する前にはEU法などによる制約という例外があり，その後もその影響が続いているのだが（☞第8章3（2）Topics「EU法の痕跡」），現代イギリスの憲法の特徴として，まず挙げられるのが，議会主権の原則である。だが，そもそも議会主権の原則とはどういうことなのだろうか。この点は，日本の制度と比較してみると分かりやすい。

日本国憲法は，第81条で「最高裁判所は，一切の法律，命令，規則又は処分が憲法に適合するかしないかを決定する権限を有する終審裁判所である」と定めている。ここでいう「法律」とは，国会で制定されるものを指しており，例えば，衆議院，参議院の各々において満場一致で制定されたとしても，最高裁判所が，その法律が憲法に適合しないと判断するならば，無効となってしまう。日本の国会には，法的な制限があるともいえるだろう。一方，議会が主権をもつイギリスでは，例外はあるものの，基本的には，議会に対する法的な制約はない。法律が成立する形式的な基準をクリアしていれば，基本的な人権を侵害してしまうようなどれだけ酷い法律であっても議会は創ることができるのである。危険ではないかと思う人もいるだろうが，この点についても，十分に理解するためには，イギリス法の歴史を知る必要がある。

現代のイギリス議会の原型と考えられる14世紀前後の議会については，第1節（3）で紹介しているが，その後の15世紀頃に，庶民院（下院）が，より重要な役割を果たせるようになっていく。そして，その過程は，ジェントリと呼ばれていた人々が力をつけていったことと対応していた。

すでに見たように，イギリスは，14世紀半ばから15世紀半ばにかけて，フランスと百年戦争を戦い，最終的には敗れたことで国力が弱体化してしまった。1066年にイギリスの王座についたウィリアム1世がフランスのノルマンディー出身であったことから，イギリスはフランスに領土を有していた。歴代の王たちは，その領土を守ろうとしていたのだが，百年戦争の末期に，フランスにジャンヌ・ダルク（1412頃 – 31）というカリスマ的な女性が登場したことで，イギリスは一挙に劣勢に立たされ，百年戦争終結時には，フランスでの領土を

ほとんど失ってしまったのである。そういった厳しい国際情勢の中で国家統合を進める手段として、上からの宗教改革が行われている。宗教改革とは、著名なマルティン・ルター（1483 - 1546）の批判がきっかけとなり、従来、支配的であったカトリック教会の腐敗、堕落が明らかにされ、プロテスタントが勢力をもつようになった16世紀の教会改革運動であるが、イギリスでは、ヘンリ8世が1534年に国王至上法を制定し、国王を首長とするイギリス国教会を創設したのである。イギリスが、カトリックであったフランスやスペインといったヨーロッパの強国から自立した国であること、さらには、その教会の首長が国王であることを確立することで、ヘンリ8世は、国家統合を進めようとしたと考えられる。

　ヘンリ8世は、イギリス国内でのカトリックの影響を弱めるために、カトリックとつながりが強かった修道院の解体も進めていった。そして、修道院が保有していた大規模な土地の売却が行われ、その土地の多くはジェントリ層に売却されている。当時、イギリスの国土の内の、実に4分の1の土地が修道院によって保有されていた。元々、貴族などと比べると身分の低い地主であったジェントリたち、そして、新たに地主になり、ジェントリの仲間入りをした商人や法律家たちが、その広大な土地を購入し、経済的な力を蓄えていったのである。現代のイギリス議会の原型と考えられる14世紀の議会において、すでに身分ごとの議会が開催されるようになっていたが、16世紀になると、数多くのジェントリが、イギリス議会の内の庶民院の議員になっている。その際、ジェントリたちは、自分たちの経済的成功、さらには庶民院への進出を可能としたヘンリ8世を支持し、支える役割を担っている。修道院の解体、さらには、国王の権力の拡大に貢献することで、ジェントリ、そして庶民院は、イギリス政治において重要な役割を果たしたのである。

　ここで簡単に議会選挙についても説明をしておく。当初から、庶民院の選任は選挙によって行われることにはなっていたが、実質的には有力者の指名であった。しかし15世紀に入って選挙人資格を定めるとともに、選挙の私物化を避けるための選挙法が制定され、選挙の仕組みが整うこととなった。庶民院議員の選出は州と都市の選挙区から選ばれており、エリザベス1世の治世末期に

1　イギリス法の成立とその歴史　27

はそれぞれの定数は90人，377人であった。都市選出の議員についていうと，特に16世紀後半にジェントリの比率が急激に高まったといわれている。

（2）議会主権の確立と法の支配

16世紀後半のエリザベス1世も，基本的には議会と決定的な対立は回避しつつ政治を行っていたが，そのエリザベス1世の死後，ヘンリ8世の姉マーガレット・テューダーの曾孫（ひまご）であったという理由で，スコットランドの国王，ジェームズ6世でもあったジェームズ1世が即位し，ステュアート朝が始まる。これにより，ジェームズは独立した2つの王国の君主となり，この体制は，同君連合とも呼ばれている。ところが，このジェームズ1世の時代から，国王と議会の対立が先鋭化する（☞第6章1（2））。ジェームズ1世を継いだチャールズ1世も，強引な政策や課税などを発端に議会と対立していたが，結果的に武力衝突が国王と議会の間に発生し，1649年には斬首されてしまった。この過程は，ピューリタン革命と呼ばれていて，その指導者のクロムウェルは独裁政治を行っている。ただ，そのクロムウェルの死後，1660年に，チャールズ1世の子であるチャールズ2世（在位：1660-85）が即位し，王政復古が実現した。しかしながら，このチャールズ2世を継いだジェームズ2世（在位：1685-88）も，宗教の問題で議会と対立し，王位を失ってしまう。この過程が名誉革命と呼ばれている。ジェームズ2世は，チャールズ2世の弟であったが，兄のチャールズ2世が，ドーバーの密約をフランスのルイ14世と結んで，フランスからの援助を得て，イギリスのカトリック化を進めようとするなど，兄弟ともにイギリスにカトリックを復権させようとして，イギリス国教会の信者が多かった議会と対立したのであった。このように，ステュアート朝の時代，議会は国王と争ってきたのだが，それは，宗教の対立によるものだけでなく，議会の議員たちが，ステュアート朝の国王たちによって，古くから保障されてきたイギリス人の自由，権利（☞第6章1（2））が侵害されていると考えていたからでもあった。

名誉革命において議会は，プロテスタントの影響が強かったオランダの総監オラニエ公ウィレムと，ジェームズ2世の長女であったが，プロテスタントで

ジョン・ロック

　ジョン・ロック（1632 - 1704）は名誉革命前後に活躍した政治哲学者として有名であり，自然状態⇒社会契約⇒社会・国家という図式は，聞いたことがある人も多いのではないだろうか。自然状態を各人の各人に対する戦争状態と考えたトマス・ホッブズ（1588 - 1679）とは異なり，ロックは自然状態を，人々が自然法（「生命，自由，所有を侵してはならない」）の下で，各人が生まれながらもっている自然権（natural rights）を保障され平和的に共存している状態であると想定する。人は，他者による自分の自然権に対する侵害があった場合には，その侵害者を処罰する権利ももっている。しかし，政治権力を欠く自然状態においては，自然権は不完全にしか保障されないから，その不都合を回避するために共同体が作られ，その共同体に処罰権が委ねられる。さらにその権限が政府に信託されることで国家が成立する。ロックはこのような筋道で社会や政府の起源を説明するのである。

　ここで注意すべきなのはロックが「信託（trust）」という言葉を使っていることである。彼によれば，国家樹立の目的は所有権の保護なのであり，そのために人々は権力を統治者に信託した。したがって，もし「立法者が，人民の所有を奪い取り，破壊しようとする場合……信託違反によって彼らは……権力を没収され，それは人民の手に戻るようになる」。

　ロックは国家における最高権を，どのような行為をいかに処罰するかを決める立法権であると捉えている。国家の形態は，立法権が1人に委ねられれば君主制，複数の場合には寡頭制，人々が平等な方法で選挙した多数による場合には民主制，あるいはこれらの混合形態のように，立法権の所在で決まる。国家のその他の権力として，ロックは執行権と条約締結権を挙げているが，彼はこれらの立法権以外のすべての権力は立法権に由来し，その下に置かれなければならないと考えている。なお，法的には議会が主権を有しているが，その議会の議員は，国民によって選ばれるため，政治的主権は有権者である国民にあるというのが，イギリスの政治の仕組みになっていく。その点をロックがすでに唱えていたというのは言い過ぎだろうか。

あったその妻メアリを，イギリス人の古来の自由や権利を確認した権利章典（Bill of Rights）を受け入れることを条件として王位に迎えている。彼らは，各々，ウィリアム3世（在位：1689 - 1702），メアリ2世（在位：1689 - 94）として，イギリスの共同君主となった。

ブレグジットと議会主権

ブレグジット、あるいは最近ブレグレットという言葉をニュースなどで聞くことが多いのではないか。ブレグジットとはBritain + Exit = Brexitからきた造語であり、UK（連合王国）のEU（欧州連合）からの離脱を意味する。保守党の党首であったデイヴィッド・キャメロン首相は総選挙の際のマニフェストに従って2016年6月23日にEU離脱の可否を問う国民投票を行った。結果は、残留支持派が48.1パーセント、国家主権の尊重を主張する離脱支持派が51.9パーセントと、予想だにしなかった離脱支持派の勝利であった（☞第8章3（2））。

国民投票の結果を受けてデイヴィッド・キャメロンは首相を辞任し、2016年7月にテリーザ・メイが首相に就任してブレグジットを推し進めることになった。しかし、EUとの長期にわたる困難な交渉の上でまとめ上げた離脱協定案を議会で通すことができず、メイは2019年5月に辞任を表明している。最終的にはメイを継いで首相になったボリス・ジョンソンの下でイギリスはEUから離脱したのであるが、メイが進めようとしたEU離脱の手続に関して訴訟が提起され、連合王国最高裁判所が興味深い判決を下している。

そもそも本章で説明する議会主権の原則からすれば、主権をもたない国民によって下された、国の仕組みの変更を伴う投票結果は、有権者の意思であるという点で政治的には尊重されることになろうが、法的には意味をもたないことになる。国民投票法（European Union Referendum Act 2015）の明文によって国民投票の結果が議会を拘束すると定められていれば話は別だが、今回の国民投票法にはそのような定めはなかった。

EU条約は第50条において、EUのメンバー国は憲法の要求する手続に従ってEUから離脱する場合には、離脱の通告をすることになっている（☞第8章3（2））。イギリス政府は、2016年の国民投票の結果を受けて、外国と条約を締結する国王大権（☞第6章3（1）Key Word）に基づいて、EUに対してEUからの離脱を通告することができると考えていた。このような政府の解釈に対して、離脱の通告には事前の議会の承認が必要であるとの訴えが提起されたのである。

最高裁は2017年1月24日に次のような裁定を下した。EUからの離脱は国内法の変容を招き、イギリスの住民が享受している権利に影響を与えるものであり、イギリスの国制のあり方（constitutional arrangements）に根本的な変化をもたらす。イギリスの憲法は大権によってこのような変化をもたらすことは許しておらず、そうするには議会による事前の承認が必要であるとの裁定を下したのである。

政府は、これを受けて、議会において2017年欧州連合（離脱通告）法を通し、3月29日に正式にEUに対し離脱通告を行った。そして、2020年1月31日をもってイ

ギリスは EU から離脱し，移行期間を経て同年の12月31日に完全な離脱を果たしている。

なお，パンデミック後のイギリス経済の回復が低調であるのはブレグジットが原因であると近年主張されることがある。また，英国の EU 離脱を支持したことは間違いだったと考える有権者の数も増加している。このような文脈で，ブレグレットという言葉が使われる。ブレグレットは，Brexit + Regret = Bregret であり，ブレグジットを後悔することである。

　その権利章典は，正式名は，「臣民の権利および自由を宣言し，王位継承を定める議会制定法」というものであり，国王の権限を大幅に制限するものであった。まず，国王が元来保有していた統治権である国王大権（☞第6章3(1)Key Word）に基づいた裁判所設置の禁止，議会の承認なしの徴税の禁止，平時の常備軍維持には議会の承認が必要であること，議員の免責特権などが定められた。また，第1条として議会の承認なしに法律の効力や法律の執行を停止することが禁止されている。権利章典は，国王も法の下に置かれることを明示した点で，何が法であるかを明らかにする裁判官の独立，身分の終身制を保障した1701年の王位継承法と合わせて，「法の支配」という憲法の基本原理を確立したものとも評価されている（☞第4章3(2)）。

　名誉革命によって，議会主権という憲法原理も定まったといえるだろう。名誉革命以前にすでに国王，貴族院（上院），庶民院（下院）を合わせた「議会における国王（King in Parliament）」が統治主体と見なされ始めていた。しかし，革命後には実質的に統治主体が明確に変更され，国王の権限が名目化され，国王も議会制定法の下に置かれた。さらには，ウィリアム3世とメアリ2世を王位に迎えたように，王位継承でさえも議会が決定できるようになっている。名誉革命によって国の統治のあり方を最終的に決定できる力，統治権，そして，いかなる力にも制約されない国内的な最高権のいずれももつことになった。つまり主権を議会がもつことになったのである。19世紀後半の憲法学者であるアルバート・ヴェン・ダイシー（1835‐1922）による古典的な議会主権の説明によれば，①議会主権とは議会の立法権が無制約であって，どのような立法をしようが自由であり，過去の議会制定法にも縛られない，②議会制定法は最高法

1　イギリス法の成立とその歴史　31

であって，他のどの法よりも優先され，したがってコモン・ローに優先するということを意味する（☞第6章3（1））。

　しかし1973年のEC（欧州共同体）加盟によりEC条約が国内法化された後，ECの法やその後継のEUの法が国内法に優位することになっていた。また，人権法が1998年に制定され，欧州人権条約に定められた基本的人権の規定が，イギリスの裁判所でも適用されるようになった。このことは議会主権が制限されうることを意味している（☞第8章1（2））。ただ，上記のTopicsに見るように，イギリスのEU離脱をめぐる裁判においては，伝統的な議会主権が確認されている。そして，EU加盟の影響を残しつつも（☞第8章3（2）Topics「EU法の痕跡」），EU離脱によって議会主権は回復されたとも考えられる。

　最後に，ハノーヴァー朝における国制の変化について概略を示す。メアリ2世の妹のアン女王（在位：1702-14）の没後，1701年の王位継承法によってジェームズ1世の曾孫にあたるハノーファー選帝侯ゲオルクがジョージ1世（在位：1714-27）として王位に就いた。ここからヴィクトリア女王（在位：1837-1901）までがハノーヴァー朝である。18世紀は，一方で産業革命が起こり，他方で後半からアメリカ革命，フランス革命が起こった二重革命の時代といわれており，イギリスはヴィクトリア女王治世下の繁栄へと至る道を歩んでいった。しかし，名誉革命体制の下で議会主権を憲法原理としながら，政治体制は旧態依然としており，その改革が課題となっていた。具体的には選挙権・被選挙権には財産制限があり，特に被選挙権は一定の土地保有者に制限されていた。また国王には議会の召集解散権や大臣任免権が国王大権として残されていた。

　議会については数次の選挙法改正（1832年；1867年；1884年）によって，成年男子による，財産による制限のない普通選挙にほぼ近づき，男女普通選挙は1928年に実現している。また，公選制の庶民院が貴族院に対して優越した地位につくことになるのは1911年であった。イギリスでは，法案は，庶民院，貴族院で可決され，国王の裁可，同意が必要であったが，財政法案に関しては，庶民院を通過した後，会期終了の1ヶ月前までに貴族院に送付されれば，貴族院の可決は必要ないとされたのである。また，1911年には，他の法案について

は，庶民院で可決された法案の成立を貴族院が引きのばせる期間が制限されていただけであったが，1949年の議会法（Parliament Act）によって，庶民院で，ある法案が2会期連続で可決され，最初の会期での庶民院の第2読会から2番目の会期の庶民院での可決までに1年以上経過すれば，貴族院で可決されていなくても，国王の裁可を得られるようになり，貴族院の権限はさらに縮小されている。行政府については，ハノーヴァー朝以後大臣職が登場しており，大臣は国王の信任に基づいて政権運営を行い始めていたが，ドイツ人であったジョージ1世は，次第に閣議へ参加しなくなり，閣議を主宰するのは首相となった。18世紀に徐々に国王から内閣へ執行権が移行され，結果的に大臣は議会にのみ責任を負うという一元的な議院内閣制が出来上がったのである（☞第6章2（1））。

ま と め

　以上，本章では，まず，第1節と第2節で，コモン・ローとエクイティに焦点を当てつつ，イギリス法が生まれ，発展した経緯を概観した。その際，第1節では，コモン・ローの成立と関連が強い，陪審制や法律家制度，法曹一元制の起源についても説明した。また，本章では，イギリス政治の歴史のおおまかな流れも示しているが，特に第3節では，そのイギリス政治と関連させて，法の支配や議会主権の成立についても説明した。

　本章で見たようなイギリスの歴史，イギリス法の歴史は極めて複雑なものであり，即座には頭に入ってこない人もいるだろう。ただ，本章の冒頭でも述べたように，イギリス法の際立った特徴の1つは，その歴史的継続性である。日本法を学んでいる人々にとっては，イギリス法には特異なもの，奇異なものと感じられるものも数多くあると思われるが，それは，中世，近代において成立したものが，基本的な構造を変えずに，今日まで存続しているからである。

　最後に，中世，近代の原型を引き継いでいる，現代イギリス法の特徴を簡単にまとめておきたい。その内，現代イギリス法を理解する上で，特に重要な，②から⑤の特徴については，各々，第3章から第6章で，詳しく説明する。

1　イギリス法の成立とその歴史　｜　33

① コモン・ローとエクイティの二元性

　イギリスには，今日も，コモン・ローとエクイティという2つの法体系が存在している。本章で見たように，歴史的にはエクイティはコモン・ローを補うために生まれてきた体系であるが，両者は正義を達成するための異なったアプローチであると見ることもできる。コモン・ロー，エクイティそれぞれの法体系を用いてきたコモン・ロー裁判所＝国王裁判所とエクイティ裁判所＝大法官裁判所は1873〜75年に統合され，手続も融合されているが，実体法レベルでは，今も依然として別々の法体系として存在している。

② 判例法主義

　判例法主義は2つの要素から構成されている。1つは主要な法源が判例法，コモン・ローであるということである。現在では数多くの制定法もあるが，判例法が一般法であるとすれば，制定法は特別法の地位にある。制定法は体系をなさずバラバラに存在しているに過ぎない。国王裁判所の下した判決から生み出されたイギリス法は，法の断絶がなかったため，一貫して判例法，コモン・ローを中心に発展してきたのである（☞第3章1（1））。また，コモン・ローは，13世紀前後のその成立より，ローマ法の影響を受けることも少なかったため，大陸法と比べると体系性に欠ける点はあり，さらに法の捉え方が大陸法とは異なっている（☞第7章1（3））。

　もう1つの要素は先例拘束性の原則であるが，これは，イギリス法を成り立たせている基本原理であり，先例が法的拘束力をもつということを意味する。本章でも見たように，イギリスで厳格な先例拘束性の原則が確立されたのは19世紀末であるが，それ以前も，同種の先例がある場合にはそれに従うという傾向はあった。先例拘束性の原則はイギリス法に確実性，一貫性・公平性をもたらしている（☞第3章3（2））。

③ 法律家制度

　法律家制度についても他の国には見られない特徴をもつ。本章で触れたように，ヘンリ3世の時代には，代訴人と代弁人という2種類の法律家が登場して

おり，14世紀には，サージャントと呼ばれる弁護士から裁判官が選ばれるようになっている。現代のイギリスでも，上級裁判所で，依頼人のために弁論，弁護をするバリスタと，バリスタを補助する役割を担っているソリシタという二分制が取られており（☞第4章2），また，法曹一元制に基づき，上級裁判所の裁判官は，主にバリスタから選ばれている。特に，後者の仕組みによって十分な経験を積んだ裁判官への信頼が生み出されており，判例法主義を裏から支える仕組みであるといえる（☞第4章3（1））。

④ 陪審制

訴訟手続について大きな特徴であるといえるのは陪審制である。市民が裁判に参加する仕組みとして日本では裁判員制度が導入されているが，イギリスの陪審制は市民の自由を守る仕組みとして発展してきた経緯があり，その視点を欠く裁判員制度とは全く異なった制度であるといえる。本章では，陪審の起源が13世紀初頭にあることを確認したが，時代を経るにつれ，国王にコントロールされやすい裁判官ではなく，一般市民から選ばれる陪審による裁判こそが，人々の自由を守る制度として捉えられるようになる（☞第5章2（1））。

⑤ 法の支配，議会主権

最後に憲法原理として法の支配・議会主権を挙げることができる。法の支配とは，「人」ではなく，「法」が支配することを意味しており，現在ではわが国の日本国憲法の基本原理であるとも理解されている。日本国憲法は，国の最高法規であって，そこに定められている基本的人権を侵害するような立法は，原則として成立しないことになっている。一方，イギリスの法の支配は，長い歴史を背景としてもち，特に，本章で見たように，1689年の権利章典は，国王の権限を制限し，法の支配を確立したものであったと考えられている（☞第6章1（2））。それと同時に，その権利章典により，議会主権も確立されているが，今日のイギリスでは，例えば，1998年人権法が制定されるなど，議会主権を絶対視するのでなく基本的人権の尊重の観点から一定の制約が課される場合もありうる（☞第8章1（2））。

1 イギリス法の成立とその歴史　35

ブックガイド

①君塚直隆『物語イギリスの歴史（上）古代ブリテン島からエリザベス１世まで』,『物語イギリスの歴史（下）清教徒・名誉革命からエリザベス２世まで』（中公新書，2015年）

イギリスの歴史について，分かりやすく説明されている。本章でも扱ったイギリス議会の起源や，議院内閣制の確立についても，各々１章が割り当てられており，詳細な説明がなされている。国王などの肖像画の写真も数多く掲載され，コラムも充実している。例えば，「ウェストミンスター」というコラムでは，王座裁判所などの配置も分かる図が掲載されている。

②ジョン・ベイカー（深尾裕造訳）『イギリス法史入門第Ⅰ部 総論〔第５版〕』（関西学院大学出版会，2023年），『イギリス法史入門第Ⅱ部 各論〔第５版〕』（関西学院大学出版会，2024年）

長い間，ケンブリッジ大学で教えていたイギリス法制史研究の第一人者であるベイカー教授の教科書で，現在，日本のイギリス法制史研究をリードしている深尾裕造教授によって，第４版に続き翻訳されている。非常に有名な書物で，イギリスの大学では，一般的なテキストとして用いられているようだが，内容的には極めて高度である。特に，第Ⅰ部の総論では，本章で扱われている事柄について詳細に説明されており，巻末には訴訟開始令状の見本とその翻訳も収められている。是非，手に取ってほしい本である。

③チャールズ・ディケンズ（青木雄造・小池滋訳）『荒涼館　１〜４』（ちくま文庫，1989年）

著名な作家のディケンズは法律事務所に事務員として勤めた経験をもつ。ヴィクトリア朝のロンドンを舞台にした社会風刺小説であるが，当時の大法官裁判所における甚だしい訴訟遅延など，大法官裁判所における訴訟手続の欠陥が描かれている。2007年にあぷろん社から新訳が出されており，岩波文庫からも新たな邦訳が出されている。

2   イギリス社会とイギリス法

　第1章では，イギリス法の歴史に焦点を当て，コモン・ロー，エクイティという イギリスの法体系がどのようにして生じてきたのかについて説明した。また，判例法主義，法律家制度や陪審制，法の支配各々の起源とともに，それらの概要についても説明した。

　第1章では，イギリス法には歴史的継続性があることも強調した。実際，判例法主義，法律家制度，陪審制，法の支配は，中世，あるいは近代に起源をもつが，その各々は，現代イギリス法の骨格を形成している。コモン・ローとエクイティについても，別個の裁判所で扱われることはなくなったものの，現在，民事の第一審裁判所である高等法院（High Court of Justice）では，コモン・ローの訴訟とエクイティの訴訟は別々の部で扱われている（☞第4章1（1））。この点が，第1章で説明されたようなエクイティの起源，歴史を知ることで，より良く理解できるように，現代のイギリス法を知る上で，歴史を理解することは重要である。

　イギリス法の歴史とともに，イギリスの社会を理解することもイギリス法を知る上で有用であろう。そこで，本章の第1節では，イギリス法のいくつかの特徴を理解する上で知っておくと助けになるようなイギリス社会の特徴を説明したい。まず，よく知られたことではあるが，イギリス法だけでなく，イギリス社会も歴史，伝統を重視する社会であることを確認する。そして，イギリスの伝統の内，イギリス法の特徴を理解する上で参考になるであろう「階級制度」，「王室」について説明する。これらのイギリス社会の特徴は，イギリス法の特徴である，判例法主義，法律家制度，法の支配と議会主権などを理解する一助になると筆者は考えている。もちろん，第1節（2）で見るように，歴

37

史，伝統を重んじるイギリス社会にも「クール・ブリタニア」など新しいイギリスを模索する試みもあって，21世紀になってから，イギリス法も大きく変革された。

第2節では，イギリスの歴史，社会によって生み出されたイギリス法を他の国々の法と比較する。まず，イギリス法は，アメリカ法と合わせて「英米法」として扱われることが多いが，その英米法の特徴をドイツやフランス，そして日本も含まれる大陸法諸国の法と比較したい。さらに，現代のイギリス法を，いくつかの共通の特徴をもつアメリカ法とも比較する。その際，裁判と社会の関係という観点から比較すると，イギリス法の性格を明確にすることが可能になると思われる。その上で最後に，現代イギリス法全体がもつ特徴を説明したい。

1 イギリス社会と歴史，伝統

（1）イギリス社会の保守性と法律家

イギリス法が歴史的継続性をもつ要因として，日本の明治維新，フランスのフランス革命のような歴史の断絶が見られないことを挙げることができる。例えば，急激な近代化，西欧化が目指された明治維新では，憲法典のみならず，民法典，刑法典，商法典，訴訟法典などが一挙に導入されたが，それらは主にドイツの法典を参考にしたもので，従来の日本の法とは大きく異なるものであった。また，フランス革命では，国王，貴族，聖職者が支配していた旧来の身分社会が否定されて国王も処刑されたが，1793年には，結局は実施されなかったものの，人民主権の宣言，男子普通選挙の導入や社会権の保障など，フランス革命以前には想像できなかったような民主的な憲法が制定されている。イギリスにはこのような急激な社会の変革は稀であり，17世紀のピューリタン革命で国王が処刑されたこともあったが，程なく王政が回復されており（☞第6章1（2）Key Word），イギリス法も大きく変わることはなかった。

また，イギリス社会自体が歴史や伝統を重んじる社会であることを確認することも，イギリス法が歴史的継続性をもつことを理解する助けになるかもしれ

ない。

　あるアメリカの作家は,「イギリス人は伝統を必要以上に受け継いだのでは
ないか」と述べ,イギリスでは,伝統が無尽蔵の資源となっていると驚嘆した
という。また,近年,『イギリス社会入門』という著書を日本人向けに刊行し
たイギリス人のフリー・ジャーナリスト,コリン・ジョイス氏は,イギリスの
多くの地域の景色は,歴史をたっぷりと含んでいることで,すばらしいものに
なっていると強調する。実際,ストーンヘンジやロンドン塔,ウェストミンス
ター寺院といった典型的な観光地だけでなく,例えば,ウェールズだけでも
100を超える城がある。また,ジョイス氏が住んでいるところに近いイギリス
南東部のコルチェスターという都市にも,ノルマン人が1100年頃に建てたコル
チェスター城が町の真ん中に建っているという。そして,この城は,2000年ほ
ど前にローマ人がイギリスを征服した際に建てた神殿の土台の上に建てられて
いる。イギリスは数々の異民族に侵攻されており,1世紀にはローマ帝国の属
領となっていて,1066年には,ノルマン人のウィリアム1世（在位：1066 - 87）
が王位に就いた（☞第1章1（1））。現在は博物館になっているようだが,こ
のコルチェスター城はイギリスの国の成り立ちを象徴しているような歴史的建
造物だといえよう。実は,このコルチェスターは,ロンドンが首都になる前
の,ローマ帝国下の首都であった。また,コルチェスター城の近くには,ウィ
リアム1世とともにイギリスに侵攻したノルマン人の子孫で,ヘンリ8世（在
位：1509 - 47）の家臣であった人の住居の一部として16世紀に建てられたレイ
ヤー・マーニー・タワーもある。有名なエリザベス1世（1558 - 1603）も宿泊
したことがあるという。現在は,個人が所有しているが,観光客にも開かれて
いるようである。ジョイス氏によると,このように歴史を感じさせる建造物
は,イギリスの多くの都市や地域に見られるという。

　より身近な例として,ジョイス氏は,日本でも有名なルートマスターという
2階建てバスの例を挙げている。このルートマスターというバスは1960年代前
後から導入されたもので,2階建てであるとともに,出入り口が車両の後部に
ついているオープンデッキのため,乗降自由であり,車掌が同乗しているとい
う特徴があった。しかし,車掌を乗せなければならないため経費がかかるこ

2　イギリス社会とイギリス法　｜　39

と，出入り口が危険と見なされたこともあり，1970年代以降は，より近代的な
バスや1階建てのバスに取って代わられている。ただ，このルートマスターへ
の郷愁は強く，それを復帰させるか否かが2008年のロンドン市長選挙の争点に
までなった。そして，ルートマスターの復帰を公約の1つとしたボリス・ジョ
ンソン（2019 - 2022年に首相）が当選し，安全性にも配慮した新型のルートマス
ターが運行されるようになった。また，芸術，文化の面でも歴史，伝統を大切
にすることが，イギリス社会では際立っているとジョイス氏は指摘し，その一
例として新しいグローブ座を挙げている。グローブ座とはロンドンのテムズ川
南岸にあった，シェイクスピアの劇団によって1599年に建設された劇場である
が，火災などもあり，1642年に閉鎖されて消失してしまっていた。しかしなが
ら，それから約350年後の1997年に，当時の資料に基づいて，できるだけ17世
紀当時の姿を再現するような形で，新グローブ座であるシェイクスピアズ・グ
ローブが建てられている。

　何故，イギリス社会は，このように伝統，歴史を大事にするのだろうか。次
頁の Topics で取りあげている18世紀のエドマンド・バーク（1729 - 97）の思想
は，一定の説得力をもつものではないだろうか。

　もちろん，歴史，伝統を重視する理由は様々あるだろう。しかし，イギリス
社会の保守性の要因の1つとして，バークの思想そのものとはいえないもの
の，バークのような伝統，経験を重視する考え方が，イギリス社会に浸透して
いることもあるだろう。また，最近の研究では，バーク自身が法律家たちの議
論を参考にしていたことも指摘されている。その1人である17世紀の著名な裁
判官であるマシュー・ヘイル（1609 - 76）は，どれだけ賢い人でも予見するこ
とができない欠陥を発見したり，それへの対策を提供することができるため，
長い経験に基づくイギリス法こそが，少数の者たちが頭の中で考えるような法
よりも優れていると論じていた。イギリスの社会や法律家の間に見られる，古
いものこそ価値があるという考え方も，イギリス法の歴史的継続性を生み出し
たといえるだろう。なお，ヘイルの上記の議論は，より具体的には，13世紀前
後から続き，数多くの判決の集積であるコモン・ロー，判例法が，少数の立法
者によって考案される立法，法典よりも優れているというものであり，判例法

40

Topics バークの思想

エドマンド・バークは1729年にダブリンに生まれ，1765年から94年まで，イギリスの国会議員を務めている。また，バークは当時のイギリスを代表する思想家，文筆家であり，1790年の『フランス革命の省察』というバークの著書は，長い間，保守主義のバイブルと目されてきた。

フランス革命は1789年に勃発し，国王や貴族，聖職者による支配を覆し，人々の自由や平等の権利を保障した近代社会の原点とされることもある。ただ，歴史や伝統を否定し，人間の理性によって新しい社会を造り直すというフランス革命の試みは，反対派の虐殺，恐怖政治の横行，ナポレオンの帝政と，当初の目論見からは大きくはずれてしまった。バークは，そのような危険性をいち早く指摘したのであった。

バークによると，人間の権利の保障などの極めて抽象的な理念に基づいて，社会制度をゼロから作りなおすことは無謀な試みであり，うまくいかないのであった。現実の政治が扱っているのは複雑に絡み合った利害の調整なのであり，それを少数の人々の頭の中で考えられた理念によって解決することは不可能なのであった。

代わりにバークは，「時効」という考え方を重視している。フランス革命のように，当初は，人間の権利のより良き保障を目指していたものが，恐怖政治につながるなど，真の評価は，ある程度，時間が経ってからでないと分からないだろう。逆にいうと，時の検証，幾世代にもわたって，長い間検証されてきたような制度こそ優れた制度ということになる。もちろん，バークもすべての変革に反対していた訳ではない。ただ，変革する際も，既存の法・政治制度を廃止してしまうのではなく，改良を施すことで，それを保守すること，守ることが重要であると説かれている。より一般的にいうならば，上記の2階建てバスの例のように，古いものの良さを残しつつ，時代に合わせて改良するということが重要なのであった。

旧型のルートマスターとその良さを生かしつつ現代化された現在のルートマスター。
旧型（左），新型（右）。

出典：旧型，新型ともに，Andrew Michael / Alamy Stock Photo

2 イギリス社会とイギリス法

主義を擁護するものであった。バークの時効論やそれに近い議論は，イギリス法の特徴の1つである判例法主義の維持を促すものでもあった。

　イギリス社会の歴史，伝統の内，日本人にとって理解しづらいのが，イギリスの階級社会であろう。イギリスには，貴族や資産家の出身で，オックスフォード大学やケンブリッジ大学に進学することの多い上流階級，ホワイトカラー（頭脳労働者）である中流階級，そして，大学に進学することがあまりないブルーカラー（肉体労働者）である労働者階級という3つの階級があるとされている。もちろん，最近ではこのような階級意識は希薄になっているようだが，今でも階級間で，しゃべるときのアクセント，生活習慣や思考方法に大きな差があり，多少なりとも壁があるようだ。このイギリスの階級制度を説明する際に，よく挙げられるのが，1964年の「マイ・フェア・レディ」という映画で，ロンドンの下町言葉（コックニー）を話す労働者階級の女性が，上流階級の言葉を身につけていく様子が，コメディー・タッチで描かれている。また，2000年の「リトル・ダンサー」という映画も，イギリスの階級社会を描いている。地方都市の炭鉱労働者の家の小さな少年が，バレエ・ダンサーを夢見て成功する物語だが，バレエは上流階級のものであると考えていた父親からは頑なに反対されていた。

　実は，イギリスの法律家制度には，このような階級社会に基づく面もある。主にバリスタ（法廷弁護士）から上級裁判所の裁判官を選ぶ法曹一元制（☞第4章3（1））もイギリス法の特徴であるが，バリスタは少数精鋭の集団であるため，裁判官の質も高くなることが，その制度を支える理由の1つとされている。また，上級裁判所の裁判官がバリスタから選ばれることで，裁判官こそが法律家のリーダーであると見なされるようになり，裁判所の判断を尊重する態度が強まるなど，法の運用が安定するとも論じられてきた。そして，バリスタの多くがオックスフォード大学やケンブリッジ大学の出身であり，結果として，上級裁判所の裁判官も，両大学の出身者で占められてきたことは，法律家の一体性を高めるとされてきた。もちろん，オックスフォードやケンブリッジでも，能力に基づく試験が行われているが，例えば，最近の調査では，オックスフォード大学では，全学生の内，医師や弁護士などの専門職か会社などの管

42

理職の親をもつ学生が全体の78パーセントを占める。また，イギリスの大学全体では私立校出身は10パーセント未満しかいないのに対し，オックスフォード大学では，入学者の43パーセントが私立校出身で，最近の皇族や，デイヴィッド・キャメロン元首相などもっていたイートン・カレッジの出身者も多い。要するに，オックスフォードやケンブリッジには，上流階級，あるいは，それに近い考え方をする人が多い，アッパー・ミドルとも呼ばれる中流階級の上位層が集まることになる。ならば，バリスタや上級裁判所の裁判官も，同じような保守的な思想をもつ人々によって占められることになり（☞第5章1(2)），弁護士が，裁判官の先例にむやみに挑戦することも少なくなって，司法制度も安定すると考えられてきたのである。

　日本社会と近いイギリス社会の伝統としては，王室の存在を挙げることができるだろう。日本では象徴天皇制になっているが，イギリスでも，現在の女王の役割は，国の代表として様々な公務をこなしたり，儀式に参加することが中心になっている。確かに女王には，恩赦を与えたり，首相を任命するといった権限があるが，前者は大臣の助言に基づくものであり，首相についても，総選挙で過半数の議席を得た政党の党首が任命されることが慣例になっていて，それらは形式的な権限である。ただ，現在でも，イギリスで刑事事件が裁かれる際は，国王 対 被告人という形で行われているように，イギリスでは，国王は，裁判，正義の源であると考えられていた。また，国王には国王大権（☞第6章3（1）Key Word）という行政権があり，その恣意的な行使が問題になることもあった。特に17世紀の前半の国王たちは，法に基づかない逮捕権，国王単独の課税権，議会の法律を無視する権限を行使しようと試みていた（☞第6章1（2））。その際，第1章でも詳しく説明されているが，議会にこそ主権があり，議会の法律に基づかずには逮捕できず，税を課すこともできないこと，そして，国王が議会の法律を無視できないことを確かなことにすることで，国王による人の支配ではなく，法の支配が可能になると考えられた。

　2020年に王室から離れてしまったが，2018年の5月に，ハリー王子がアメリカの女優であったメーガン・マークルと結婚した。また，2011年4月29日の，ロンドンのウェストミンスター寺院で行われたウィリアム王子とキャサリン妃

の結婚式も，日本のテレビで大きく取り上げられている。再びジョイス氏に依拠すると，キャサリン妃は，裕福な家庭の出身であるものの，イギリスでは，血筋，それから母親の言葉遣いなどから，中流階級出身の王妃と捉えられていたようである。また，王妃の家族は，結婚式に近所のパブの主人や郵便局員なども招いており，多くのイギリス人に親しみやすさを感じさせた結婚式であったようだ。イギリスの王室自体も親しみやすい王室を目指しており，本来の意図に沿うものではないだろうが，ゴシップ誌などで取り上げられることも多く，王室なしのイギリス社会は，考えにくいものになりつつある。特に人気が高かったエリザベス女王が2022年9月に亡くなった際は，ロンドンでの葬列には100万ほどの市民が集まったといわれている。ただ，イギリス社会は，現在でも王室が政治に関わることには，敏感に反応するという。上記で述べたように，国王ではなく，議会に主権，最終的決定権をもたせることで，人々の自由や権利を守るというのがイギリスの法の支配のポイントであった。逆にいうと，王室の存在というイギリス社会の伝統こそが，議会主権や法の支配といったイギリス法の特徴を生み出したとも考えられる。

（2）クール・ブリタニアと法改革

もちろん，イギリス社会のすべてが歴史，伝統といった価値を最優先してきた訳ではなかった。特に1997年の選挙で，1979年以降続いた保守党政権を破り，労働党のトニー・ブレア首相が政権の座に就いた際，ブレアが当時43歳と非常に若かったこともあり，歴史，伝統以外の新しいアイデンティティを求める動きが活発になった。その代表的なものが「クール・ブリタニア」と呼ばれるものであったが，それは，伝統，歴史を重視することから当時生じていた老大国，老朽化といったマイナス・イメージを払拭し，新しい文化，多様な民族の共存といった異なったイメージを打ち出そうとするものであった。「モダン・ブリテン」という標語も用いられていて，ブレア政権も，音楽，アート，建築といったクリエイティブ産業の振興に努めている。例えば，イギリスの近現代美術などを展示しているテート・ブリテンという有名な美術館があるのだが，2000年には，現代美術を扱うテート・モダンという美術館がオープンして

いる。その際，発電所であった建物の外観をそのまま使うという奇抜な方法も注目された。また，ロンドン・アイという巨大な観覧車も1999年にオープンしている。ロンドン着の飛行機の中から見ることもできるのだが，国会議事堂やビックベンなど歴史ある建物が並ぶ中，突如，近代的な巨大な観覧車が登場する様は，確かに印象的である。ブレア政権は，テート・モダンやロンドン・アイを積極的に支援していたが，これらは観光地としても定着しつつあり，新しいイギリスの象徴になっていった。

　クール・ブリタニア，そしてブレア政権は多様な民族の共存も，新しいイギリス社会の特徴であると論じていた。また，ブレア政権にも大きな影響を与えた社会学者のアンソニー・ギデンズは，異民族や異文化に寛容な「コスモポリタン・ナショナリズム」こそ，イギリスが目指すべき社会であると論じていた。元々イギリスは移民が多い国であったが，1990年代からは，さらに急速に増加し，「超多様性」の時代が到来したともいわれている。例えば，ロンドンでは300以上の言語が話され，岡崎慎司が2015から19年に所属していたサッカー・クラブのあるレスター市では，2021年の時点で，非白人が59.1パーセントと，白人の方が少数派になっている。政治の世界では，2016年からロンドン市長を務めるサディク・カーンはパキスタン系であり，2022年から2024までは，イギリス初の非白人の首相であったインド系のリシ・スナクが政権を担っていた。このような状況で，上記のように，イギリスの裁判官が上流階級やアッパー・ミドルの人々によって占められていることが問題になっている。そういった階級の人々は，ほとんどが白人であったからである。そこで2006年に裁判官の選出方法が変更されている。

　さらにブレア政権は，それ以前の政権と比べて，EU（欧州連合）により積極的に関わっていく政策を取ろうとした。また，クール・ブリタニアを推進したように，伝統，歴史に対して，やや冷淡な側面もあった。一方，すでに見たような歴史的継続性を重視する観点から，イギリスでは中世や近代から続く制度がそのまま続いているということが珍しくない。その中で，特に問題になったのが，議会の上院の貴族院が裁判権をもっていたことであった。中世において国王の統治を助けていた王会が，立法だけでなく，裁判にも関わっていて，そ

2　イギリス社会とイギリス法　45

こから分化した議会にも裁判権が与えられたため，現代イギリスの議会の上院である貴族院も裁判権をもち，イギリスの最高裁になっていたのである。ブレア政権によれば，そのような貴族院の裁判権は，ヨーロッパ社会の基本的な価値である権力分立の原則に反しているとされ，その裁判権は2009年に廃止されている（☞第8章2（2））。

2　他国の法との比較から見るイギリス法

（1）英米法と大陸法

　第1節では，イギリス法が歴史的継続性をもつ要因の1つとして，イギリス社会，イギリスの法律家が伝統，歴史を重視する傾向が強いことを説明した。そのような歴史的継続性を特徴とするイギリス法は，他国の法と比べるとどのような特徴があるだろうか。まず，イギリス法は，アメリカ法などとともに，英米法と呼ばれ，ドイツ法，フランス法などの大陸法と区別されている。明治時代に，主にドイツの法典にならった諸法典を導入したため，日本法も大陸法系に属するという見方が一般的であるが，英米法と大陸法はどのような違いがあるのだろうか（詳しくは，☞第7章1）。

　ヨーロッパの法の歴史を語る際にローマ法の影響を無視することはできない。ローマ帝国は1世紀末頃にはイタリア半島，西ヨーロッパのみならず，北アフリカなども領土とし，スコットランド地域を除くブリテン島もその支配下に置いていた。そのローマの法は，極めて先進的なもので，例えば，後には当事者双方の合意だけで成立する諾成契約なども導入されていた。また，6世紀のユスティニアヌス帝（在位：527－565）の時代に，法学の入門書である法学提要，法学者の意見を収録した学説彙纂，元首政時代からの多数の勅法を集めた勅法彙纂，および新勅法から成るローマ法大全が編集，公刊されたこともあり，ヨーロッパ諸国の後の時代の法学研究にも大きな影響を与えている（☞第7章1（1））。

　このローマ法の影響を強く受けているのが大陸法であった。例えば，法が統一されていない時代に，ローマ法はドイツ全土に共通の法と見なされていた。

46

また，1871年にドイツ帝国が成立すると，1896年にはドイツ民法典が公布されたが，これもローマ法の影響を強く受けたものであった。フランス，イタリア，スペイン，オランダ，ベルギーなどの法もローマ法の影響を受けた大陸法系であるが，スコットランド地域の法は，大陸法と英米法の中間にあるとされている（☞第7章2）。一方，歴史的継続性が強いイギリス法を見てみると，13世紀前後から共通の法であるコモン・ローが独自に発展しており，ローマ法の影響は極めて限定的であった（☞第7章1（2））。

　大陸法のもう1つの特徴は，成文法主義を取っていて，法典が中心になっていることである。ローマ法は紀元前後に通用していた古い法であり，さらに，具体的な事案に対する解決方法を重視し，十分に体系化されていなかったため，例えば，ドイツ民法典を創る際にも，ローマ法をそのまま用いることはできなかった。当時のドイツでも用いることができるように，概念を明確にするとともに，法を抽象化，体系化し，法典化することが目指されたのである。そして，裁判を行う際は，そうした法規から，演繹的に事件が解決される（☞第7章1（3））。一方，英米法では，抽象化，体系化，さらに法典化は極力排除されている。イギリスでは，上述のように，ローマ法の影響が限定的で，13世紀前後から，裁判例を積み重ねることで，法を発展させてきた。すなわち，イギリス法などの英米法では，裁判例である判例法が法の中心にあり，ある事件が生じた場合も，同様な，あるいは類似の事件の先例を探し，それを適用することで解決されることが多い。まず同様の事件についての先例を探し，それがなければ類似の事件を探して，それらと同じような解決が試みられるのである。

（2）形式的なイギリス法と実質的なアメリカ法

　前項で見たような大陸法と英米法という区別は，世界の法体系を分類する際によく用いられる区分であるが，この「英米法」という名称自体，イギリス法とアメリカ法の間には大きな違いがないことを前提にしている。実際，イギリスは，植民地を建設する際，他のヨーロッパ諸国の法がすでに用いられていた場合は，そのヨーロッパの法を存続させ，それ以外の地域では，自分たちの判例法，コモン・ローを導入するという方針を取っていたため，当初，イギリス

の植民地であったアメリカ法の基礎は，イギリスの判例法，コモン・ローに基づいている。イギリス，アメリカ双方とも，典型的な判例法主義の国で，法の基本的な部分は，裁判所の判決の中に含まれているのである。また，裁判制度に目を向けると，両国ともに，法曹一元制が採用され，裁判官が弁護士から選ばれること，陪審制が用いられていることも重要な共通点であろう。

　ただ，イギリス法とアメリカ法の違いにも注意を向けると，現代のイギリス法の特徴をより良く理解することができるのも確かである。以下，イギリスとアメリカの判例法主義，法律家制度，陪審制の違いに注目するが，そこから明らかになってくるのは，アメリカでは，裁判に社会の民意，世論を反映させることが，イギリスよりも重視されているということである。

　現代のイギリス法とアメリカ法の違いについて，包括的に考察しているのは，1987年に出版されたイギリス・オックスフォード大学のパトリック・アティアとアメリカ・コーネル大学のロバート・サマーズの共著『英米法における形式と実質——法的推論，法理論，そして法制度の比較研究』である。アティアとサマーズは，主に20世紀後半のイギリス法とアメリカ法を対象として，アメリカ法は「実質志向」であるのに対し，イギリス法は，「形式志向」であるとまとめることができると論じている。ここでは，英米の判例法主義の違いについての彼らの分析を中心に紹介したい。

　アティアとサマーズによると，実質志向のアメリカ法では，法として認められるためには，実質的な基準，すなわち，内容を問うような基準を満たす必要があり，憲法に反するような法は違憲立法審査によって無効にされる。一方，イギリスでは議会で制定されれば無条件に法になるのであり，法として認められるためには，形式的な手続的基準を満たせばよい。また，どのような法が典型的かということに関しても，実質志向のアメリカ法では，適用の際に様々な考慮，裁量を認めるような，一般条項などから成るより柔軟な法が多いのに対し，形式志向のイギリス法では，確定的で確固としたものが典型的な法であるとの違いがあると説明されている。さらに，裁判所の使命という点でも，実質志向のアメリカ法における裁判所は，法の目的や，合理的に推測される目的に照らして解釈適用を行うべきであるとされ，イギリスの裁判所とは対照的であ

るとアティアとサマーズは論じている。

　同様の違いは，先例の扱いの違いにも表れている。イギリス，アメリカ双方とも，法の基本的な部分が裁判官の判決の中に記されている判例法主義を導入しているが，裁判官の判決，先例の扱いは大きく違っているのである。まず，アティアとサマーズによると，アメリカでは，正しくないと考えられるならば，先例を無視する権限を裁判官はもっており，また，最高裁も含めて，アメリカの裁判所は自分自身の先例を変更できるとされている。一方，イギリスでは，1966年に若干緩和されたものの，1898年以降，貴族院，そしてその後継の連合王国最高裁判所による判決は，基本的にすべての下級の裁判所を拘束するとともに，自らをも拘束することになっている（☞第3章3（2））。自らよりも上級の裁判所が決定したものであれば，イギリスの裁判官は，たとえ内容に不満があっても，それに従わざるを得ないのである。内容的，実質的な基準ではなく，自らより上級の裁判所による先例があるか，という形式的な基準がイギリスでは重視されているともいえる。もちろんイギリスでも，似たような先例があってもそれとは違う事実関係があるとして，先例とは異なる解決をする「区別」という手法が取られたり，先例のルールを類推適用するなど，裁判官によっても法が発展させられている（☞第3章3（2））。ただ，そのように新しい論点について判決が下されるなら，それは先例になるとされており，形式志向であることに変わりはないであろう。

　アティアとサマーズは，イギリスで厳格な先例拘束性の原則が維持され，2009年まで最高裁判所であった貴族院の判決が，それより下級の裁判所に一貫して従われていた背景として，イギリスの法律家，法曹の一体性，同質性を挙げている。イギリスでは，法曹一元制の下，バリスタの優秀なものの中から裁判官になるという慣行が続いてきたが，同時に，最高裁である貴族院（現在は連合王国最高裁判所）を頂点として，ピラミッド型に裁判制度が構成されていて，最高裁の先例の拘束力を高めている（☞第4章1（1））。第1節（1）でも見たように，同じような階層の人々がバリスタ，裁判官になるため，必然的に法律家，法曹の一体性，同質性は高まるし，その頂点にいる貴族院の裁判官（現在では，連合王国最高裁判所の裁判官）の判決は，法律家全体によって尊重さ

2　イギリス社会とイギリス法　49

れてきたのである（☞第4章3（1））。一方，アメリカでも原則的に弁護士からスタートするという法曹一元制が採られているが，弁護士資格自体，それぞれの州で独自に与えられており，イギリスのような法律家の一体性は見られない。さらに，合衆国憲法など，連邦に関わる問題は連邦裁判所に，各州法の問題は各州の裁判所に委ねられており，イギリスのように裁判制度がピラミッド型になっている訳ではない。

　イギリス法とアメリカ法を合わせた英米法の共通の特徴として，判例法主義と同様に重要なのが陪審制である。英米の陪審制では，刑事事件，民事事件における事実認定，さらには民事事件の損害賠償額の算定が一般市民に委ねられており，それらに裁判官が関与することがない。確かに日本でも裁判員制度が導入されているが，それは，一般市民から選ばれる裁判員と裁判官が協同で行う裁判である。裁判の重要な部分を一般市民に完全に委ねてしまう陪審制は，ドイツやフランスの参審制とも異なっている。

　陪審制の起源は13世紀のイギリスにある（☞第1章1（2））。そして，上記でも簡単に触れた陪審の役割，機能が異なることはないのだが，陪審裁判の対象，あるいは陪審裁判の位置づけについては，イギリスとアメリカでは大きな違いがある。

　アメリカでは，まず刑事事件で陪審審理を受ける権利が合衆国憲法によって保障されている。すなわち，憲法第3編2節3項において，「すべての犯罪の審理は，陪審によって行なわれなければならない」と規定され，さらに基本的人権が保障されている第6修正でも，刑事陪審の保障が規定されている。次のTopics に見るゼンガー事件のように，植民地時代のイギリス政府の圧制に対して，陪審制が有効な手段として機能したことは，その背景の1つであるようだ。

　また，アメリカでは，各州の憲法などにおいて民事の陪審裁判を受ける権利も保障されている。フランスの著名な政治思想家のアレクシ・ド・トクヴィル（1805 - 59）は，民事の陪審裁判に参加することで，法的感覚が市民に植え付けられ，圧制に対抗することが可能となるため，民事陪審は，アメリカの民主主義精神を支えるものであると指摘していた。このような理解が，現代のアメリ

ピーター・ゼンガー事件（1735年）

　アメリカにおける陪審制の定着にとって重要な事件として取り上げられることが多いのが，ピーター・ゼンガーの事件である。アメリカの陪審制研究の第一人者であった丸田隆によると，このゼンガー事件により，陪審制の重要性が，独立前のアメリカの各植民地に伝わったのであった。

　植民地時代のアメリカでは，イギリス本国から派遣された総督が，裁判官を任命するとともに検察官に訴追を担当させていた。それにより，イギリスの統治に批判的な植民地の人々が厳しく弾圧された。ニューヨーク植民地の新聞社のゼンガーも，ニューヨークの総督を批判した記事を掲載したことで，扇動的名誉毀損罪で訴追されている。その裁判で陪審員たちは，総督により任命された裁判官によって，ゼンガーに不利になるよう誘導された。すなわち裁判官は，陪審の役割は，ゼンガーが当該記事を執筆，発行したかを判断することで，その行為が扇動的名誉毀損罪に当てはまるか否かは，陪審が判断することではないと，陪審員たちに説示（説明）したのであった。

　しかしながら，陪審員たちは，その裁判官の説示を無視して，ゼンガーを無罪とする決定を下している。陪審制には，抑圧的な法律の適用が問題になった際，法や証拠を無視して無罪評決を下すことができるという「陪審による法の無視」という制度がある。このゼンガーの事件は，アメリカにおける陪審による法の無視の，初期の代表的な事件として捉えられている。

　なお，陪審の政治権力からの独立は，イギリスでも長年，追求されてきたもので，例えば，1985年のポンティング事件（☞第5章2（2））は，イギリスの陪審裁判のモデルケースとされている。この事件も，抑圧的な法，裁判に対して市民の自由を守ったものであり，アメリカのゼンガー事件に共通している部分もある。

カでも維持されているといえるだろう。

　さらにアメリカでは，陪審に，懲罰的損害賠償を付与する権限が幅広く認められていることも大きな特徴である。民事の陪審には，損害賠償を算定する権限も委ねられているが，一定の事例においては，被害者の損害を補償するだけでなく，悪質な加害者にとって制裁となるような高額な損害賠償を付与する権限も与えられているのである。例えば，マクドナルドのドライブスルーでコーヒーを買った人が，それをこぼして大やけどをした事件で，1994年のニューメキシコ州民事陪審は，製造物責任を守っていなかったとして270万ドルの懲罰

的損害賠償を付与している。アメリカでは，州によって認められていない州も
あるが，例えばカリフォルニア州の民法典では，不法行為の裁判などにおい
て，被告による強迫，詐欺，害意があったことを原告が立証すれば，原告は，
実際の損害に加えて，懲罰的損害賠償を請求できることが明白に定められてい
る。この懲罰的損害賠償の制度により，民意が裁判に反映されることも保障さ
れているといえるだろう（なお日本では，1997年の最高裁判決で，懲罰的損害賠償
は，わが国の不法行為の損害賠償制度の基本原則と相容れないとの意見が出され，これ
が裁判所の公式見解となっている）。

　もちろんアメリカでも，陪審裁判は当事者の義務ではなく権利として捉えら
れているため，刑事事件では有罪を認める代わりに刑を軽減してもらう答弁取
引がなされ，民事事件も陪審ではなく和解によって解決されるなど，実際に陪
審が用いられる事件は大きく減少している。一方，現代のイギリスでは，アメ
リカと比べると，そもそも権利として陪審裁判を受けることができる範囲が，
民事事件では大幅に狭くなっている。前節で述べたように，上級裁判所の裁判
官には，上流階級やアッパー・ミドル以上の出身の人が多いため，裁判に社会
の常識を反映させるという役割も陪審には与えられている。ただ，イギリスで
は，高額な懲罰的損害賠償が原告に付与されることが，裁判の公正さに反して
いると考えられるようなって，懲罰的損害賠償が認められていた名誉毀損につ
いても，陪審裁判が認められるかは裁判官の裁量に委ねられることになった。
そして現在は，民事事件で陪審裁判が行われているのは1パーセント未満であ
るといわれているが（☞第5章3（1）），一方，重大な刑事事件では，陪審裁
判は人々の自由を守る上で重要だと考えられており，上記のTopicsで触れた
ポンティング事件は，刑事陪審制度の意義を語る際に，いまだに言及されるこ
とがある（☞第5章2（2））。

　以上の比較から，どのようなことがいえるだろうか。まず，アメリカの裁判
所において，先例の厳守がイギリスほど要求されていないということは，アメ
リカの裁判官は，法を発展させるより大きな権限を与えられているからだと推
測できる。また，民事の陪審に関して，陪審の判断による懲罰的損害賠償が与
えられる範囲も，アメリカの方が広いことにも触れた。その点は，アメリカに

おいて裁判に民意を反映させることが、イギリスよりも重視されていることを示しているようにも思われる。例えば、カナダの研究者のダン・プリールも、イギリス法とアメリカ法を比較した最近の研究で、アメリカは、イギリス、オーストラリア、ニュージーランドなどの英米法圏の国々の中でも、一般市民の判断を裁判に反映させるために、陪審制の位置づけが際立っていると指摘している。ならば、イギリスとアメリカでは、社会における裁判の役割の大きさに違いがあるといえるだろう。そして、その点は、法の支配についての両国の違いを明らかにすることによっても、より良く理解することができる。

イギリスの法の支配は、国王が単独で法律を創ったり、課税をしたり、さらには、議会の制定法に基づかずに逮捕するといった国王の暴政を抑えることを目的としていた。そして、議会の承認なしの課税をしたり、法律や法律の執行を停止することなどが禁止されて、議会主権が1689年に確立されたことで、国王の暴政に終止符が打たれている（☞第1章3（2））。この議会主権の原則は、現代ではEUに加盟していたことの影響から修正されたとも考えられているものの（☞第8章3（2）Topics「EU法の痕跡」）、イギリスの憲法原則として維持されてきたのであって、イギリスの法の支配の思想を集大成した19世紀後半のアルバート・ヴェン・ダイシー（1835‐1922）も、議会主権を前提とした法の支配論を示していた。

ダイシーは、イギリスの法の支配の特徴として、①通常の裁判所の通常の方法を除いて罰せられたり、不利益を課されることはないこと、②すべての人々が通常の法や裁判所の裁判権に服すること、③憲法の原則は、裁判所の判決の結果であること、の3つを挙げている。このうち、議会主権の原則との関係で問題になってくるのは、上記の③の特徴であろう。裁判所の判決による憲法の原則と議会の制定法が矛盾する際、憲法的原則といえども、議会制定法がそれを廃止することができるかという問題である。この点に関してダイシーは、たとえ悪法であっても、一度正統な手続によって制定されるならば、法として認められるのであり、裁判所もそれを適用しなければならないと論じていた（☞第6章3（1））。

実は、イギリスの議会の主権とそれによる悪法は、アメリカの独立の大きな

要因の1つであった。18世紀後半に独立する以前のアメリカ植民地はイギリスの一部であって，イギリス議会の立法に従う義務があった。ただ，イギリス議会は，例えば，新聞やパンフレットをアメリカ植民地で発行するためには，高額の印紙を貼らなければならないという印紙税法を，1765年に制定している。アメリカ植民地から代表が送られていなかったにもかかわらず課税されたため，この印紙税法は，「代表なければ課税なし」という有名なスローガンも生み出した，アメリカ独立革命の1つのきっかけとなった法律であった（☞第6章2（1））。一方，イギリス本国では，19世紀に選挙制度が改革されて，選挙民や世論による監視が強まったこともあって（☞第1章3（2）），ダイシーの時代の後も，議会主権の原則が基本的には維持されている。

　独立後のアメリカでも，法の支配に対する脅威と考えられていたのは議会であった。イギリス議会による暴政があったことは上述したが，独立前後のアメリカの各州の議会も多くの問題を抱えていたのである。例えば，州議会の制定法には，分割払いによる借金返済を可能にする制度を導入して，借金の支払いを遅らせるような，利己的な法律が制定されることもあった。多数派が自分たちの利益を守るために少数派の権利を侵害するような法律を制定するといった事態が目立っていたのである。そのような背景もあり，アメリカでは，議会の意思，立法者の意思は，正義とは区別され，裁判官によってこそ正義が実現されるべきであると考えられるようになってくる。次に見るジョン・マーシャル（1755-1835）も，そのような形の法の支配論を示していたといえる。

　アメリカでは独立後の1780年代後半に憲法制定会議が開催され，1788年に憲法が発効すると，人民主権が確立される。マーベリー 対 マディソン事件（1803年）で違憲立法審査制を導入したマーシャルは，その人民の意思を実現するものとして，裁判所の違憲立法審査権を捉えていた。人民主権が確立され，その旨が憲法典に記されたのであるが，その憲法典に反するような法律が議会によって制定されるならば，裁判官こそが人民に代わって正義，それから法の支配を実現すべきであるとマーシャルは考えていたのである。例えば，フレッチャー 対 ペック事件（1810年）でマーシャルは，州による市民に対する土地の払い下げを，贈収賄が絡んでいたとして1796年に無効にしたジョージア州議

54

会の法律は憲法違反であると判示している。マーシャルが保護したのは，その払い下げられた土地を購入した善意の第三者たちであったが，彼らの所有権を否定するジョージア州議会の法律は，合衆国憲法第１編10節１項の「いかなる州も……契約上の債権債務関係を害する法律を制定……してはならない」（契約条項）に反して無効であるとの判決を下している。

　マーシャル以降も，議会ではなく，裁判所こそが憲法の理念を実現することがアメリカの法の支配の特徴であったといえるだろう。そのような特徴が明白に表れたものとして，次に見る「実体的デュー・プロセス」をめぐる裁判を挙げることができる。

Key Word　実体的デュー・プロセス

　アメリカ憲法で違憲立法審査の際に用いられる条項として，デュー・プロセス条項がある。連邦政府に対する制約である第５修正と州政府に対する制約である第14修正があるが，ほぼ同一の内容で，「法の適正な過程（due process）によらずに，何人からも生命，自由または財産を奪ってはならない」と規定している。このデュー・プロセス（due process）という用語は，一見，手続のことを指しているようにも見えるが，アメリカの連邦最高裁判所の解釈によって，法の内容（実体）も適正なものでなければならないことを意味している条項であると解釈されるようになった。

　この実体的デュー・プロセスが関係している代表的な判決が1905年のロックナー判決である。これは，製パン工場の労働時間が問題になった事件で，経営者のロックナーが，１日10時間，１週間60時間以上働かせてはならないというニューヨーク州法に反しているとして起訴され，有罪判決が下された。ただ，この法律自体が合衆国憲法に違反していると訴えられ，連邦最高裁で議論されている。その際，連邦最高裁の多数意見では，第14修正の「自由」の中に「契約の自由」が含まれるとして，当該の州法は，その契約の自由を不当に侵害するものであると判断し，違憲であるとの判決を下している。

　20世紀後半にもこの実体的デュー・プロセスに基づく判決が下されている。最も有名なのが，母体を救うためなど，必要な場合を除く中絶を禁止したテキサス州法が違憲とされた1973年のロー判決である。そこでは，「子どもをもつかもたないかの自己決定権」が第14修正で保護されていると判断され，妊娠の時期を３期に分けて，その第１期においては，女性が決定権をもつとして中絶が認められている。ただ，このロー判決には，扱っている問題が政治的，論争的であったこともあり，裁判官がその

2　イギリス社会とイギリス法　　55

役割を逸脱しているといった批判も加えられるようになっていた。そして，中絶の権利は第14修正の「自由」の中に含まれないとした，2022年6月のドブス　対　ジャクソン女性健康機構事件の判決で覆されている。

（3）イギリス，アメリカの社会と裁判所

　このように，アメリカでは，憲法の解釈を通じて議会の制定法をコントロールする役割が裁判所に与えられていて，法の支配は，議会主権という原理があるイギリスとは対照的に，裁判所によって実現されると考えられる。反民主主義的という批判もあるが，議会の多数派であっても，裁判官たちによる国の最高法規＝憲法の解釈には従わなくてはならないというのが，アメリカにおける法の支配のあり方である。さらに，憲法問題以外でも，法を発展させるということに関して，議会よりも裁判所が重視されていることにも留意する必要がある。元々アメリカには，憲法問題以外でも，裁判所によって何が法かが明らかにされるという伝統があるのだが，それには，アメリカの法制度の特徴も関係している。例えば，現代アメリカの著名な法学者であるリチャード・ポズナーは，アメリカでは，各州でも二院制が取られていたり，知事の拒否権もあることや立法府と行政府の選挙が別々に行われること，さらには，連邦政府にも同様な要因があって，立法や行政が適宜，問題を解決することが困難であるため，他の国々では司法の役割とは考えられていない問題も，裁判所が扱う傾向があると指摘している。

　このような憲法問題，それ以外の問題を解決する際の，アメリカ社会における裁判所の役割の大きさから，本節（2）で見たような，アメリカ法の特徴を説明することができるであろう。そこで見たように，アティアとサマーズは，実質志向のアメリカ法の特徴として，法として認められるためには，実質的な基準を満たす必要があると論じていた。その典型例は，上記の Key Word でも触れた違憲立法審査制である。また，アティアとサマーズは，実質志向のアメリカ法では，一般条項などから成るより柔軟な法が中心となり，裁判所は，法の目的や，合理的に推測される目的に照らして解釈適用を行うものとして捉

えられているとも指摘していた。これも，上記の Key Word で触れたような，第14修正の「自由」の保障といった抽象的規定しかない中で，裁判官が時代の変化に応じて，その自由の内容を決めていくという実体的デュー・プロセスをめぐる裁判例に典型的に表れているといえるだろう。一方，一般的な問題でも，アメリカ社会では裁判所の役割が大きいのは何故だろうか。ポズナーによって指摘されている上記のような制度面以外の要因として，アメリカ法の専門家である丸田隆は，アメリカにおける私人による社会のあり方の決定とは，一部の社会の利益や妥協に基づく議会の法律に従うことではなく，法廷における論争を通じた正義の実現にあることを挙げていた。また，プリールも，アメリカの裁判では，新聞や日常会話などで表れる一般市民の感覚を裁判に反映することが重視されていると指摘している。日本では理解しにくいものだが，裁判は，社会において何が正義なのかを決定する場として位置づけられているのである。そして，そのために，一般条項をもつ法が多く，契約法のルールなどにも，「正義に適う」などの表現が用いられることもある。

　同じく先例の柔軟な運用と陪審制の重視という点も，上記のような，アメリカ社会における裁判の位置づけによって説明できる部分が大きい。

　まず，正義が議会ではなく，裁判において実現されるのなら，一般的な裁判においても，社会の変化を反映する必要があるため，先例の扱いは柔軟になってくるであろう。また，陪審制に関しても，市民の裁判への参加を保障するものであって，懲罰的損害賠償の制度も，民意を裁判に反映させる貴重な手段と考えられているともいえるだろう。なお，アメリカの法制度に関して，議会の機能を裁判所が補っているというポズナーの分析を見たが，そうすると，そもそも立法機関でない裁判所がそのような大きな役割を果たすことへの疑問も，当然生じてくるだろう。そこで，陪審を幅広く受け入れることによって，裁判が民主的でないという批判をかわす狙いもあると，ポズナーは指摘している。

　一方，イギリスについても，法の支配の考え方から，アティアとサマーズのいう，その形式志向を理解できる。イギリスでは，国王の専制を防ぐために，議会主権を確かなものにすることで，法の支配が実現されると考えられてきた。議会を上回るものがないことを確かなものにすることで，人々の自由も守

られると考えられてきたのである。それ故，アティアとサマーズがいうように，アメリカとは違い，議会で制定されれば無条件に法になるという形式志向の法制度が採用されているのである。

　また，アメリカとは違って，厳格な先例拘束性の原則が採られていることも，議会主権の原則から説明できるだろう。法を創る権限が議会にあるならば，法を変更する権限も，基本的には議会にあるということになり，裁判所には，先例に従うことが要求されるだろう。さらには，イギリスでは，民事の陪審が用いられることは例外的なことになってきており，懲罰的損害賠償が適用される事件もかなり限定されているが，この点は，イギリスでは，アメリカほどには，裁判所が民意を反映すべき場所であるとされている訳ではないことを示している。なお，厳格な先例拘束性の原則がイギリスで採られていることには，第1節（1）で見たような，歴史や伝統の重視も関連している。プリールによると，長い間従われてきた先例を覆すことで，法全体に予想もできないダメージを与えるかもしれないという観点，バークによって示されていたような観点からも，イギリスでは，先例を変更しないことが求められているのである。

ま　と　め

　本章では，まず，イギリス社会では，歴史，伝統といった価値が重視されており，法律家の間でも保守的な思考方法が強いことを確認した。イギリス法に歴史的継続性が強く見られるのは，このような法律家の思考方法によっても支えられていたのである。第1章では，コモン・ローやエクイティの歴史とともに，判例法主義，法律家制度，陪審制，法の支配と議会主権といったイギリス法に特徴的な制度の起源についても説明したが，歴史的継続性により，これらは，現代のイギリス法の骨格にもなっている。

　本章ではまた，このような長い歴史をもつイギリス法が，ドイツ法や日本法などの大陸法とどう異なるかについても確認した。そして，現代のイギリス法の特徴をより明確にするために，アティアとサマーズの分析を参照しながら，形式志向と実質志向，先例の扱い，陪審制，法の支配という観点から，イギリ

58

ス法とアメリカ法を比較した。イギリス法に関しては，そこでの法の支配とは，国王ではなく，議会が主権をもつことを意味しており，議会よりも上位の機関がないことで，人々の自由が守られると考えられてきたことを確認した。そうすると，法の内容よりも手続に重きが置かれ，議会が定めた法律は，内容にかかわらず法として認められるという形式志向が取られることになる。さらに，イギリスでは，法を変更する役割は，原則として議会に委ねられているため，裁判所には先例に従うことが要求される。また，イギリスとアメリカは，陪審制を共有しているが，社会における裁判の役割の大きさの違いから，イギリスでは，アメリカほどは陪審が重視されていないことも確認した。

　ただ，判例法主義については，イギリスで厳格な先例拘束性の原則が採られるようになったのは19世紀の後半になってからであり，それ以前は，先例は法の証拠に過ぎないという「法宣言説」に基づき，裁判官は，数多くの新しい法原則を判例法に導入してきた（☞第3章2（2））。現在のイギリス法の基本的な部分が判例に基づいているのも，主に19世紀後半までの裁判官による法創造の結果である。

　また，法律家制度について，アティアとサマーズは，1980年代の，当時の最高裁判所であった貴族院を頂点とする厳格な先例拘束性の原則の維持にとって，法律家の一体性が有用であると指摘していた。ただ，第1節（2）でも見たように，イギリス社会の多様性が強調されるようになった2000年代になると，裁判官の任用制度のあり方が問題になってくる。法曹一元制では，弁護士から裁判官を選ぶのであるが，その際，白人のエリート層が大部分を占める上級裁判所の裁判官たちの意向が重視されていたため，どうしても同じような層の人々が裁判官に選ばれることが問題視されるようになった。そこで，2006年には，裁判官選出の方法をめぐり，大きな改革が実施されている（☞第4章3（1））。

　陪審制に関しても補足すると，確かに，アメリカほどは重視されていないが，エリート裁判官による判例法に基づく裁判を，より市民に近づけるという要素も，イギリスの陪審制にはある。また，民事の陪審は，本章でも確認したように，イギリスでは減少傾向にあるが，刑事の陪審は，伝統的に，イギリス

人の自由を守るものとして考えられてきた。かつては，国王の意のままになる裁判官をチェックするものと位置づけられていたし，さらに現在では，悪法に対する最後の砦としての役割を，陪審は担っているのである。ただ，その上で，刑事の陪審の役割も限定すべきではないかとの議論が，今日のイギリスでは強くなっていて，2010年には，370年ぶりに，重大な刑事事件において裁判官のみの裁判が行われている（☞第5章3（3））。

　法の支配については，1997年に誕生したブレア政権のヨーロッパ重視の政策の影響を受けている。議会主権の原則と人権の保障は両立すると論じられてきたが，それでは人権の保障が不十分であると考えられるようになったのである。そこで1998年に人権法が導入され，議会主権を前提にしつつ，アメリカや日本の違憲立法審査制に近いものがイギリスでも導入された（☞第6章3（2））。さらに，ヨーロッパが関わる問題として，UK（連合王国）がEUを離脱したこと，EUとの関係を維持するための，スコットランド独立の可能性も見逃すことはできない（☞第7章3（2））。

　このように，イギリス法を理解するためには，第1章で紹介したイギリス法全体の歴史とともに，判例法主義，法律家制度，陪審制，法の支配といった重要な特徴の各々の歴史についても理解する必要がある。そのような歴史を経て，本章第2節で示したような現代イギリス法の骨格が出来上がってきたのである。その上で，第1節で見たような人種の多様化，ヨーロッパとの関係といった，今日のイギリス社会の変化に応じて，イギリス法も変わりつつある。以上のことを念頭に置くと，第3章以下の理解も，より深められるのではないかと考えている。

ブックガイド

①コリン・ジョイス（森田浩之訳）『「イギリス社会」入門——日本人に伝えたい本当の英国』（NHK出版新書，2011年）
　著者は，オックスフォード大学で歴史を学んだ後，日本で高校の英語教師を務めたこともある異色の経歴をもつジャーナリストである。ロイヤル・ウェディングといった話題から，イギリスの王室は，実は外国人が多かったといった歴史まで，幅

広く扱われている。また，自らオックスフォード大学で体験したイギリスの階級社会の実態なども書かれている。紋切り型ではないユーモアも交えたイギリス社会のガイドブックである。

②樋口範雄『はじめてのアメリカ法〔補訂版〕』（有斐閣，2013年）

わが国を代表するアメリカ法研究者による入門書である。契約法，不法行為法やアメリカの司法制度とともに，本章でも触れたアメリカの憲法について，歴史，判例の変遷など，極めて丁寧に説明されている。補講として「銃規制・医療改革・同性婚」といった幅広い関心を集めるトピックも扱われており，法律の面からアメリカ社会を知る手がかりも与えてくれる。

③丸田隆『現代アメリカ法入門──アメリカ法の考え方』（日本評論社，2016年）

細かな実定法のルールではなく，アメリカ法とは何かという観点から，アメリカの判例法主義，クラス・アクション，懲罰的損害賠償，陪審制など，アメリカ法に特徴的な制度に焦点を当てている。特に，陪審制については，その背景も含めて，立体的な説明がなされており，著者の長年の研究が活かされている。さらには，イギリスと比較する上でも，アメリカ司法における正義とは何かが，著者の体験に基づき描かれており，興味深い。

④岩田太・会沢恒・髙橋脩一・板持研吾『基礎から学べるアメリカ法』（弘文堂，2020年）

大きくは，裁判制度や法律家制度，民事訴訟手続，民事法や会社法，憲法，刑事裁判の流れ，刑事法に分けて，アメリカ法全般について分かりやすく説明されている。連邦と州の二元的構造を持つアメリカ法の特徴，弁護士などの法曹のあり方といった基本的事項とともに，憲法史，人種差別と刑事司法といった刑事法，さらには，民事法を中心に実定法についても詳細に説明されている。最終章の「アメリカ法の調べ方」では，判決や法令の調べ方とともに，アメリカ法に関係する小説や映画なども紹介されていて興味深い。

⑤君塚直隆（監修）『伝統と文化から世界が見える！　イギリスを知る教科書』（ナツメ社，2024年）

古代から現代に至る歴史，王室，教育制度，法律・政治・経済といった社会の仕組み，小説，音楽，演劇などの芸術や文化，紅茶やスポーツ，さらには，本章でも触れた階級社会など，イギリスという国について，包括的に紹介されている。写真やイラストなども多用されていて，イギリス社会の過去と現在をイメージしやすくなっている。

3 判例法主義

　日本の法律を学んでいる人たちの多くが、イギリス法の最大の特徴と感じる
のは、おそらくそれが判例法主義を採用していることであろう。イギリス法の
土台は判例法であり、いくら数が増えようと制定法は判例法の大海における小
さな島々に過ぎないとも指摘されるように、イギリスにおいて制定法は、あく
までも判例法を補うものとして位置づけられるのが一般的である。一方、大陸
法系に属し、成文法主義を取る日本法では、法典、制定法が法の土台であっ
て、裁判官の判決、判例はそれを補足するものと考えられている。法典・制定
法と判例法の関係が、日本とイギリスではちょうど逆になっているといえるだ
ろう。

　判例法主義のイギリスでは当然、裁判官や法律家たちが法律を適用する際の
方法も、成文法主義の日本とは、大きく異なったものになっている。イギリス
の裁判官、法律家たちは、事件に直面した際、適用すべき法を、制定法、法典
ではなく、まず、判例の中に求めているのである。

　ただ、この判例法主義は、必ずしも合理的なシステムとはいえない。第1
に、イギリスの裁判官、法律家たちは、膨大な数の判例から、関連する判例を
見つけ出さなくてはならない。また、個々の判決で解決のためのルールとして
用いられる部分は、はっきりと示されている訳ではない。そうすると、イギリ
スの一般の人々にとっては、法の内容を知ることは、容易なことではないとい
うことになるだろう。

　本章ではまず第1節において、イギリスで判例法主義が成立し、現在まで維
持されている背景を説明する。一見、不合理な制度であるが、イギリス法の歴
史を見てみると、イギリスが判例法主義を採用している理由が見えてくるであ

ろう。また，判例法はコモン・ローとも呼ばれているが（☞第1章1（1）），第2節では，イギリスを代表する法律家であるエドワード・クック（1552-1634）の法思想を検討することで，判例法，コモン・ローがどのように発展してきたかを明らかにしたい。第2節では，それと同時にジェレミー・ベンサム（1748-1832）のコモン・ロー批判も検討する。このベンサムのコモン・ロー批判が一因となり，19世紀後半以降，厳格な先例拘束性の原則が採用されるようになり，イギリスの判例法，コモン・ローは，現代のあり方に近づいていった。

　第3節では，現代イギリスの判例法主義の特徴について説明するとともに，イギリスにおける制定法の解釈ルールについてもいくつか紹介したい。なお，本章のTopicsでは，日本と比較した場合に特徴的である判例法の内容などについても，若干ではあるが，紹介したい。

1　判例法主義の背景

（1）判例法主義とイギリス法の歴史

　法の世界の中心にある機関は何かと聞かれたら，読者はどのように考えるだろうか。日本では制定法，そして六法などの法典が法の基本的な部分を占めている。そして比較的最近でも，例えば，120年ぶりといわれる民法の債権法の改正，共謀罪をめぐり論争の的となった改正組織犯罪処罰法などの重要な法も国会で制定されているため，多くの人は，日本では国会が法の世界の中心にあると考えるのではないだろうか。

　一方，『法と現代社会』という定評のあるイギリス法の入門書において，イギリスの著名な法学者のパトリック・アティアは，イギリスでは裁判所が法の世界の中心であると考えられていると指摘している。そして，その背景として以下のような要因を挙げているが，それらはイギリス法が判例法主義を採用し続けている要因としても捉えることができるものである。

　まずアティアは，イギリスの裁判所の歴史に注目している。イギリスでは13世紀前後には，現在の裁判所の原型となるような裁判所がいくつか設置されて

3　判例法主義　63

いる（☞第1章1（1））。ただ当時のイギリスには，裁判所が適用できるような法体系がなかったことにアティアは注目している。当時の裁判所は，紛争，暴力や窃盗などの差し迫った問題を裁いたり，鎮圧したりするために設けられたのであるが，すでにあった法を適用したのではなく，それらの問題を解決する過程で法を創っていったのである。そして，そのような解決が一定のパターンに収斂するようになると，記録が取られるようになり，重要な判決を収めた判例集が登場してくるようになる。アティアによると，イギリス法の大部分は，まず，このような形で創られたのであった。

　言い換えると，イギリスでは，その歴史の初期において，判例法，コモン・ローこそが法であったことになる。そして，アティアも指摘しているように，どのような国でも，初期の法は，非常に重要な問題，根本的な問題を扱わざるを得ない。したがってイギリスでは，判例法，コモン・ローによって殺人，暴行，窃盗に関する法など，刑法の基本的な諸原理が形成され，契約法や不法行為法の基礎も，まずは判例法，コモン・ローによって形作られたのである。さらに，歴史的継続性もイギリス法の特徴であった（☞第2章1（1））。例えば，日本の明治維新の際のような法の大きな断絶は，イギリスにはなく，判例法，コモン・ローを制定法や法典に取って替えることも部分的にしかなされていない。もちろん，13世紀前後の判例法，コモン・ローが今日でも効力をもっているという訳ではないが，当初の判例法，コモン・ローを後の時代の判決によって修正しつつ，時代の変化に合わせることで，判例法，コモン・ローは今日まで発展してきたのである。したがって，非常に重要な問題，根本的な問題は，現在でも判例法が扱っているのであり，その点から，イギリスでは判例法を運用する裁判所こそが，法の世界の中心にあると見なされているとアティアは指摘しているのである。

（2）判例法主義とイギリス法制度

　アティアは，イギリスで裁判所が法の世界の中心にある背景として，次のような制度的な要因も挙げている。

　まずは，これは歴史的な要因でもあるが，比較的最近まで，裁判所がイギリ

64

ス政府の機構の中で，今日よりもはるかに重要な役割を果たしていたことが挙げられている。現代においては，確かに議会の役割は大きなものであり，政府の意向に反するような裁判所の先例が議会の制定法によって覆されるということもある。ただ，アティアによると，18，19世紀までは議会の立法の範囲は狭い領域に限定されており，逆に裁判所の役割は，現在よりも大きなものであった。議会が大きな役割を果たし始めたのは比較的最近のことであったのだが，このことからも，イギリスにおける裁判所の位置づけの高さは理解できるだろうし，判例法，コモン・ローが十分に発展してから，それを補う形で制定法が登場してきたと整理することも可能だろう。

　また，アティアは，法曹一元制も，裁判所を法の中心に据える見方を促していると指摘している。イギリスでは，バリスタ（法廷弁護士）の中でも特に優れており，選ばれた存在である勅選弁護士から上級裁判所の裁判官が任命されるのが一般的である（☞第4章3（1））。このことから，イギリスの上級裁判所の裁判官たちは，法律家のリーダーとして目されることが多いのであるが，アティアは，この点も，イギリスで裁判所が法の中心と見なされる要因として挙げている。視点を変えると，まさに選ばれしもののみが裁判官を務めることができるという法曹一元制は，判例法，コモン・ローの質を維持し，イギリスの判例法主義を支えているともいえるだろう。

2　判例法，コモン・ローをめぐる法思想

（1）クックのコモン・ロー思想

　ここでは，16世紀から17世紀に活躍した，イギリスを代表する法律家であるクックの法思想を紹介したい。クックは，イギリスの法の支配の確立にも寄与しているが（☞第6章1（2）），判例法，コモン・ローについての理論を打ち立てたことでも有名である。クックの法思想を紹介することで，判例法，コモン・ローがどのように発展してきたかを明確にしたい。その前に，クックの活躍した時代の少し後のものであるが，イギリスの裁判がどのように行われていたのか，簡単に説明する。

3　判例法主義 | 65

イギリスで裁判を開始するためには，どういった場合に裁判を開始できるか
を定めている訴訟開始令状を得る必要があり，裁判に訴えることができる問題
は限定されていた（☞第1章1（1））。ただ，14世紀には，特殊主張訴訟（action on the case）という訴訟が認められるようになる。これにより，自らの訴
えに厳密に合致するような令状がない場合にも訴訟が可能になり，イギリスの
裁判が扱う事件の範囲も広がることになる。そして，ネグリジェンス（過失不
法行為），生活妨害，名誉毀損，さらには契約での錯誤といった類型が生じ，
次に見るような個々の事例を解決する過程で類型ごとに細かなルールが生じて
きて，コモン・ローは発展している（☞第1章1（1））。

　法典や制定法ではなく，判例法に基づく裁判というのは，なかなかイメージ
しにくいものであろう。簡単にいうと，まず，ある事件で下された判決の正し
さについて，裁判官の間でコンセンサスがあった際は，その判決は，先例とし
て扱われた。また，そのような判決で示されたルールが，同様の事件に適用さ
れる「類推」という手法も用いられていた。ただ，イギリスで先例拘束性の原
則が確立する19世紀後半までは，極めて柔軟に裁判が行われている。その典型
的な例として3つの裁判を取り上げたい。

　1つ目は，ブリスベン 対 ダクレス事件（1813年）という裁判である。そこ
では，法に関する錯誤，法律を誤解していたことによって，本来する必要のな
い支払いをした人が，その誤認に気づいた後に，取り戻すことができるかが争
点となっていた。この事件には明確な先例がなかったのであるが，裁判所は，
法の格言，あるいは法の格率（maxim）と呼ばれていた判例法，コモン・ロー
の原則を用いて裁判を行っている。すなわち，「法の不知はこれを許さず」，
「同意あれば危害なし」といった判例法，コモン・ローの原則に基づいて，
誤って支払いをした原告の過誤は，彼自身の問題であり（法の不知はこれ許さ
ず），被告によって詐取されたのではなく原告が自発的に支払ったものに対し
て被告に責任はない（同意あれば危害なし）との判決を下している。

　2つ目に，ミルヴァーン 対 エワート事件（1793年）という裁判を取り上げ
るが，これは，結婚を促すために，夫の死後，一定の金額をその女性に支払う
という結婚前の契約が，有効か否かが問題になった事件である。夫側は，債務

者が債権者と結婚した場合は債務が消滅するという，先例で示されていたルールが，似たような事件である自分たちの事件にも類推して適用できると論じていたが，裁判所は，そのような類推を否定し，「法は不正をなし得ず」という原則によって，妻側の請求を認める判決を下している。

　そして，3つ目の例として，ニコルソン 対 チャップマン事件（1793年）を挙げるが，それも先例で示されていたルールの類推適用が否定された事件であった。そこでは，木材が誤ってテムズ川に流出した際に拾い上げた人は，その木材を運んだ費用を持主に請求できるかが問題になっていたが，似たような事件として，海難救助の事件があった。すなわち，ハートフォード 対 ジョーンズ事件（1699年）では，海難救助を行った当事者は，報酬を受ける権利があるというルールが示されていたのである。しかしながら，ニコルソン 対チャップマン事件では，そのルールの類推適用を認めてしまうと，木材などの所有者たちは，意図的に彼らの物品を流出させて報酬を請求しようとする者に対して自衛する必要に迫られてしまうと，政策的な観点からの判断が示されている。

　以上のような，判例法，コモン・ローの判決が導かれる方法は，極めて分かりづらく，批判的な人々にとっては，裁判官の恣意，思いつきで判決が下されていると感じられるのではないか。一方，16世紀から17世紀にかけて，このようなコモン・ローの裁判を理論化したクックは，コモン・ローに基づく裁判が法に基づくものであることを強調していた。そのクックに代表される法思想は，19世紀に至るまでは，裁判官や法律家たちの間で幅広く支持されており，実際の裁判にも大きな影響を与えている。上記の3つの裁判も，自身も高名な裁判官であったクックの法思想を踏まえるならば，より理解しやすくなるだろう。

　すでに述べたように，裁判官の間で解決方法にコンセンサスがあった場合は，先例に従うことが一般的になっていたのであり，問題があったのは，コンセンサスがない事件であった。ただ，クックは，そのような事件の際も，コモン・ローを深く理解さえすれば，裁判官の恣意，思いつきに基づかずに判決を下すことができると論じている。クックは，明確な先例がない場合でも，長い

3　判例法主義　67

期間にわたる尊敬すべき裁判官たちの判決や見解を復元することで，法に基づいた解決が可能であると述べている。クックは，良い裁判官は，彼自身の気まぐれではなく，制定法と法に従って宣言するとも述べていたが，明確な先例がなく，一見，裁量が必要になるような場合でも，裁判官たちは，過去の裁判官にならった判決を下すことで，既存のコモン・ローに従っていると論じていたのである。

　その過去の裁判官の見解を表しているとされたのが，法の格率（maxim）と呼ばれていた判例法，コモン・ローの原則であった。数多くの判決で用いられていた判例法，コモン・ローの重要な原則を，法の格率という形でまとめることができると考えられていたのである。例えば，上記のブリスベン 対 ダクレス事件では，「法の不知はこれを許さず」，「同意あれば危害なし」といった格率によって判決が下されていたが，それにより，過去の裁判官，そして既存の判例法，コモン・ローに即して解決されたと考えられていた。また，ミルヴァーン 対 エワート事件では，債務者が債権者と結婚した場合は債務が消滅するという先例でのルールを類推適用することではなく，「法は不正をなし得ず」という法原則を用いることで，既存の判例法，コモン・ローに基づく解決がなされうると考えられていた。このような方法で導かれた判決が，後の時代の裁判官たちによっても判例法，コモン・ローに即していると認められるならば，同種の事件に対する先例となっていったのである。

（2）ベンサムのコモン・ロー批判

　クックのような裁判や法の見方は，「法宣言説」と呼ばれている。事件に適用できる法がない場合も，裁判官たちは法を創っているのではなく，格率等を用いて既存のコモン・ローに沿った解決をすることで，法を宣言しているに過ぎないと説明されていた。もちろんイギリスでも，裁判官の役割は，法を創ることではなく，法を適用することであると考えられていたが，19世紀の著名な法学者のヘンリー・メイン（1822 - 88）も指摘しているように，イギリスの裁判官たちは，自らの裁判所が立法をすることを認めず，法を宣言しているに過ぎないと論じることで，判例法，コモン・ローを大幅に発展させることに成功

したのである。

　ただ，このような裁判の方法は極めて危ういものであった。例えば，ある現代の研究者は，クックの判決は，「次のことがコモン・ローの古来の格率である」という言葉で始まるが，その格率は，いかようにも捏造できるものであると指摘している。そして，そのような格率は，古い権威をもつような雰囲気を与えるもので，それによって，法創造がなされる傾向があったとまで述べている。著名な思想家，法学者であったベンサムは，すでに18世紀後半に，裁判官は権威なく法を創造しているという「法創造説」に基づき，同様の批判を展開していた。

　ベンサムが特に問題としていたのは，判例法，コモン・ローにおける先例の位置づけである。上記の例では先例で示されていたルールの類推適用が否定されていたが，クック自身も，コモン・ローの原則に反するような先例は覆すことが可能であると論じていた。また，ベンサムと同じく，18世紀に活躍していた著名な法学者のウィリアム・ブラックストーン（1723 - 80）は，裁判所の判決は，判例法，コモン・ローが何であるかについての証拠に過ぎず，先例が，コモン・ローに基づいていないと考えられるならば，裁判官はその先例に従う義務はないと論じていた。しかしながら，判例法，コモン・ローが何であるか，あるいは，判例法，コモン・ローの法原則は何かということは，それらに熟達した法律家，裁判官のみが理解できると考えられていたため，一般の人々にとっては，先例がいつ覆されるかは，全く予想ができないものであった。また，判例法，コモン・ローの法原則を示していると考えられていた格率についても，何らかの確定したリストがあった訳ではなく，その用い方も，それぞれの裁判官に委ねられており，実際に判決が下されるまでは，結果が分からないという面もあった。ベンサムは，判例法，コモン・ローのこのような側面を批判し，それが遡及法であると断じている。ベンサムは，あたかも犬をしかるとき，何か悪事をした後にしかるように，判例法，コモン・ローは，事前に何をしていけないかを示さず，人々が行為した後になって初めてそれを示し，罰する犬法（dog law）であるとまで述べていた。

　ベンサムの法宣言説に対する批判は，19世紀の法学者で，ベンサムの弟子で

3　判例法主義　69

もあったジョン・オースティン（1790－1859）にも受け継がれる。そして，裁判官は，個々の裁判で，判例法，コモン・ローを宣言しているのであって，それに反する先例は覆すことができるという法宣言説は支持を失っていく。また，19世紀半ばになると，それまでは不十分であった判例集の整備が進み，何が先例かが，より明確に示されるようになる。さらに，1873年と75年に制定された最高法院法によって現在の裁判制度に近づいたことで，裁判所の階層制が整備された（☞第4章1（1））。以上の背景もあり，1898年には，当時の最高裁であった貴族院の裁判官全員の見解として，貴族院が自らの先例に拘束されることが確認されている。

　現在のイギリスの判例法，コモン・ローは，先例拘束性の原則に基づいていて，極めて形式的なものになっている（☞第2章2（2））。法宣言説に代表されるような，より伝統的な判例法，コモン・ローの理論は，アメリカに受け継がれているといえるだろう。ただ，次節で紹介する類推による法の発展などは，法宣言説に基づいている面もあり，それを理解することは，現在のイギリス法を理解するためにも必要なことである。

3　現代イギリスの判例法主義

（1）判例法とレイシオ・デシデンダイ

　本章第1節（1）で見たような歴史的背景により，現代のイギリスでも，法の基本的な部分の多くは判例法によって定められている。例えば，イギリスの契約の成立についての主要なルール，原則のほぼすべては，裁判所の判決に基づいている。それらの判決の多くは，19世紀に下されたものであるが，今日でも効力をもっているのである。また，不法行為法の中では，ネグリジェンス（過失不法行為）が判例法によって発展した代表的な分野である。ジンジャービールの瓶になめくじが入っていたという1932年のドナヒュー 対 スティーブンソン事件という有名な事件で，当時の最高裁判所であった貴族院は，製造業者は最終的な消費者に対して注意義務を負うと判決している。この判決により，契約関係がなくとも不法行為上の注意義務が生じることが示されたが，そ

の法原則は裁判官たちによって様々な状況に適用され，ネグリジェンスは，不法行為法の中でも主要な法になっていった。

　一方，刑法の分野では，故意の殺人，謀殺（murder）という犯罪では，重大な身体傷害を加える意図をもって殺した場合も謀殺となることが判例法によって確立されている。イギリスでは日本の刑法典に相当するようなものはなく，また，例えば，謀殺法といった制定法もなく，コモン・ロー上の犯罪とも呼ばれているように，刑法の原則の多くも，何百年にもわたって裁判所によって発展させられてきた。また，より最近のものでは，ショー　対　公訴局長官事件（1962年）で，道徳を腐敗させる共謀罪が創設された。他にも1991年には貴族院において，婚姻関係にあるものの間でも強姦罪が成立すると判決されている。この点は，1954年の判決では全く逆の判断が示されていたので，当時の最高裁の貴族院は，女性の地位の向上という社会の変化を加味して先例を変更したと考えられている。

　ところで，個々の判決において重要な部分はレイシオ・デシデンダイ（判決理由）と呼ばれている。イギリスの裁判官は判決において，大抵は，事件の事実を要約し，弁護士によって提出された議論を検討するとともに，判決に達するために用いた法原則を説明するが，この原則が，判決の中で重要な部分で，レイシオ・デシデンダイと呼ばれているものである。よく参照されている理論によると，より具体的にレイシオ・デシデンダイとは，裁判官が当該事件で重要なものとして扱った事実と，そのような事実に基づいて下された結論のことであるとされており，日本の法における法律要件 - 法律効果を，より細かく，具体的にしたものと考えてもよいだろう（☞第7章1（3））。例えば，車に置いていた犬が突然暴れだし，その車のガラスを割ってしまい，不幸にもそのガラスで通行人が失明してしまうという事件があり，1932年に貴族院で裁かれている。その際，貴族院は，危害が生じうると予見できた場合にのみ，飼い主は責任を負うとの判断を下したが，その際のレイシオ・デシデンダイは，「車中の犬が車の窓ガラスを割ってしまい，歩行者を傷つけるとしても，そのようなことが合理的に予想できない場合は，被告は賠償責任を負わない」というものであっただろう。

イギリスの民事・刑事法の特徴

　古くからの判例法に基づくイギリス法では，特徴的な法原則がいくつもある。ここでは，契約法における約因（consideration）と，刑法におけるアクタス・レウス（犯罪行為）とメンズ・レア（故意過失）について紹介したい。

　イギリスでは，ある契約が法的に拘束力をもつためには，申し込みと承諾の他に，約因が必要とされている。この約因は，様々な事件で裁判所によって定義されてきたが，最も有名なのは，カリー 対 ミサ事件（1875年）の，「一方の側にもたらされる権利や利益，あるいは他方の側が被る損失や損害」という定義である。要するに，契約が法的に拘束力をもつためには，何らかの対価が提供されている必要があり，例えば誰かが，対価を受け取らずに（無料で）何かをすることを約束しても，そのような契約は，一般的には法的に拘束力をもたないのである。日本を含め，多くの国々ではこのような概念はなく，イギリスでも不要論が出ることもある。しかしながら，現在の裁判官たちも，何が約因に含まれるかを検討することで，より正義に適った契約法を追求しているようである。

　一方，イギリス刑法に特徴的なこととして，アクタス・レウス（犯罪行為）とメンズ・レア（故意過失）の2つの側面から犯罪成立要件が論じられていることを挙げることができる。例えば本文で触れた謀殺が成り立つには，アクタス・レウスとして，人を殺すことがなされており，メンズ・レアとしては，人を殺す意図，重大な身体傷害を加える意図がなければならないとされている。一方，人を押してしまい，その人がはずみで転んで頭を打って亡くなったような場合，謀殺のアクタス・レウスは満たすが，メンズ・レアを満たすことはなく，おそらく重大な過失による殺人，故殺（manslaughter）になるだろう。日本ではドイツ刑法の影響もあり，構成要件該当性，違法性，有責性の観点から犯罪成立要件は考察されている。一方，イギリスでは，アクタス・レウスのみが必要な，スピード違反のような「厳格責任の犯罪」と呼ばれているものを除き，特定のアクタス・レウスとメンズ・レアを満たすことが，犯罪が成立するために必要とされているのである。

　このようにレイシオ・デシデンダイは，非常に具体的なものにもなりうるが，上述したネグリジェンスや謀殺などの判例法の法原則も，基本的には，判決の中のレイシオ・デシデンダイで示されたものであるし，先例として考えられるのもレイシオ・デシデンダイの部分であるとされている。

（2）先例拘束性の原則と区別，類推による判例法の発展

　本章の第2節（2）で，1898年に，当時の最高裁であった貴族院が自らの先例に拘束されることを宣言したことを取り上げ，その背景として，ベンサムなどの批判により法宣言説が維持できなくなったこと，判例集や裁判所の階層性が整備されたことを挙げた。現在のイギリス法でも先例拘束性の原則が維持されているが，先例は事実上の拘束力をもつという日本のものよりも，はるかに強力である。

　まず，1つの判決が下されると，その判決において示されたレイシオ・デシデンダイは，将来の類似の事件に対して拘束力をもつ。また，2009年以降は，貴族院に代わるものとして，連合王国最高裁判所（Supreme Court of the United Kingdom）が設置されているが（☞第8章2（2）），現在でも最高裁判所の判決は，より下級の裁判所とともに，基本的には最高裁自身も拘束すると考えられている。本章の第2節（2）で，18世紀後半から19世紀にベンサムが，判例法，コモン・ローは遡及法であると批判していた点についても触れたが，法の基本的な部分が判例法に含まれているイギリスにおいて，裁判の度に先例が変更されるとすると，法的安定性の面で重大な問題が生じてしまうだろう。また，日本のように法典がまずあって，裁判所の判決がそれを補っているのではなく，判例法の中に法の主要な原則が含まれているイギリスで，同じ問題に対する判決が裁判所ごとに異なっているとすると，法全体の一貫性が失われ，そもそも何が法かが不明確になってしまう。このようなことからイギリスでは，個々の判決が先例となり，より下級の裁判所とともに自らをも基本的に拘束するという厳格な先例拘束性の原則が取られているのである。なお，イギリスの裁判組織については第4章第1節で詳しく紹介しているが，最高裁の判決は，一般的に自らの裁判所の先例となるとともに他のすべての裁判所を拘束し，控訴院の判決は，例外はあるが自らの裁判所と，それ以下の裁判所を拘束し，高等法院の判決は，県裁判所と治安判事裁判所を拘束するとされている。他方で刑事法院と，下級裁判所とも呼ばれる県裁判所と治安判事裁判所の判決は先例となることはない。

　ただ，法的安定性を重視するあまり，判例法が社会の変化に対応できていな

いという懸念は当然生じていた。2009年までイギリスの最高裁であった貴族院では，1898年に自らの先例に拘束されることを宣言してから，自らの先例に従っていたのだが，1966年に，そのような先例の絶対的自己拘束性を緩和する実務声明（practice statement）を出している。そして，当初は消極的であったものの，1970年代の半ばから徐々にではあるが，貴族院は自らの先例を変更するようになった。例えば，上述の実務声明では，罪刑法定主義の観点から，刑法の分野の先例に関しては慎重な取り扱いをすることが述べられていたが，2003年には器物損壊罪の先例が変更されている。1982年の貴族院の先例では，一般的な注意義務に違反していれば器物損壊罪は成立するとされていたが，貴族院は2003年にその先例を変更し，そのような損害が生じるリスクを被告人が実際に認識していなければ，器物損壊罪は成立しないと判決したのである。なお，貴族院に代わり最高裁となった連合王国最高裁判所も，2010年の判決で，先例の拘束力を緩和する上述の貴族院の実務声明が自身にも適用されることを確認している。

　しかしながら，判例変更の権限は，控えめに，そして稀な場合にのみ行使されるべきであるという意見も強く，立法によって修正されるべきであると論じられている。さらに，連合王国最高裁判所より下級の裁判所は，より上位の裁判所の先例を変更することはできないため，日々急速に変化する社会に合わせて判例法を発展させる手法として，連合王国最高裁判所の判例変更の権限は十分ではないだろう。判例法を発展させるための手段としては，区別（distinguishing）が用いられることが一般的である。

　本節（1）で見たように，判決の中で先例となるのは，裁判官が当該事件で重要なものと扱った事実と，そのような事実に基づいて下された結論から成るレイシオ・デシデンダイである。ただ，先例拘束性を有する先例と同種の事件は，先例に従って判決が下されなければならないが，重要な事実において両者は異なっているとすることで，先例の拘束力を退けることができる。要するに，先例とは異なる重要な事実があるとして，目下の事件を先例と「区別」することで，裁判官は，より適切であると自らが考える形で判決を下すことができるのである。例えば，バルフォア 対 バルフォア事件（1919年）とメリット

74

対 メリット事件（1971年）は双方とも，妻が夫を契約違反で訴えたものであった。そのうち，前者のバルフォア事件は，海外に駐在していた夫が生活費を送り続けると妻に約束したにもかかわらず，離婚後，その送金を止めたため，妻が夫に合意を実行するように求めたものであって，判決では，そのような約束には法的な拘束力はないとされていた。一方，メリット事件もほぼ同様な事案であったが，裁判所は，異なる重要な事実があるとしてバルフォア事件とメリット事件を区別している。すなわち，メリット事件では，生活費を支給するよう離婚後に同意されたこと，さらにその同意が書面として残されていたことで，バルフォア事件とは区別できるとして，同意が法的に拘束力のある契約であると判決したのである。ごく稀にしか用いられない先例変更とは違い，この区別の手法は，先例の拘束力を回避する方法として幅広く用いられており，判例法を発展させる原動力ともなっている。

ここでは，類推についても扱いたい。この類推という手法は，裁判官が適用できる先例を見つけることができない場合に，過去の似たような事件で示されたルールを類推適用するというものである。類推による代表的な判決は，土地所有者の厳格責任を認めた画期的な判決のライランズ 対 フレッチャー事件（1868年）である。

この事件は，自分の土地に貯水池を作ろうとした人が，その過程で石炭を採掘するための坑道の跡を発見したが，すでにふさがれていたので工事を進めたものの，完成後に貯水池に水を入れたところ，それがその坑道を伝って，少し離れた石炭採掘場に流れ出てしまい，損害を与えてしまったという事件である。坑道はふさがれていたため，被告には過失はなく，また，当時の判例法には厳格責任を定めているような不法行為はなかったが，裁判所は，既存の動物飼い主の責任のルールを類推適用することで，被告の責任を認める判決を下している。イギリスでは家畜の飼い主は，それが与えた損害について厳格責任を有していたが，動物の飼い主の責任の事例は，ライランズ 対 フレッチャー事件と類似しているとして，土地の非自然的使用をした所有者にも厳格責任があると判決されたのである。

現代でも，例えば，ハンター他 対 カナリーワーフ株式会社およびロンド

ン・ドックランズ再開発公社事件（1995年）で類推の手法が用いられている。ドックランズとはロンドン東部の，テムズ川に面した再開発地域で，現在では高層ビルが立ち並んだ地域になっているが，高さ250メートルほどのカナリーワーフタワーが建てられたことで，テレビの受信状況が悪くなった人たちが損害賠償を請求した。その裁判で，控訴院の裁判官は，1610年の判決で触れられた法原則を引用し，それを類推適用している。すなわち，そこでは窓からの景観を害されても訴えることはできないという先例が引用されていたのであるが，それを類推適用し，テレビを見にくくなったことでも訴えることはできないと判決されたのである。この判決などは，第2節（2）で触れた，既存の判例法，コモン・ローに沿った解決をすることによって法を宣言した判決の一例と見なすことが可能である。ただ，今日では法宣言説は支持されておらず，この例も，裁判官の法創造の例とされている。その上で，裁判官がゼロから判決を生み出したのではなく，既存の判例法を基礎としていることから，このような方法も許容されているようだ。

（3）イギリスの制定法解釈のルール

　最後に，イギリスにおける制定法解釈のルールについて簡単に説明したい。

　本章で繰り返し述べてきたようにイギリスでは，法の基本的な部分は判例法に基づいており，現在でも判例法によって法が発展させられている。しかし，その後に緩和されたとはいえ，1898年に厳格な先例拘束性が導入されたこともあり，現在の新しい法のほとんどは議会により，制定法の形で導入されている。また，現在のイギリスの上訴裁判所における裁判の9割が制定法の解釈が関わるものである。ただ，以下のように，ベンサムが提唱したような法典化はあまり進んでいない。

| Key Word | イギリスにおける法典化 |

　第2節（2）でベンサムの判例法，コモン・ロー批判を紹介したが，ベンサムは，判例法，コモン・ローを完全に廃止し，憲法典，刑法典，民法典，訴訟法典を柱とするパノミオン（総合法典）を創ろうとした。結局，ベンサムの法典は完成しなかった

ものの，その影響によって，19世紀前半には，オースティンも所属した刑法に関する王立委員会が設置され，刑法の法典化が検討された。ただ，この時期には，主要な法分野の法典化が実現することはなかった。

その後，19世紀の終わりになると，為替手形法（1882年）や物品売買法（1893年）など，商法分野の法典化が実現する。しかしながら，ここでも判例法主義の伝統は生きており，それらの法典は，裁判所によって確立されたルールを制定法の形にしたものに過ぎなかった。さらには，それらの法典を解釈する際も，過去の判例法を参照することが許容されている。

20世紀になると1965年に法典化のための法律委員会が設置され，契約法典を導入することが目指された。ただ，この構想も判例法，コモン・ローを混乱させるとして実現されることはなかった。結局，個別的，単発的な制定法が主要なものになっており，日本の六法のような包括的な法典の編纂が実現する可能性は大きくない。

さて，イギリスにおける制定法の解釈には，文理律（literal rule），黄金律（golden rule），弊害律（mischief rule）の3つがある。その内，文理律とは，日本でいうと文理解釈のことで，制定法を自分たちの判例法，コモン・ローへの外来者，侵入者と捉えてきた裁判官たちは，それをできるだけ狭く解釈する傾向があったため，頻繁に取られている方法である。黄金律は，この文理律を修正したもので，法文の文字通りの意味では不合理な帰結が生じるような際に，可能な別の意味を法文にもたせるものである。一方，弊害律は，ヘイドン事件（1584年）で導入された非常に古い制定法の解釈ルールである。それは，当該制定法が制定される前の判例法，コモン・ローを参照しつつ，その制定法がどのような弊害に対処しようとしていたかを見つけ出して解釈するという方法である。

以上のように，イギリスにおける制定法解釈のルールも，判例法主義に基づく独特なものであるといえるだろう。ただ，EU（欧州連合）法の影響（☞第8章3）をここでも見ることができる。EUの法律は，EU司法裁判所（☞第8章3（1））によって，立法者の意図，目的を考慮する目的論的解釈が取られることが多いが，その影響で，イギリスでも目的論的解釈が取られるようになっているのである。ただ，イギリスは2020年12月31日にEUから完全に離脱しており，EU離脱後に定められた2023年継続EU法（廃止と改革）法の第6条は，その後も継続してイギリス法の一部となった被同化法（☞第8章3（2））を解釈

3　判例法主義　｜　77

する際，イギリスの最高裁判所や控訴院は EU 司法裁判所の判決が外国の裁判所の判決であること，それがイギリス法の適切な発展を妨げないことに留意するよう要求している。2024年7月に政権が交代し，この第6条の執行は留保されているのだが（☞第8章3（2）），法解釈の方法の場面でも EU 法の影響が減じる可能性はあるだろう。

ま　と　め

　以上，本章では，イギリスの判例法主義に焦点を当て，その歴史的背景を説明するとともに，現代の判例法のあり方についても説明してきた。法典・制定法と判例法の関係が日本とは逆になっているとも説明したが，判例を中心とする法体系というのは，なかなか馴染みにくいものであろう。

　本章では，ライランズ 対 フレッチャー事件において，類推を用いて厳格責任のルールが導入されたことも紹介した。確かに，日本では，例えば，同様に厳格責任である製造物責任法などの新しいルールは，あくまでも制定法によって導入されるという違いは大きい。ただ日本でも，よく知られているように，民法第709条などに基づいて，プライバシーの侵害が不法行為に該当することなども判例によって示されている。また，本章で紹介した区別という手法は，日本の判例を分析する際も用いられるものであろう。さらにいうと，裁判員制度，法科大学院などを導入した司法制度改革も，元々は裁判所の役割を増大させることも目的としていた。日本の法制度における裁判所の役割を考える際に，イギリスの判例法主義から学ぶことはないかという観点からも，理解を深めてほしい。

ブックガイド

①望月礼二郎『英米法〔新版〕』（青林書院，1997年）

　本書では触れていないイギリスの判例法の内容について，不法行為法，契約法を中心に詳しい解説がなされている。また，判例法主義の歴史とともに，代表的な判例理論の紹介，さらには，イギリスの制定法解釈の手法が時代によってどう変遷して

いったかについても詳しく論じられている。

②田島裕『英米法判例の法理論』(信山社，2001年)

　イギリスだけではなく，アメリカも含めた英米の判例法についての研究書である。判例法主義についての解説の後，イギリス，そしてアメリカの計15ほどの判決について，各々，事実の概要，判決の要旨，判例評釈といった形で詳しく紹介，検討されている。イギリスやアメリカの判決の実際の姿を知りたい人に有益なものであろう。なお，同じ著者による『イギリス法入門〔第2版〕』(信山社，2009年)は，現在の代表的なイギリス法の教科書である。刑法，商法，労働法など，イギリスの実定法について幅広く扱われている。

③木原浩之「英米法における法典化運動」，岩谷十郎・片山直也・北居功編『法典とは何か』(慶應義塾大学出版会，2014年)

　イギリスだけでなく，イギリスの植民地であったインド，それからアメリカの法典化の歴史，現状について検討されている。同じ英米法系といわれる国々でも，法典化への動きが大きく違うことは興味深い。

④ニコラス・マックブライド（菅富美枝訳）『イギリス契約法の基本思想』(成文堂，2020年)，アンドリュー・アシュワース，ジェレミー・ホーダー（同志社大学イギリス刑事法研究会訳）『イギリス刑法の原理』(成文堂，2021年)

　本書にはイギリスの実定法を対象としている章はないが，本章の Topics では，イギリス法に特徴的な民事・刑事の法原則を簡単に紹介している。イギリスの実定法については，近年，上記の優れた翻訳が刊行されている。前者は，イギリスの契約法について，数多くの判例を用いつつ，その概略や役割を描く著書である。後者は，ブラックストーン（☞第5章2（1））やダイシー（☞第6章3（1））らが就いていた，オックスフォード大学のヴァイナ・イギリス法講座担当教授を長きにわたって（1997-2013）務めた，イギリスの高名な刑法学者のアシュワースによる共著の翻訳である。現在のイギリス刑法学の全体像を学ぶことができる貴重な著書になっている。

4 法律家制度

　イギリスの法律家と聞くと，どのようなイメージをもつだろうか。おそらく，具体的なイメージを描く人は少ないだろう。筆者は大学の授業で，法律家が主人公のイギリスのドラマを見てもらうことがある。そこで弁護士や検事，そして裁判官などは，黒いガウンを着て，昔の貴族などが着けていたようなかつらをかぶっているのだが，「なぜかつらをかぶっているのか」と必ず質問される。また，イギリスの法律家は，バリスタ（法廷弁護士）とソリシタ（事務弁護士）の2種類に分類されるのであるが，このような区別や呼称もあまり知られていないのではないだろうか。

　イギリスの法律家制度には，日本の法律家制度とは大きく異なるものがいくつもある。本章では，その内，特に重要な「バリスタとソリシタの二分制」，「法曹一元制」，そして「裁判官の独立」を扱う。そこでまず，第1節ではイギリスの法律家制度を理解する上でも知っておく必要がある，イギリスの裁判制度の概要を示したい。続いて第2節では，バリスタとソリシタという2種類の弁護士について，それぞれの業務や資格付与のあり方などを説明した後，そのような二分制を取り続けているいくつかの理由を紹介したい。第3節では，主にバリスタから上級裁判所の裁判官が選任されるという法曹一元制について扱う。イギリスの裁判官たちが，文字通り，法曹界のリーダーであることも，そこでは確認する。また，第3節では，歴史に焦点を当てて，イギリスにおける裁判官の独立の保障についても説明する。裁判官の身分が強固に保障されていることも，イギリスの法律家制度の大きな特徴であり，法の支配にとっても重要なこととされている。

　本章では，イギリスの伝統的な法律家制度が，イギリス社会の変化に伴い変

わりつつあることについても触れる。例えば，2007年には裁判官の任命についての法改正が実施され，ソリシタにも上級裁判所の裁判官になる道が明確に開かれるようになった。バリスタが主役であったイギリスの法律家制度は，旧時代的，閉鎖的であると批判され，大きな変化に直面しているのである。

1　イギリスの裁判制度

（1）イギリスの裁判制度の概要

　イギリスの主だった裁判所には，2009年に始動した連合王国最高裁判所（Supreme Court of the United Kingdom），控訴院（Court of Appeal），刑事法院（Crown Court），高等法院（High Court of Justice），治安判事裁判所（Magistrates' Court），県裁判所（County Court），そして2014年に新設された家庭裁判所（Family Court）がある（スコットランドの裁判所については，☞第7章3（1））。イギリス法の研究者で，バリスタでもある幡新大実の整理などを参考にすると，厳密に対応する訳ではないが，連合王国最高裁判所を日本の最高裁判所，控訴院を高等裁判所，刑事法院と高等法院を地方裁判所，治安判事裁判所と県裁判所を簡易裁判所に対応させると，各々の位置づけが理解しやすくなるだろう（86頁の図も参照）。以下，刑事の第一審裁判所，民事の第一審裁判所，家庭裁判所，控訴院，連合王国最高裁判所という順で，イギリスの主だった裁判所について説明する。

　刑事事件は，まず，治安判事裁判所か刑事法院で裁かれることになるが，略式起訴で足りる犯罪（summary offences）と呼ばれる軽微な犯罪は，治安判事裁判所が扱っている。また，中間程度の犯罪は，被告人が刑事法院か治安判事裁判所のいずれかを選ぶことができるのであるが，ほとんどの被告人は，治安判事裁判所で裁かれていて，2018年から2019年にかけては，（陪審が用いられる）刑事法院で裁かれたのは2割程度であった。ゴミの投棄，多くの交通犯罪，飲酒による軽罪などの軽微な犯罪，（被告人が選んだ場合の）窃盗，薬物犯罪，押込みなどの中間犯罪は，治安判事裁判所で裁かれていて，最大で6ヶ月（複数の中間犯罪を裁く際は12ヶ月）の拘禁，あるいは額に上限のない罰金が科されて

4　法律家制度　｜　81

いる。ただ，個々の事件の規模は大きくはないが，治安判事裁判所は，近年，その数が減少しているものの全国で161ヶ所（2020年）に設置されている。そして，例えば2021年の1年間では，刑事法院が約9万8000件の事件を受理したのに対し，治安判事裁判所は約114万件の事件を受理しており，イギリスの法秩序の屋台骨を支えている裁判所であるといえるだろう。また，1万4576名の一般市民（2024年）が治安判事を務めているという点も，この治安判事裁判所の大きな特徴であろう（☞第5章1（2））。なお，軽微な民事事件の一部，地方税などの税金の不払いの問題も，ここで扱われている。

　同じく刑事の第一審裁判所である刑事法院は，謀殺（☞第3章3（1）），レイプ，強盗などの重大な犯罪と，被告人が刑事法院を選んだ場合の中間程度の犯罪を裁いている。全体で70を超える刑事法院の開廷所が配置されているが（2022年の時点では71ヶ所），第5章で扱う陪審審理が開かれるのは，この刑事法院である。最も有名なのがオールドベイリー（Old Bailey）とも呼ばれるロンドンの開廷所だが，比較的軽い事件を他の開廷所に委ね，殺人，詐欺，テロなど重大な事件を扱い，さらに，陪審によって裁かれているため，イギリス刑事司法の象徴のような裁判所といえよう。現代の切裂きジャック事件と称されるヨークシャー・リッパー事件など，著名な事件をいくつも扱ってきたが，1907年以来の建物がいまだに使われており，観光スポットにもなっている。ちなみに，「Law and Order UK」というイギリスの人気ドラマのオープニングにも登場していたが，法廷見学も可能である。なお，2021年には，上記のように刑事法院全体で約9万8000件の事件を受理していたが，刑事法院は，有罪決定，量刑に関する治安判事裁判所からの上訴も扱っている。また，治安判事の権限を超えるような刑罰が科されるような場合，治安判事裁判所から刑を宣告するよう委任されることもあり，2021年のその割合は32パーセントであった。

　一方，民事事件でも訴訟の規模によって，まず，県裁判所か高等法院に割り振られる。交通事故などの人身傷害（personal injury）では5万ポンド（2025年1月の為替レートで1ポンド＝190円で換算すると約950万円）を下回る請求，それ以外では10万ポンド（約1900万円）までの請求がなされる民事訴訟は，県裁判所で扱われなければならないが，名誉毀損の訴訟では当事者の合意が必要である

ものの，県裁判所では請求される額に上限はなく，次に見る高等法院と管轄権を共有している。また，35万ポンド（約6650万円）を下回る請求は県裁判所が扱わなければならないエクイティの分野の信託（trust）などについての訴訟や，債務超過，破産なども県裁判所が扱っている。日本の簡易裁判所では，争いの対象が140万円以下の民事訴訟が扱われることと比較すると，かなりの高額まで県裁判所が扱っているが，高等法院は，最も重要な案件のみを扱うべきであると考えられているのである。なお，県裁判所には，全国で150の支部（2020年）があり，上記の金額の不法行為，契約，財産，債務超過，破産などに関する訴訟が扱われているが，例えば，2024年の1月から3月までには，約41万5000件の訴えがあり，膨大な訴訟が扱われているようにも見える。ただ，同期間で，審理まで進んだのは約1万1000件であった。また，1990年代のウルフ改革により，少額の訴訟については，スピーディな解決が可能になっている。

Key Word｜ウルフ改革

　日本では，裁判員制度などを生み出した司法制度改革に先立って，民事訴訟法の改正により，1998年から30万円以下（2005年以降は60万円以下）の少額訴訟については，即日判決が可能になるように訴訟手続が簡素化された。一方，イギリスでも，著名な裁判官のウルフ卿によって進められた法改革により，1998年に民事手続規則（Civil Procedure Rules）が制定され，訴訟の遅延，費用の高騰，複雑さなどを抑えるための大胆な改革が断行されている。旧来の民事手続は，裁判へのアクセス（access to justice）を妨げているとして，争いの規模，複雑さに比例するような手続が取られるとともに，裁判官の権限も強化された。

　最も顕著な改革は，県裁判所で扱われるような訴訟を少額請求トラック（small claims track），ファスト・トラック（fast track），マルチ・トラック（multi track）に分類し，請求額に応じた手続を定めたことであろう。まず，一般的に1万ポンド（約190万円）（人身傷害と家屋に関するものは1000ポンド（約19万円））までの比較的単純な訴訟は，少額請求トラックに割り当てられ，審理は，法廷ではなく裁判官の執務室でも行われて，60パーセントは30分以内で終るようだ。一方，1万ポンドから2万5000ポンド（約475万円）の訴訟は，ファスト・トラックに割り当てられ，通常，審理自体は1日で終了しているようである。また，裁判の進行は，タイム・テーブルを管理する裁判官によって決定され，裁判官が，訴訟の進行に責任をも

つようになった。

　第一審として高額の民事訴訟を扱う高等法院の組織は，やや複雑である。現在，高等法院は，王座部（King's Bench Division），大法官部（Chancery Division），家事部（Family Division）に分かれている。その内，王座部は，エリザベス女王の時代は女王座部（Queen's Bench Division）と呼ばれていたが，チャールズ3世が即位した後，名称を変えている（同様に，本章3（1）で見る勅撰弁護士も Queen's Counsel から King's Counsel へと名称が変更された）。その王座部は，一般的な民事訴訟を扱っていて，多くの事例が不法行為と契約に関するものであるが，人身傷害については5万ポンド以上，その他については，10万ポンドを上回る請求があれば，この王座部に訴えることができる。この王座部を含む高等法院は，後に見る控訴院とともに，ロンドンの中央裁判所施設（Royal Courts of Justice）内にあるが，ロンドン以外の大きな都市でも開廷されている。2023年には，王座部全体で，6197件の訴訟の手続が開始されていたが，高等法院の負担を県裁判所に移す試みがなされたこともあり，11万件以上の手続が開始された1996年からは，大幅に減少している。また，王座部では，通常は単独の裁判官が裁いているが，合議法廷（Divisional Court）も設けられ，行政の決定などに対する司法審査（judicial review）が行われている。加えて，この王座部の合議法廷は，治安判事裁判所の刑事事件で有罪判決を受けた被告人の，治安判事が法の適用を誤ったという訴えも扱っている。なお，第5章で詳しく扱われているが，名誉毀損などかなり限定されてはいるが，民事の陪審審理が開かれるのも，この王座部である。

　高等法院には，すでに触れたように大法官部もあるが，これは，エクイティの裁判（☞第1章2（2））を引き継いだものである。ただ，典型的なエクイティの裁判所の事例である信託関係の訴訟の他にも，著作権，特許などの知的財産権に関する訴訟，土地の売買に関するもの，ビジネスや産業関係の訴訟，亡くなった人の不動産の管理，債務超過の訴訟など，幅広い訴訟が扱われている。この大法官部も，ロンドンのものが中心となっているが，その他にも，地方の8ヶ所で開廷されている。ロンドンでは2023年には3212件の請求や手続の

開始があったが，同年に審理まで進んで解決されたのは160件で，その他に1000件ほどの破産の申し立てがあった。また，この大法官部にも合議法廷があり，少数ではあるが，県裁判所からの上訴を扱っている。なお，2017年10月から，ビジネスなどが関わる高度に専門的な訴訟を扱う王座部の一部と大法官部は，商事財産裁判所（Business and Property Courts）とも呼ばれるようになっていて，ビジネスの紛争，会社の清算，競争法，知的財産といった区分ごとに専門的な知識を持っている裁判官が割り当てられ，迅速な裁判のために，迅速審理スキーム（Shorter Trials Scheme）という特別な手続も採用されている。グローバル化が進む中で，高等法院が内外のグローバル企業などの需要に応えるための工夫である。

　続いて，イギリスの家庭裁判所について簡単に説明する。家庭関係の訴訟は，2014年までは，高等法院，県裁判所，治安判事裁判所で分担して扱われていたが，2014年4月に家庭裁判所が設置されている。子供が，一方の親の同意なしに，もう一方の親によってイギリスへと連れ去られた際，ハーグ条約に基づいて子供の返還が請求される場合や，裁判所が子供の後見人の立場に立って重要な決定を監督する場合などが高等法院の家事部で扱われるのを除き，すべての家庭事件がそこで扱われることになった。また，家庭裁判所からの上訴は，高等法院の家事部で扱われている。その家庭関係の訴訟で，日本とは異なる解決方法が取られている特徴的なものが離婚訴訟であった。すなわち，日本とは違い，双方の同意に基づく協議離婚はなく，「2人の関係が修復できない」ことを証明し，裁判所の判決がそれを認めることが必要であった。しかしながら，2020年離婚，解消，および別居法により，それらの証明は不要とされ，一方の配偶者，あるいは双方が同意の上，「2人の関係が修復できない」旨の陳述書を送付すれば，離婚の申請が可能になった。また，日本との違いとして，イギリスでは2018年からオンラインで離婚の申請をすることが可能になっていることもある。なお，2021年には約25万の事件が家庭裁判所で処理されているが，2020年に開始された事件では，離婚も含む婚姻関係の事件が43パーセントほど，子供が関わる事件が31パーセントほどを占めていた。

　ここまで見てきたいくつかの裁判所とは違い，上訴のみを扱うのが控訴院と

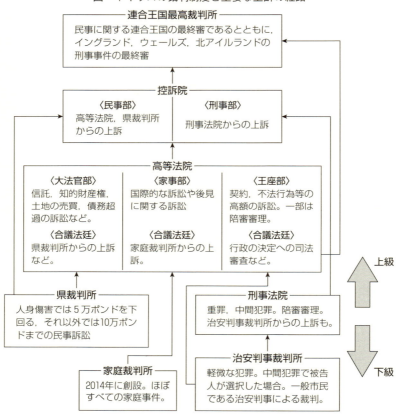

図 イギリスの裁判制度と主要な上訴の経路

出典：戒能通弘作成

最高裁判所である。高等法院と同様にロンドンの中央裁判所施設内にある控訴院は，刑事部と民事部に分かれているが，その内の刑事部は，刑事法院からの上訴を扱っている。刑事法院における有罪判決，量刑についての上訴が一般的であるが，2003年の刑事裁判法（Criminal Justice Act 2003）で，刑事法院における陪審での無罪決定に対して，検察側が無罪決定を取り消し，再審を命じるよう控訴院に上訴することも可能になった。刑事陪審は，イギリスでは非常に重要視されており，また，そこでは，判決理由が示されないため，上訴は困難

とされてきた（☞第5章2（2））。さらには，何人も同一の犯罪について重ねて刑事責任を問われることはないという二重の危険（double jeopardy）排除の原則は，英米法の基本的な原則である。しかしながら，誘拐，テロ行為，レイプ，武装強盗，謀殺，故殺といった重大犯罪に限り，さらには，新しく説得力ある証拠があると控訴院が判断した際には，無罪の決定が取り消され，再審が命じられるようになったのである。実際，DNA鑑定の技術が発達したことで，2012年には，1996年の殺人事件の再審が行われ，無罪の決定が取り消された上で，有罪判決が下されている。なお，控訴院刑事部全体で，2022年10月から2023年9月までの1年間で，有罪決定に関しては，1061件の上訴が受理され，92件が審理されて，57件で訴えが認められている。また，減刑の訴えに関しては，2787件の上訴が受理され，その内の681件が審理されていて，403件で訴えが認められている。

　一方，控訴院の民事部においては，県裁判所，高等法院からの上訴が扱われる。法の問題，事実認定の問題双方が争われるが，前者については，控訴院が下級審とは異なった判断をする現実的な可能性があると見込まれることが必要で，後者については，下級審の事実認定をやり直すのではなく，主要な事実からの裁判官の判断，推論に問題があることが争点とされる。この控訴院の民事部では，2023年には573件の上訴が受理され，420件が処理され，159件で当事者の主張が認められている。なお，2019年から，この控訴院民事部のいくつかの裁判がライブでユーチューブから見ることができるようになっている。また，次のページからそれらの録画を視聴することも可能である（https://www.judiciary.uk/live-hearings/）。

　この控訴院よりもさらに上位に位置するのが，2009年10月1日に新しく設置された連合王国最高裁判所である。この裁判所の背景や詳細は，ヨーロッパ法の影響，近年のイギリスの司法制度改革を扱う第8章で扱っているので，その役割をごく簡単に説明するに止めたい。この最高裁判所はUK（連合王国）の終審裁判所であるが，その役割として，まず，イギリスの控訴院，スコットランドの高等民事裁判所の控訴部（☞第7章3（1）），北アイルランドの控訴院からの上訴を扱うことが挙げられる。それとともに，上述のように司法審査な

4　法律家制度　｜　87

どを行う高等法院合議法廷からの上訴が扱われることもある。ただ，上訴が許されるのは重要な法律問題だけであり，2022年から23年の1年間で審理されたのは50件，判決が下されたのは38件に過ぎなかった。

（2）上級裁判所と下級裁判所

　以上，イギリスの主だった裁判所の概略を紹介してきたが，これらの裁判所を上級裁判所（superior court）と下級裁判所（inferior court）に区分すると，イギリスの法律家制度の特徴も理解しやすくなる。

　日本では，「すべて司法権は，最高裁判所及び法律の定めるところにより設置する下級裁判所に属する」と憲法第76条1項に規定されているように，最高裁判所と下級裁判所という区分はよく見られるが，イギリスでは，一般的管轄権を有する上級裁判所と限定的な管轄権しか有しない下級裁判所に区分した説明がよくなされている。具体的には，前項で紹介した裁判所の内，連合王国最高裁判所，控訴院，刑事法院，高等法院が上級裁判所に，治安判事裁判所と県裁判所が下級裁判所に分類されることが多い。そして，例えば，日本の民事訴訟では，140万円超の請求額が争われる際は，一般的な管轄権をもつ地方裁判所が用いられるのに対して，イギリスでは，人身傷害では5万ポンド（約950万円）以上，それ以外では10万ポンド（約1900万円）を上回る請求がなされなければ，一般的な管轄権をもつ高等法院では扱われない。さらに，日本の高等裁判所に該当するとも考えられる控訴院が，原則的にロンドンでのみ開廷されていることにも表れているように，イギリスの裁判制度の特徴の1つとして，非常に少数の上級裁判所が，非常に少ない数の訴訟を扱っているということを挙げることができる。

　ただ，訴訟の数，法廷の数の上では，前項でも見たように，下級裁判所である治安判事裁判所と県裁判所が上回っているのであるが，重要性という観点からは，連合王国最高裁判所，控訴院，刑事法院，高等法院といった上級裁判所が圧倒的に上回っていると考えられている。本書で度々参照しているイギリスの著名な法学者のパトリック・アティアは，その背景として，①上級裁判所が，請求額が大きい民事事件，重大な刑事事件のほとんどを扱っていること，

2020年コロナウイルス法とリモート裁判

　2020年春から世界中で新型コロナウイルスが猛威を振るったことは記憶に新しいのではないか。その間、日本の裁判所では対面の裁判が原則とされ、業務を縮小するとともに、マスクを着用したり「三密」を避けることなどが主な対策となっていた。一方、イギリスでは2020年3月26日から第1回目のロックダウンが実施され、裁判もリモートで参加することが一般的になっていった。主に下級裁判所をリサーチの対象とした王立裁判所・審判所事務局が発表した報告書によると、2020年5月から10月の間に裁判に参加した人の内、60パーセントがリモートで参加していたようだ。

　これを可能としたのは、2020年3月25日に成立した2020年コロナウイルス法（Coronavirus Act 2020）である。その2020年コロナウイルス法の第53条から第57条は、既存の関連する法律である2003年の刑事裁判法や裁判所法を拡大したり修正したりする形で、ライブのビデオリンク（テレビ会議システム）を用いて、リモートで裁判をすることを可能にしている。例えば、2003年の刑事裁判法の第51条は、法廷で被告人と同席させることが難しい証人などは、ビデオリンクを用いてリモートで証言することを可能としていたが、2020年コロナウイルス法の第53条と附則第23条は、刑事裁判法の第51条のビデオリンクの利用を他の当事者にも拡張している。

　2020年コロナウイルス法は緊急事態に対応するための時限立法であり、多くの規定の効力が2年間に限定されたものであった。したがって、新型コロナが収束した後は、対面での裁判が一般的になっているようだ。裁判官の長である首席裁判官からも2023年5月には方針が示され、対面での裁判が原則とされて、リモート裁判は、裁判官が認めた例外的な場合のみに限定された。ただ、刑事裁判に関しては、2022年4月に成立した新たな法律の中で、上記の2020年コロナウイルス法の規定をさらに強化する形で、裁判官の判断に委ねつつも、ビデオリンクを用いたリモート裁判ができるように定められた。2020年コロナウイルス法では、本節（1）で見た刑事法院で扱われる陪審裁判をリモート裁判の対象外としていて、実際、新型コロナの影響が強まっていて、対面での裁判が特に困難であった2020年の3月から5月にかけては、陪審裁判の開廷は見送られていた。しかしながら、2022年の法律では陪審裁判もリモート裁判の対象とされている。なお、日本でも民事訴訟法の改正に伴い、民事事件ではウェブで参加することが可能な範囲が広がっているが、2026年5月までには、証人尋問や当事者尋問などもウェブ会議で実施することが可能になるようだ。

②刑事法院，高等法院を含めて上級裁判所は，下級裁判所からの上訴を受け付けているため，最終的な判断は，上級裁判所で下されると考えられること，③裁判官の名声により，上級裁判所の判決は一般の人々や法律の専門家に，より注目されていること，そして，④先例となる判決を下し，判例法主義の発展に寄与するのは，上級裁判所に含まれる諸裁判所であることなどを挙げている。

　実は，本章の冒頭で触れた，イギリスの法律家制度の特徴の１つである「バリスタとソリシタの二分制」は，このような上級裁判所，下級裁判所の区別に対応するものである。確かに，次節で見るように，1990年代以降は，ソリシタも上級裁判所で弁論できるようになってはいるが，一般的には，上級裁判所ではバリスタが弁護活動の中心を担い，ソリシタは下級裁判所を中心に活躍しているのである。また，上記のアティアの指摘③とも関連するが，イギリスの法律家制度のもう１つの特徴である「法曹一元制」も，（数少ない）上級裁判所と（その他の多数の）下級裁判所という区別を前提とする。法曹一元制とは，具体的には，上級裁判所の裁判官をバリスタから選任することを意味している。そして，こちらも特に2007年以降は例外もあるのだが，数少ない上級裁判所の裁判官を少数精鋭のバリスタから選任できることが，法曹一元制の利点とされてきた。

2　イギリスの法律家制度

（１）バリスタとソリシタ

　本節では，前節で確認したイギリスの裁判制度，上級裁判所，下級裁判所の区別を念頭に置きながら，イギリスの法律家制度について説明したい。そのイギリスの法律家を代表しているのが，バリスタとソリシタという２種類の法律家であるが，双方は，資格付与のあり方などとともに，資格が与えられた後の仕事の内容も大きく異なっている。

　イギリスで，法的なアドバイス，法的な業務を依頼する際は，まず，ソリシタに相談するのが一般的である。かつては，ファミリー・ソリシタとも呼ばれ，家庭医的な存在として，地域の人々の日常的な法律問題に一般的な法的ア

ドバイスを与えるソリシタが数多く存在していた。もちろん，現在でも，地方都市や郊外に事務所を構えるファミリー・ソリシタは数多くいるが，ソリシタが相談を受けるのは，例えば，遺言の作成，土地や家の売買，離婚の問題といった日常的なものに限定されてはいない。訴訟の提起，契約書の作成などのビジネス法務，雇用問題，移民申請の手続，営業許可の取得，知的財産の問題など，ソリシタが扱う問題が，より一層多様化，複雑化しているのであるが，それにより，１つか２つの法分野を専門的に扱うソリシタが増えてきている。さらに近年では，大企業や政府を顧客とし，イギリス法や国際的な案件についてアドバイスしたり，企業買収の手続を進めたりする，何百人ものソリシタを抱えつつ，全世界の主要都市に支店をもつような巨大なソリシタ事務所も登場している。

　ソリシタはまた，上記の相談に乗った上で，裁判所に行き，依頼人のために弁論する弁護士として活躍することもある。そして，前節で見た裁判所の内，治安判事裁判所，県裁判所といった下級裁判所で，ソリシタは主に活躍している。なお，本節（２）でも見るように，資格を得たソリシタは，現在では，刑事法院や高等法院などの上級裁判所でも弁論することが許されている。ただ，伝統的に，そして現在でも，上級裁判所では，バリスタの補助がソリシタの主要な役割であるといえよう。

　この点は，イギリスでは，依頼人に直接接触する権利がソリシタに独占されてきたことと関係している。ここでも現在では例外があるのだが，バリスタは，依頼人と直に接触することはなく，依頼人がバリスタに弁護を依頼する際（すなわち，上級裁判所で訴訟を起す際）は，まず，ソリシタに相談し，そのソリシタが当該訴訟に適したバリスタを選ぶという方法が取られてきたのである。さらに，上級裁判所で訴訟がなされる際は，ソリシタは，自ら選んだバリスタに事件を説明するとともに，関連する文書を用意する。そして，裁判所での弁護，弁論はバリスタによってなされるのであるが，複雑な事件の場合は，ソリシタも裁判所に行って，バリスタにアドバイスをすることもある。

　このように幅広い職務をこなすソリシタであるが，その資格を得るために，通常は，大学の法学の学位が必要とされている。そして，法学の学位を得たも

4　法律家制度　｜91

のは，ソリシタ監督局（Solicitors Regulation Authority）とソリシタ協会（Law Society）にソリシタの見習いとして登録し，1年間の法実践コース（Legal Practice Courses）を履修する。これは2段階のコースから成っていて，第1段階では法実務と深く関わるビジネス法や財産法，税や遺言，遺産管理に関わる法，さらには，法律文書の作成，法廷弁論，実務のためのリサーチの方法など，幅広いトピックが学ばれる。また，第2段階ではキャリアに即した選択科目が提供されている。その後，その試験にパスするとソリシタの事務所とトレーニング契約（training contract）を結び，2年間，法律事務所でソリシタの業務の理解を深めることが要求されている。そして，弁護士録（roll）に登録され，実務証明（practising certificate）を得ると，ソリシタとしての実務を開始することができる。

　ただ，近年は，上記の法実践コースの費用が，ロンドンで履修すると1万8000ポンド（約342万円）と高額なことが問題になっていた。そこで2021年9月に，上記の法実践コースを履修中の者など以外を対象とする新しい制度が導入されているが，それは，コースに参加するのではなく，ソリシタ資格試験（Solicitors Qualifying Examination）を中心とするものである。そして，受験するには大学の学位が必要とされているが，法学以外の学位を持つ者でも受験は可能とされている。そのソリシタ資格試験では，まず第1段階（SQE1）で，2部の180の選択問題から成る試験で，幅広い法学の知識が問われている。そして第2段階（SQE2）では実務に即した試験が実施されていて，刑事訴訟，紛争解決，財産法や遺言の実践，ビジネス法務や交渉術といった領域に関するスキルを，4回の口頭の査定，12回のペーパー試験で評価される。その前後に，最低2年間の法実務を経験することも要求されているが，法律事務所に限定されておらず，大学でのリーガル・クリニック，パラリーガルも含まれる柔軟なものになっている。そして，上記の弁護士録や実務証明を管轄しているソリシタ監督局にソリシタの資格を申請することになる。なお，2024年12月の段階では，実務証明を有するソリシタは，イギリス全土で，16万7034名である。

　続いてバリスタの特徴についてであるが，バリスタとソリシタとの最も大きな違いは，すでに述べたように，ほとんどのソリシタとは違って，バリスタ

が，上級裁判所を含めてイギリスのすべての裁判所で弁論，弁護することができることである。刑事法院，高等法院，そして，それ以上の控訴院などでも，法廷での弁論は，かなりの程度バリスタによってなされているといえるだろう。また，これも触れたが，依頼人がバリスタに弁護を頼む際は，まずソリシタに相談することが一般的である。2004年以降は，バリスタも依頼人に直に接することができるようにはなっているが，バリスタだけで訴訟を開始することは原則としては認められていない。

バリスタの特徴として，バリスタが，法廷において，やや時代錯誤ともいえるかつらとガウンをまとっていることも挙げられる。詳しくは，本章末の Tea Break を見てほしいのだが，刑事法院，高等法院，控訴院などでは，この伝統が続いている。

なお，バリスタは，4つある法曹学院（Inns of Court）のいずれかに属している。そして，バリスタの資格の付与も，この法曹学院でなされているが，その歴史は古いものである（☞第1章1（2））。

Key Word｜法曹学院

バリスタを目指す学生は，まず，ロンドンにある法曹学院に所属することが求められる。現在，ミドル・テンプル，インナー・テンプル，リンカーンズ・イン，グレイズ・インという4つの法曹学院がある。いずれも，高等法院と控訴院を収める中央裁判所施設と同じく，リーガル・ロンドンと呼ばれる一帯にある。これらは，バリスタの自治組織であって，それぞれ，選挙によって選ばれた評議員によって運営されている。

各々の法曹学院には，ホール，談話室，図書室，そして教会がある。その歴史は古く，例えば，ミドル・テンプルとインナー・テンプルが共有しているテンプル教会は，映画「ダヴィンチ・コード」（2006年）にも登場したテンプル騎士団ゆかりの教会でもあった。また，ミドル・テンプルのホールでは，1602年に，エリザベス1世の御前で，シェイクスピアの「十二夜」が初めて上演されている。現在でも，各法曹学院は，そのような歴史の名残が見える美しい建物をもち，オックスフォードやケンブリッジの古いキャンパスのようでもある。その一方で，法曹学院には，バリスタが訴訟の準備をしたり，ソリシタや依頼人に面会したりする事務所があり，また，上階に

4　法律家制度　93

は，上級のバリスタや裁判官の住居もあって，イギリス法曹界の心臓ともいえる施設である。

テンプル教会（左）とミドル・テンプルのホール（右）
撮影：戒能通弘

　バリスタとして働くためには，通常は，法学の学位を取得して，法曹学院に所属した上で，バリスタ専門技能訓練コース（Bar Professional Training Course）と見習い（pupillage）をこなす必要があった。その内，バリスタ専門技能訓練コースは，2020年から法曹学院のカレッジやロンドン大学などで提供されるようになり，名称も統一されていない。1年間のコースで，法廷弁論，民事訴訟，刑事訴訟，法律文書作成，リーガル・リサーチなどの基本的な技能が教えられる。この他に，面白い伝統として，法曹学院のホールで，先輩のバリスタたちと食事をするという伝統もあるが，これは，かつて法曹学院のホールにおいて，夕食を食べながら講義が行われていた名残である。現在は，そういった食事も含まれているが，上記のコースとともに，法曹学院で10回にわたって，弁論技術を学んだり講義を受けたりしている。これらの課程を経た後，バリスタの資格が与えられるが，その後の見習いでは，通常12ヶ月間にわたり，ベテランのバリスタの下で実地研修を受けることになる。特に後半の半年では，さほど重要でない事件が中心になるが，単独で法廷に立つことが許されている。なお，2023年の時点で，実務に従事しているバリスタは，イギリス全土で1万7782名である。

（2）二分制の背景

　本節（1）で見たような二分制は，世界的に見ても珍しい制度であるし，上級裁判所で裁判をする際には，一般的には，弁護料を，バリスタとソリシタの少なくとも2人分以上は支払わなければならず，極めて不合理な制度のようにも見える。ただ，この二分制についても，イギリスでは当初から，法律家が代弁人と代訴人に分かれていたという歴史的要因とともに（☞第1章1（2）），第1節で見たイギリスの裁判制度，それから第3節で検討する裁判官制度と合わせて考えると，その意義が見えてくる。

　まず，上級裁判所では，原則としてバリスタのみが法廷弁論をすることができ，下級裁判所では主にソリシタが活躍するという分業制は，裁判所の地理的分布を考えると，イギリス社会のニーズに即したものになっている。例えば，軽微な刑事事件を扱う治安判事裁判所は全国で160ヶ所ほどあるのに対し，重大な事件を扱う刑事法院は，全国で70ヶ所ほどしかなく，それより上級の控訴院，連合王国最高裁判所とともに，上級裁判所はロンドンで集中的に開廷されている。これに対応するように，16万名以上いるソリシタと比べると，計1万8000名に満たないバリスタは，法曹学院のあるロンドンに集中する傾向があり，うまく役割分担ができているという見方もある。なお，イギリスの二分制にならったものとはいえないが，日本でも2002年の法改正により，全国に438ヶ所ある簡易裁判所における訴訟代理権が，法務大臣の認定を受けるという条件付で司法書士に与えられている。全国的に分布している司法書士が，都市部に集中しがちであった弁護士の業務の補完をできるようになるという見方も当初はあり，バリスタとソリシタの関係に近いものであった。また，次節のテーマではあるが，関連して，上級裁判所での弁護活動を少数精鋭のバリスタに委ね，その中からさらに選抜された者のみを上級裁判所の裁判官に任命することが可能になるという議論もある。

　二分制の一番大きな難点は，大きな裁判ではバリスタとソリシタの2人を雇わなくてはならないという手続の煩雑さ，費用の問題である。しかし，この点に関しても，知識が不足している依頼人が，まず，ソリシタに相談することによって，最適なバリスタを選べるようになり，弁護士の力量で訴訟が決してし

まう可能性を減らすことができるとの反論がある。また，一般市民が弁護士を見つけようとすると，十分な知識がないために，いわば「たらい回し」にされる可能性があるのに対して，専門家であるソリシタを介せば，そのような可能性も減るのではないかと論じられることもある。さらには，ソリシタを介することで，バリスタは，より客観的に事件を扱うことができ，無理な議論，弁論が減るのではないかとの見方もある。

　ただ，1990年の裁判所と法的サーヴィス法（The Courts and Legal Services Act）により，ソリシタも上級裁判所で弁論が可能になっており，上級弁論権訓練コース（Higher Rights of Audience Course）を履修するなどして，ソリシタ監督局に認められるとソリシタであっても上級裁判所で法廷弁論ができるようになった。その際，民事裁判，刑事裁判，その双方の上級裁判所の弁論権を分けて資格が付与されている。この背景の1つには，特定の業務を特定の集団が独占することに対する根強い批判がある。また，公平な競争，独占の禁止を重視するヨーロッパからの圧力，イギリス社会のグローバル化の影響もあったようである。確かに，2024年12月の時点で，上級裁判所での弁論の資格をもつソリシタは民事のみが2851名，刑事のみが2790名，民事・刑事とも上級裁判所での弁論権をもつものが1310名で，合計しても6951名であって，ソリシタ全体の4パーセントほどに過ぎず，その数はかなり少ない。しかし，次に見る裁判官制度とともに，バリスタを中心とするイギリス法律家制度の伝統への批判は，着実に強くなってきている。

3　イギリスの裁判官制度

（1）法曹一元制

　法曹一元制とは，裁判官を任用する際に，弁護士など，裁判官以外の法律家から任命するのを原則とする制度である。イギリスの裁判官の任用制度も，アメリカの制度とともに，法曹一元制の典型例とされているが，イギリスの場合は，近年まで，上級裁判所の裁判官は，ほぼバリスタが母体になっていた。なお，日本の裁判官の任用制度は，対照的にキャリア・システムに基づいてい

る。キャリア・システムとは官僚裁判官制のことで，法曹資格取得後から裁判官に任命され，昇進していくシステムのことである。そして，そのような状況に対して，より多様な人材を任用する必要を示すために，アメリカやイギリスの法曹一元制が参照されてきた。そのイギリスでは，判例法主義を維持するとともに，法の支配を十全に実現するためにも，バリスタを中心とする法曹一元制は不可欠なもので，イギリスの法制度を支える，より根本的なものとして捉えられてきた。

　第2節（1）で，バリスタの資格付与について説明したが，駆け出しのバリスタは，まず，下級裁判所の治安判事裁判所や県裁判所で，小規模な事件の弁護を担当することから始めるようである。例えば，刑事事件に関しては万引きの弁護，民事事件では，県裁判所で扱われる少額訴訟などである。あるいは，大規模な事務所では，3人か4人の弁護団の一員となって，オールドベイリーなどの刑事法院や高等法院で，準備やリサーチなどの手伝いから始めることもあるようだ。そして，経験を積み重ねると，上級裁判所で弁論を担当するようになる。

　計15年の実績を積んで高い評価を得ると，勅選弁護士（King's Counsel）になるバリスタが出てくる。勅選弁護士になるとバリスタのリーダーと見なされるようになり，もう1人の平のバリスタを伴って出廷するのが通例となり，さらにシルクでできた特別なガウンをまとうことになる（そこから，勅選弁護士になることは，シルクを着る（taking silk）と表現されることもある）。2023年の時点で，実務に従事しているバリスタは1万7782名いたが，その内，勅選弁護士は2009名であり，まさに選ばれた存在である。そして，実は，上級裁判所の裁判官の多くはその勅選弁護士から選ばれるため，非常に重要な身分である。

　この勅選弁護士は，従来は，大法官（☞第8章2（1））によって選ばれていた。ただ，ここでも，バリスタによる特権の独占が批判されており，高収入と競争力を手にする力を排他的に特定の集団（バリスタ）に与えることが問題視された。その結果，2006年からは独立した任命委員会により，弁論の卓越さなどの公開されている基準で選ばれるようになった。ただ，2025年には105人の勅選弁護士が選ばれたが，ソリシタから選ばれたのはその内の1人であった。

なお，ソリシタ出身の勅選弁護士は1995年からの累計で65名である。

　上級裁判所のほとんどの裁判官も，大法官によって，勅選弁護士などのバリスタから選ばれてきたのであるが，伝統的には，このような方法は，少数精鋭の極めて優秀な人々を裁判官に任命できるため，上級裁判所の裁判官の質を維持する上で有用なものと考えられてきた。また，イギリスの上級裁判所の裁判官たちは，類推や区別といった技法を用いて先例を発展させたり，創ったりする大きな権限を有しているが（☞第3章3（2）），その裁判官たちが，バリスタという共通の母体の出身であることで，判例法全体が調和しつつ，発展することが可能になるとも論じられてきた。さらには，かつての最高裁判所であった貴族院の先例は，貴族院自身，そしてその下にあるすべての裁判所の裁判官を拘束するという厳格な先例拘束性の原則も（☞第3章3（2）），裁判官たちが同じような経歴をもっているならば，より良く機能すると考えられていたようだ。

　ただ，従来，大法官が裁判官たちに相談して，新しい裁判官をスカウトするといった方法も取られていたため，彼らと同じような，オックスフォード大学やケンブリッジ大学出身の裕福な白人男性が優先されるという批判が根強くあった。このような人的関係に基づく任命方法だと，女性，それからアジア系，アフリカ系などのマイノリティの人々が選ばれにくいという批判である。さらに，ソリシタも，第2節（2）で扱ったように，上級裁判所で弁論権をもつようになってからは，そこでの裁判官に任命される機会ももつようになったのだが，バリスタ中心の任用方法に大きな不満をもっていた。そこで，2006年には裁判官任命委員会（Judicial Appointments Commission）が始動した（連合王国最高裁判所の裁判官の任命については，☞第8章2（2）Tea Break）。そして，2007年の法律では，最低限の資格要件ではあるが，バリスタ以外にも，ソリシタも任命される資格をもつことが明確にされた。しかしながら，2024年4月になっても高等法院以上の裁判所では，バリスタ以外の出身の裁判官は5パーセントしかおらず，女性，マイノリティの裁判官が依然として少ないこととも相まって，バリスタを中心とする法曹一元制をさらに変革する必要性が説かれることもある。2017年から2020年まで，女性のブレンダ・ヘイルが最高裁の長を

務めていたものの，2024年現在，最高裁の12名の裁判官の内，女性は2名のみである。また，他の上級裁判所でも，2024年4月の時点での女性の裁判官の割合は，控訴院が25パーセント，高等法院が31パーセントに過ぎない（但し，2012年から13年においては前者が10パーセント，後者が17パーセントだったので，増えてはいる）。さらに，マイノリティ出身の人はイギリスの全人口の18.3パーセントを占めているものの，2024年の時点の高等法院では，マイノリティ出身の裁判官は8パーセントのみであった。大学卒業後に試験で裁判官を選んでいるフランスやドイツの任用制度の方が，女性，それからマイノリティなどの社会の多様性を反映できているとする研究もある。ただ，次に見るように，バリスタを中心とする法曹一元制こそ，法の支配を維持するために必要であるという見方もある。

（2）裁判官の独立，法曹一元制と法の支配

　日本の（最高裁より下の）下級裁判所の裁判官の任期については，憲法第80条において「任期を10年とし，再任されることができる」と規定されている。ほとんどの裁判官が再任されているのだが，裁判官の再任は任命権者の自由裁量であるという見解も可能であろう。そのような見解に対して，それは裁判官の独立を侵害するものであると論じられ，イギリスの制度に目が向けられることもある。

　そのイギリスでは，古くから，国王に対する裁判官の独立が主張されてきた。例えば，14世紀から15世紀に活躍した裁判官のウィリアム・ガスコインは，後にヘンリ5世（在位：1413-22）となるハル王子に殴打されたとして，王子を投獄したといわれている。また，1607年の禁止令状事件では，裁判に干渉し，自ら決定を下そうとしたジェームズ1世（在位：1603-25）に対し，エドワード・クック（1552-1634）が，国王自身は裁判できないとの見解を述べ，司法権が行政権の道具ではないことを論じている（☞第6章1（2））。さらに，そのジェームズ1世がイングランドの王を兼ねる前に，スコットランド王であった際，スコットランドの高等民事裁判所（☞第7章2（2））でも，国王は裁判所に命令できないと諭されていた。

4　法律家制度 99

ただ，1688年の名誉革命までは，裁判官は，「国王の意に適う限り（during the King's pleasure）」その身分が保障されたに過ぎなかった。そこで1701年の王位継承法（Act of Settlement）において，裁判官は「罪過なき限り（during good behavior）」その職に留まりうるとされ，その身分の終身制が保障された。18世紀の著名な法律家であるウィリアム・ブラックストーン（1723-80）も，このような裁判官の身分保障を，イギリス人の自由，法の支配を擁護するための重要な手段と見なしていたが，その意義は，現在のイギリスでも強調されている。

　一方，前項で見たバリスタを中心とする法曹一元制も，国家権力を抑制し，法の支配を保障するために有用であると考えられてきた。バリスタの行動規範として，依頼人がどのような立場の人であっても，また，相手が国家であっても，あらゆる正当かつ合法的な手段を用いて，依頼人の最善の利益を守らなければならないというものがある。これにより，弱い個人を強力な国家から守る役割をバリスタは担うと考えられてきた。また，タクシー乗り場ルール（cab rank rule）というルールもある。タクシーの運転手がタクシー乗り場で乗客を選り好みしないように（もちろん，日本と同様，イギリスでも乗車拒否はあるが），バリスタも，依頼を受けたならば，正当な理由がない限り，弁護を引き受けなければならないとされている。よって法曹一元制の下では勅選弁護士を経て裁判官になるまでに，多様な依頼人の事件を担当することになるため，公平な視点を獲得できるようになるのではないかと想定されうる。一方で，ソリシタにはそのようなルールはなく，また，依頼人と直に接触することが多いソリシタは，特定の側について継続的に仕事をすることが多く，裁判官になった際も，バリスタほどは公平な裁判ができないのではないかと論じられている。

　また，1985年に公訴局（Crown Prosecution Service）の設置が決定され，そこに所属するバリスタやソリシタが検察官を務めることになったが，バリスタの多くは，このような制度にも反対である。法曹一元制の下でバリスタと検察官の間の垣根もなく，事件ごとに，バリスタから検察官が選ばれることが望ましいと論じられているのである。すなわち，公訴局によってその場限りで選ばれるバリスタが検事を務めるのではなく，同じ人が続けて検事を務めるようにな

ると，有罪率を高めようという動機が強くなり過ぎるのではないかと批判されているのである。検察官と弁護士の間も分けるべきではないという立場からも，法曹一元制の意義が説かれている。

ま　と　め

　本章においては，まず，上級裁判所と下級裁判所という区別に基づいて，イギリスの裁判制度を概観した。その後，イギリスには，バリスタとソリシタという2種類の法律家が存在することと，各々の特徴などについて説明した。依頼人は，上級裁判所においてはソリシタとバリスタの双方を雇わなければならず，費用がかさむなど，バリスタ，ソリシタの二分制は，一見，欠点が多い制度に見える。ただ，本章で紹介したように，ソリシタが下級裁判所，バリスタが上級裁判所の弁論を担当するといった分業など，それには，いくつかの理由，根拠があった。

　バリスタ，ソリシタの二分制を支える根拠として，イギリス法全体の理解のために特に重要なのが，上級裁判所の裁判官を少数精鋭のバリスタから選任するという法曹一元制である。判例法主義を採るイギリスでは，法の主要な部分は，裁判官によって発展させられている（☞第3章1（1））。バリスタの中でも特に優秀な勅選弁護士から裁判官が選ばれることで，そのような判例法の質も高まると考えられているのである。また，イギリスでは，バリスタも裁判官も，（国も含む）依頼人のためだけでなく，法に仕える意識が強いのは，法曹一元制が取られているからであるとも考えられる。日本では，法曹一元制が採られている訳ではないが，裁判官，検察官，弁護士が法に仕える意識を共有して，法の支配の実現に貢献しているというイギリスの例から，学ぶこともあるのではないか。

　なお，本章では，以上のようなバリスタを中心とする法律家制度が，独占的であり，近年，その傾向が著しくなっているイギリス社会の多様性を反映していないといった批判により，徐々に変わりつつあることにも触れた。バリスタが上級裁判所での弁護，弁論を独占し，富裕な白人男性が大半の，そのバリス

4　法律家制度 | 101

かつらとガウン

　イギリスの上級裁判所の一部では，裁判官やバリスタは，かつらとガウンを着用している。かつら自体は，ヴェルサイユ宮殿を建てたルイ14世や周りの人々が着用してからヨーロッパで流行し，1680年までには，イギリスの裁判官の多くが着用するようになった。ただ，当初は人間の毛から出来ていたが，非常に高価なこともあり，法律家の他に，医者や聖職者など，限られた専門職の人々のみ着るようになって，1880年以降は，法律家以外はあまり着用しなくなった。現在，このかつらは，グレーの馬の毛から出来ている。2008年10月以降は，民事の上級裁判所における裁判官は，ガウンを着用しつつ，かつらは着用しなくなっているが，バリスタは，かつら，ガウンの双方を着用している。一方で，刑事の上級裁判所では，裁判官もバリスタも，かつらとガウンを着用している。

　このような服装は，法律家，あるいは法律自体が時代遅れであることを示しているという批判もある。ただ，かつらを被ることで，威厳を保つことができる，匿名性を維持することができるなどとして，擁護する法律家もいる。また，イギリスの著名な法制史学者のジョン・ベイカーは，継続性，歴史があることで，法に対する信頼が高くなる可能性があるが，かつらやガウンといった17世紀以来の衣装を身につけることで，イギリスの裁判や法の継続性，歴史を示し，それらへの信頼を高めるといった役割があるのではないかと指摘している。

　一方，新しく出来たイギリスの連合王国最高裁判所では，裁判官は，バリスタとともに普通のスーツを着て裁判をしているのは興味深い。旧態依然の慣行を廃止し裁判所をよりアクセスしやすいものにすることを目的としているようだ。事件に関わるバリスタ間で同意があれば，バリスタも，かつら，ガウンを着用する必要はなくなっている。同様に，スコットランドの高等民事裁判所（☞第7章3（1））の控訴部の裁判官が2014年以降，かつらやガウンを着用しないようになっていて，2019年には第一審部で同様の試みが取り入れられている。ただ，高等民事裁判所では弁護士もかつらやガウンを着用することを要求されなくなったが，スコットランドの弁護士の多くは着用を続けることを望んでいるようだ。また，スコットランド法史研究

出典：TravelStockCollection-Homer Sykes / Alamy Stock Photo

の大家である，エディンバラ大学のジョン・ケアンズも，上記のベイカーの議論に近いものだが，スコットランド法は過去の時代の法に起源をもつものであり，かつらやガウンの着用をやめてしまうことは，過去・伝統との結びつきを断ってしまう危険な試みであると批判している。

タから裁判官が選ばれるというイギリスの伝統は変わりつつある。独占の禁止を重んじるヨーロッパの価値観を無視できなくなったこと，1990年代以降，移民の数が急増して，「超多様性」の社会になったことに（☞第2章1（2）），イギリスの法律家制度も影響を受けているのである。伝統，歴史的継続性を維持しつつ，社会の変化にも対応するという近年のイギリスという国の縮図として，法律家制度を見ることもできるだろう。

ブックガイド

①吉川精一『英国の弁護士制度』（日本評論社，2011年）

　　弁護士による研究書で，本章でも触れた近年イギリスの弁護士制度の改革などについて丁寧な説明がなされている。また，本書第1章で扱っているイギリスの法律家制度の歴史についても詳細に記述されている。最後には，ソリシタの未来像として，大規模な事務所＝シティ・ファームと町弁護士という二分化が進むのではないかとの興味深い考察が示されている。

②デボラ・E・リップシュタット（山本やよい訳）『否定と肯定──ホロコーストの真実をめぐる闘い』（ハーパーコリンズ・ジャパン，2017年）

　　著者は大学でユダヤ史とホロコースト学を教える歴史学者であるが，その著者がホロコーストを否定する学者の名誉を毀損したとして，その学者から訴えられた。本書は被告の立場に立たされた著者自身の手による法廷闘争の回顧録である。本章で説明しているバリスタ，ソリシタの役割や，イギリスの裁判の様子などを知る手がかりになるだろう。なお，この本は，2016年に映画化されている。

③Legal Habits（Good Books，2003）

　　本章のコラムで紹介したかつらやガウンの歴史が紹介されている。英語で書かれた本であるが，絵や写真がふんだんに掲載されている。

4　法律家制度

5 陪　審　制

　日本では2004年に「裁判員の参加する刑事裁判に関する法律」が成立し，2009年5月から裁判員制度が開始された。この日本の裁判員制度と，イギリス，それからアメリカの陪審制との最も大きな違いは，裁判員制度では，裁判員と裁判官が一緒になって事実認定，法令の適用，刑の量定を行う（法の解釈などは裁判官のみで行う）のに対し，陪審制では，一般市民から選ばれた陪審員が単独で事実認定をすることであろう。被告人が問題となっている犯罪を行ったのか否かといった裁判の結果を直接左右する事柄を，法律の素養があるとはいえない陪審員＝一般市民に委ねるなど，日本では考えられないのではないだろうか。詳しくは本章内で触れていくが，さらに陪審員には，判決理由を説明する義務がなく，明白な法と証拠に反した決定を下す権限も認められている。

　このように一見，不合理ともいえる陪審制度だが，800年ほどの歴史をもつともいわれており（☞第1章1（2）），現在のイギリスの刑事司法制度では，欠くことができないものとなっている。それは何故なのか，本章では，社会，歴史，法思想などの観点から説明していきたい。

　まず，イギリス社会の中で，陪審制にどのような役割が期待されているのかを，理解する必要があるだろう。第1節においては，陪審裁判の構造を簡単に説明した上で，イギリスの社会，さらには，イギリスの裁判制度全体の中に陪審裁判を位置づける。また，判例法主義と同様に，陪審制も，その歴史，法思想とともに理解される必要がある。第2節では，イギリスの陪審には，人々の自由を守る役割も歴史的に与えられてきたこと，そして現在も刑事事件において，人々の自由，権利を守る最後の砦であることを，具体的な事例も検討しつつ，明らかにする。

ただ，近年のイギリスでは，陪審制の限界も露になりつつある。イギリスの陪審制では，陪審員になることを拒否する人々が続出し，陪審員不足が深刻になってきた。また，陪審員に対する脅迫が明らかになり，2010年に，重罪の裁判としては370年ぶりに，陪審なしの裁判官だけの裁判が開かれている。本章の第3節では，このようなイギリスの陪審制の「現在」についても触れてみたい。

1　イギリス社会と陪審制

（1）陪審裁判とは

　ここではまず，陪審裁判が対象とする事件，陪審員の役割を説明した後，陪審制に特徴的な点に焦点を当てて，陪審裁判の概要を説明する。なお，イギリスでは陪審裁判は，主に，刑事裁判で重い犯罪を裁く際に用いられているため，以下，刑事の陪審に焦点を当てつつ進めたい。

　イギリスでは，犯罪が，①略式起訴で足りる犯罪（summary offences：ゴミの投棄，多くの交通犯罪，飲酒による軽罪など），②中間犯罪（窃盗，薬物犯罪，押込みなど），③正式起訴を要する犯罪（indictable offences：謀殺，レイプ，強盗など）に区分されている（☞第4章1（1））。そして，その内の中間犯罪において被告人が選択した場合と，正式起訴を要する犯罪において，刑事法院（Crown Court）での陪審裁判が用いられている。これら重い事件の裁判のために，18歳以上75歳以下の人で，選挙人名簿に登載されており，13歳以降にイギリスに5年以上居住している人の中から，一定の有罪の判決を受けた者などを除いて，12人の陪審員が選ばれるのである。

　次に陪審員の役割であるが，本章の冒頭でも述べたように，事実認定に限定されたものである。法廷で認められた証拠に基づき，被告人が犯罪を行ったのか否か，すなわち，そこで取り上げられた法律に違反したか否かという事実問題が陪審員に委ねられるのである。そして，損害賠償額の算定も陪審の役割とされている民事事件とは違い，刑事事件の陪審は，有罪（guilty），無罪（not guilty）といった評決（verdict）を下すだけであり，その評決が有罪であった場

5　陪審制　105

合の刑の宣告は，裁判官によってなされる。また，次節で取り上げるように，陪審は，判決理由を付す必要もない。一方，裁判官には法律問題が委ねられており，法律の解釈や，裁判の進行がルールに則ったものなのかという法的手続の問題が，裁判官によって扱われることになる。さらには，その場にいない他人から聞いたこと，他人からの伝聞は，反対尋問ができず，真実か否かを確かめる手段がないという理由で定められている伝聞証拠排除則（hearsay rule）などに基づき，証拠の判断も行う。陪審員によって考慮されるべきでない証拠を決定するのも裁判官の役割である。

　裁判官だけによる裁判（大半の民事事件）と比べた際の陪審裁判の特徴は，陪審員にも分かりやすい裁判になるようないくつかの工夫がなされていることであろう。まず，裁判自体が，陪審員に理解してもらう必要があるため，より分かりやすいものになり，検察側，弁護側の最終弁論も熱心なものになるだろう。また，陪審員が，評決を下すための評議に入る前には，裁判官による説示（direction）が行われ，例えば，被告人を有罪とするためには，合理的な疑いを超えた（beyond reasonable doubt）立証が必要なこと，確信とともにそうしなければならないことなどが説明される。他にも，例えば，謀殺（murder）かどうかが争われている裁判では，謀殺が成立するには，ある者の行為により，人が殺される，あるいは重大な身体傷害を加えられることがほぼ確実であって，その者がそのことを認識していたこと（☞第3章3（1）Topics）が必要であるとの説示，説明がなされた上で，被告人の場合がそれに当てはまるか否かが陪審によって判断され，有罪，あるいは無罪の評決が下されることになる。なお，従来は，12人全員一致の評決が必要とされていたのだが，第3節（3）で扱うような陪審員に対する脅迫等があると，陪審員を1人脅迫，ないし買収すれば，有罪評決が成立しないということになってしまう。そのような懸念もあって，1967年から11対1，10対2（陪審員が11（10）人に減った場合は10（9）対1）の多数評決も認められていて，1974年の陪審法（Juries Act）でその点が定められている。

（２）イギリスの裁判制度と一般市民

　日本の裁判員制度でも，殺人，強盗致死，傷害致死といった重大な刑事事件に関して，一般市民から選ばれた６人の裁判員が，３人の裁判官と共同で有罪・無罪を決定するとともに，有罪の場合は，量刑を定めることになっている。ただ，最終的には多数決で有罪・無罪，量刑の決定が行われるが，被告人を有罪とするには，少なくとも裁判官の１人が多数意見に賛成していることが必要である。一方で，イギリスの陪審制においては，有罪・無罪の決定を，上述のように，陪審員に排他的に委ねており，極めて大胆な制度といえるだろう。このように，裁判において一般市民に大きな役割を与えることは，イギリスの裁判制度の大きな特徴である。

　例えば，陪審員以外でも，上述の，①略式起訴で足りる犯罪，②中間犯罪において被告人が陪審裁判を選択しなかった刑事事件を扱う治安判事裁判所（Magistrates' Court）における治安判事の多くも一般市民である。そして，イギリスでは，2024年の時点で，１万4576名もの一般市民が裁判官として働いており，法曹資格を有していて，ロンドンなどの大都市の裁判を担当している約150名の判事とともに，年間50万件ほどの交通犯罪（2023年）など，刑事事件の実に約95パーセントを扱っている。特に法律問題や手続に関して，２年間の訓練課程を履修したソリシタなどの治安判事助言者（Justices' Legal Adviser）の助言を受けてはいるものの，イギリスの刑事裁判制度においては，少なくとも，訴訟数という観点では，一般市民が最も重要な役割を果たしている。

　世界的に見てもユニークな，この素人裁判官の制度は，法と一般市民の間の関係を維持するという観点から正当化されている。例えば，治安判事の制度を検討した王立の委員会において，コモン・ロー，制定法は，一般市民によっても理解可能なものでなければならない，法が専門家に任されるべき神秘的なもので，一般市民の考える正義とは程遠いという疑念を払拭しなければならないといった観点から，治安判事の制度を維持すべきことが主張されている。陪審員に重大な刑事事件における事実認定を委ねることも，同じような観点から正当化されているといえるだろう。

　ただ，法を一般市民によっても理解可能なものにすること，法を一般市民の

5　陪審制　107

考える正義と近づけることは，「司法に対する国民の理解の増進とその信頼の
向上に資する」（裁判員の参加する刑事裁判に関する法律（裁判員法）第1条）こと
を目的としている裁判員制度によっても，あながち不可能なことではないだろ
う。一方，イギリスで，一般市民である治安判事，陪審員に極めて大きな役割
が与えられていることは，判例法主義や法曹一元制が採られていることを考慮
すると，より良く理解できる。

　イギリス法の主要な部分は，判例法，コモン・ローによって構成されている
（☞第3章1（1））。確かに20世紀や21世紀には議会による制定法は急増してい
るが，法の大きな部分は，裁判所の諸判決において創られてきたのである。そ
して現在でも，裁判官は，イギリス法の形成，運用において主要な役割を果た
している。そのイギリスの上級裁判所の裁判官は，多くは法曹一元制に基づい
て，バリスタ（法廷弁護士）の中から選抜された勅選弁護士から選ばれている
が（☞第4章3（1）），彼らの多くがオックスフォード大学，あるいはケンブ
リッジ大学の出身であることは，長年問題視されてきた（例えば2015年の調査で
は，最も成功している100名の勅選弁護士の内，80パーセント近くがオックスフォード
かケンブリッジ出身であった）。もちろん上級裁判所の裁判官は，上記のような重
責を担っているため，とりわけ優秀である必要はあるだろう。また，（2009年ま
で最高裁判所であった）貴族院の先例が，原則として貴族院自身の，そしてそれ
より下級のすべての裁判所の先例となるという厳格な先例拘束性の原則を維持
するためにも，同じような経歴，価値観をもつ人たちが裁判官を務めていたの
は，合理的なことであった。2007年の調査によると，上級裁判所である控訴院
と当時の最高裁判所であった貴族院の裁判官の，実に90パーセントがオックス
フォードかケンブリッジ出身であったとされている。また，イギリスのエリー
トの学歴を調査しているサットン・トラストという機関が2019年に刊行してい
る報告書によると，徐々に減りつつはあるものの，上級裁判所である最高裁判
所，控訴院，高等法院の裁判官の内，71パーセントがオックスフォードかケン
ブリッジ出身であった。そのオックスフォード大学やケンブリッジ大学には，
日本でも有名なイートン・カレッジなど，イギリスの私立校の中でのエリート
校の出身者が多いが，同じ報告書では，最高裁判所，控訴院，高等法院の裁判

官の内，65パーセントが私立校出身であったとされている（ちなみに，2018年ワールドカップにおける，サッカーのイングランド代表選手では4パーセントであった）。このように，上級裁判所の裁判官の多くも富裕層出身の白人男性で占められている（☞第2章1（1））。そして，このような裁判官の構成は，例えば，1997年から2003年まで，労働党政権下で大法官を務めたアーヴィン卿によっても批判されていたように，イギリスの裁判制度が抱える深刻な問題の1つである。逆に，2015年に新たに任命された660名の治安判事の内，22パーセントがアフリカ系，アジア系など，マイノリティ出身の人々であったとの調査もある。また，治安判事全体で見ても，2024年4月の時点で，全体の13パーセントがマイノリティの出身で，全人口での非白人の比率（18.3パーセント）とそれほど大差はない。上級裁判所の裁判官のほとんどがエリート，富裕層で占められている中，治安判事の制度によって，バランスを取っているようにも見える。

　陪審員に大きな権限を与えることの背景には，次に見るような，陪審制の歴史やそれを支える法思想がある。その一方で，重大な刑事裁判における事実認定を一般市民である陪審員に委ねることも，素人裁判官＝治安判事の制度と同様に，イギリスの裁判，司法にバランスを与える役割を果たしているといえるだろう。陪審制は，裁判官というエリートに牽引されているイギリス法に一般市民の感覚をもちこむことで，イギリスの法システムにバランスをもたらす役割も果たしているのである。

2　「自由の灯火」としての陪審制

（1）陪審制をめぐる歴史と法思想

　イギリスの陪審裁判の特徴として，重大な刑事裁判における事実認定を排他的に陪審員に委ねることとともに，陪審員が，判決理由を示す必要がないことを挙げることができる。陪審は，有罪，あるいは無罪という評決に理由を付ける必要がなく，よって，事実についての法適用の誤りがあるという理由で上訴の対象とされることはない（例外として，☞第4章1（1））。これは，「陪審のエ

5　陪審制 109

大 陪 審

　大陪審（grand jury）とは，刑事事件において，起訴に相当する証拠があるか否かを審査する陪審のことである。ブラックストーンは，一般市民から選ばれた陪審員が，裁判官から独立して事実認定を行うこととともに，例えば死刑を科しうる犯罪について，同じく一般市民から選ばれる大陪審による起訴がなければ，そもそも裁判にならないことも高く評価していた。陪審，それから大陪審を，国王の圧力から自由な一般市民に委ねる限り，イングランド人の自由も存続するとまで論じていた。

　ところで，この大陪審は，イギリスの植民地であった時代のアメリカにおいても威力を発揮した。イギリス本国に批判的なアメリカの植民地人を，イギリス本国が犯罪者と見なし，起訴しようとしても，大陪審で起訴されないならば，すぐには裁判にならなかったからである。大陪審は，植民地時代のアメリカにおいて，圧制から人々の自由を守る役割を果たしている。

　なお，大陪審は，イギリスでは1933年に廃止されているが，アメリカでは，独立後，合衆国憲法の第5修正で，死刑を科しうる罪などにおいては，大陪審の判断を経なければならないと規定された。

クイティ（jury equity）」と呼ばれるもので，陪審員は，自ら考える正義に基づいた評決を下すことができる。すなわち，たんにある法律を適用することは正義に反するという根拠で，被告人を無罪にすることも陪審員の権限とされているのである。

　日本の裁判員制度では，裁判員裁判でも判決理由は示されており，それに基づき，控訴審で破棄されるケースもいくつか生じている。判決理由を示すことは，公正な裁判には欠かすことができない当然の制度と考えられているのではないだろうか。一方，イギリスでは，陪審による事実認定の権限は，陪審によって「独占」されているだけでなく，陪審によって「独立」して行使されなければならず，判決理由の公開は，陪審の独立した判断を妨げると考えられている。そして，そのような陪審の独立は，実は，イギリス人の自由を保障するために必要であると考えられてきたのであり，17世紀から18世紀にかけて確立されたものである。

陪審制とイギリス人の自由を結びつけることは，16世紀末から17世紀初めに
活躍し，法の支配の確立にも寄与したエドワード・クック（1552－1634）にも
見ることができる。クックは，13世紀初頭のマグナ・カルタに記されたイギリ
ス人の権利は，古来のものであり，国王といえども遵守しなければならないと
論じていた（☞第6章1（2））。陪審裁判との関係でクックが注目したのが，
「いかなる自由人も，彼の同輩の適法な判決，あるいは国の法によるのでなけ
れば，逮捕あるいは投獄されることはない」というマグナ・カルタの第29条で
あった。クックは，「同輩による判決」を「陪審による評決」と読み替えるこ
とで，陪審裁判を受ける権利も，イギリス人の古来の権利であると主張したと
されている。

　18世紀のウィリアム・ブラックストーン（1723－80）も，陪審制を，マグ
ナ・カルタによって保障されたイギリス人の自由の砦であると定義している。
ブラックストーンは，国王によって任命された裁判官の暴力と不公平さから，
人々の自由を守るために築かれたバリアであると陪審を評していた。ブラック
ストーンによれば，裁判における事実問題の確定が単独の法執行者に委ねられ
たならば，広い範囲において，不公平と不正義がはびこる余地がある。よっ
て，人々の中からくじびきによって選ばれた陪審員が，正義の最良の守り手で
あるのであった。陪審員が関わらないで事実を確定しようとするあらゆる裁判
は，絶対的政府，抑圧的な政府に向けられた一歩であるとブラックストーンは
論じている。

　実際，17世紀前半のイギリスにおいては，逮捕・拘禁された国王に批判的な
政治犯を，陪審員が無罪にするよう試みることもあった。一方，国王は，星室
裁判所という国王よりの裁判所を用いて，証拠に反する評決を下した陪審員を
処罰するなど，専制的な性格をより強めていくことになる。ただ，結果的に，
クックやブラックストーンが強調していたように，陪審が，国王の専制政治の
対極にある自由の擁護者として見なされるようになるとともに，陪審の独立性
を保障する重要性も高まってくる。そして，1670年のブッシェル事件（Bushell's
Case）によって，陪審の独立が確立される。

　ブッシェル事件とは，1670年にクェーカー教徒が治安妨害罪で裁かれた事件

5　陪審制 111

である。この事件で起訴されたクェーカー教徒たちは，確かに数百人にも上る人々を前に街頭演説を行ったのであるが，彼らの集会所は閉鎖されており，やむを得ない面もあった。その裁判で，ブッシェルら陪審員は，無罪の評決を下している。ただ，明白な証拠と裁判所の指示に反したとして，ブッシェルは投獄されて，罰金も課されてしまう。しかしながら，その後，より上級の裁判所であった民訴裁判所（☞第1章1（1））で，改めて判断が下され，ブッシェルを無罪とするとともに，陪審員はその評決によって罰せられることはないとの判断が示されている。陪審の独立，そして，ブラックストーンが述べているような「国王によって任命された裁判官の暴力と不公平さから，人々の自由を守るために築かれたバリア」としての陪審の役割が公式に認められたのであった。

（2）ポンティング事件

もちろん，21世紀のイギリスにおいて，17世紀のような圧制が再現される可能性は極めて低いだろう。しかしながら，陪審の独立性は維持されており，2005年には，当時の最高裁判所の貴族院において，有罪であることが明白であっても，裁判官が陪審に対して有罪評決を下すよう指示してはいけないことが確認された。同時に，陪審員が，法律と証拠に関する裁判官の説示を無視するような無罪評決を自由に下すことができることも確認されたといえるだろう。陪審員は法律の専門家ではないこともあって，先例，そして制定法でさえ無視して，自ら考える正義に基づいた評決を下すことができると考えられているのである。また，すでに触れたように，陪審は判決理由を示す必要がないが，それにより，法的根拠を説明する必要もなくなるため，陪審が，先例や制定法ではなく，自ら考える正義によって評決を下すことは，より容易になるだろう。このような制度によって支えられている陪審のエクイティが，現代のイギリスにおいて最善の形で機能したのが，1985年のポンティング事件（Ponting Case）である。

1982年に，イギリスとアルゼンチンの間で，アルゼンチン沖にあり，イギリスの海外領土の1つのフォークランド諸島をめぐり，領土紛争が起こった。ポンティング事件とは，そのフォークランド紛争時の国防省の機密書類をリーク

した官僚のポンティング氏が，公職守秘法（Official Secrets Act）に違反したとして訴追された事件である。問題となったのは，そのフォークランド紛争の際に，アルゼンチン海軍の巡洋艦ベルグラノ将軍号がイギリス軍の原子力潜水艦による魚雷攻撃で沈没し，360名もの人々が亡くなった事件についての内部文書であった。当時のサッチャー政権は，ベルグラノ将軍号が沈められた際，イギリス人の生命が危険にさらされていたと公式には説明していたが，実際は，侵入禁止海域の外にいて，そのような危険はなかった。ポンティングは，その点を示す機密書類を国会議員に渡し，公職守秘法違反で訴追されたのである。

　ポンティングには，当該の機密書類を第三者に渡す法的権限もなく，また，彼の行動を正当化できる法的根拠もなかった。そして，何よりも，彼が公職守秘法に違反したという事実は明白であった。ただ，陪審は，ポンティングの行為は違法であるという法的な議論よりも，ポンティングがしたことは，道徳的には正しいことであるという陪審の正義，良心を優先し，無罪の評決を下している。そして，この評決は，「陪審の勝利」として現在も賞賛されており，陪審のエクイティのモデルケースとされている。

　このような法律，証拠を無視する陪審の権限は，最近でも何回か行使されているが，抑圧的な法律を阻止するといった性質をもたないものもいくつか散見される。例えば，2008年には，火力発電所の煙突を占拠し，稼動させないようにしたとして，3万ポンド（当時のレートで1ポンド192円とすると，約576万円）の損害を与えたとして刑事訴訟を起された環境運動家の，環境破壊を止めるためだという主張が陪審員に受け入れられ，陪審によって無罪とされている。また，政治色のほとんどない事件でも，陪審のこの権限は用いられているようだ。2009年には，自分のガールフレンドと別れた男性の家族に対して養育費を払うよう度々脅していたナイトクラブの用心棒が，その男性の兄弟に射殺された事件で，無罪評決が下されている。2000年にも，大麻所持で訴追された女性の，多発性硬化症の治療のために用いたという主張が受け入れられ，陪審によって無罪放免とされている。

　上記のような陪審員の判断には，イギリスにおいても批判的な意見はあるが，そもそも判決理由は公開すべきではないかとの意見も，もちろんイギリス

5　陪審制 113

にもある。例えば，控訴院の裁判官も務めたオールド判事は，判決理由があることで，当事者たちは，何故，勝訴，あるいは敗訴したか理解できるし，判決理由が付されたものの方が，そうでないものよりも，より証拠に基づいた評決になるし，さらには，判決理由を明らかにすることで，裁判に対する人々の信頼を高めることができると論じている。また，判決理由を付さないことは，上訴を著しく難しくもしているだろう。日本の法や裁判のあり方から見ると，このことは，憲法第37条1項に記された公開裁判を受ける権利を侵害しているとも考えられる。

　実際，直接にはイギリスの陪審制ではなく，ベルギーの陪審制が問題になった事件であるが，欧州人権裁判所（☞第8章1（1））において，理由の付かない評決の是非についての訴訟が提起されたことがある。あるベルギー人が，元副首相を殺害したとして，ベルギーの陪審で理由を付さない評決により有罪とされていた。有罪決定後，そのベルギー人が，理由を付さない評決による有罪決定は，欧州人権条約第6条に規定された公正な裁判を受ける権利を侵害しているのではないかと訴えたのである。欧州人権裁判所は，2010年に下した判決において，欧州人権条約には，陪審員に理由を付すよう義務づける規定はないが，陪審員の評決がどのような問いに答えているかは明らかにしなければならないと判示した。イギリスは，陪審制を採用しているアイルランドとともに，利害関係を有するものとしてこの裁判に参加し，裁判官の説示によって，陪審員がどのような問いに答えているか，明らかにできているとの意見を述べた。結局，この訴訟の後も，イギリスでは，陪審員の評決に理由が付されるようにはならなかったが，ベルギーでは，この訴訟を契機として陪審制度の改革がなされ，判決理由を付すことが義務づけられるようになっている。

　このように，陪審の独立，陪審のエクイティには様々な批判があるが，この制度を廃止する機運が高まっているわけではない。第2節（1）で概観した歴史的な経緯もあり，たんに法を事実に適用するのではなく，陪審の正義感覚に基づく評決によってこそ，不正，あるいは抑圧的な起訴から国民の自由を守ることができると考えられているのである。ポンティング事件のような形で，政府の専制化を防ぐことができたのは，稀な事例ではあるが，ただ，逆にいう

114

と，陪審の独立，陪審のエクイティがあったからこそ，当時のイギリス政府の秘密主義を暴露できたともいえる。まさに，著名な裁判官のデブリン卿が述べたように，陪審は，イギリス人の自由を保障する灯火なのであった。また，次の法の支配についての章でも触れるが，イギリスには，日本やアメリカのような法令の違憲審査制がない。陪審は，法の適用という最後の段階で，悪法をチェックする役割を果たしているともいえよう。

3　陪審制の限界

（1）民事陪審の減少

　以上，本章では，重い刑事事件においては，陪審が単独で事実認定をすること，判決理由なしの評決を下すことで陪審が自らの正義感に基づいた評決を下すことが可能なことなどを紹介し，その背景についても説明してきた。日本の私たちから見ると，一見不合理な制度であるが，陪審が，イギリスで機能し続けている一番大きな要因は，それによって自由が保障されてきたというイギリスの歴史にある。人々の自由を保障するという機能は，陪審制の最大のメリットであり，存在理由といえるだろう。

　ただ，近年，イギリスでも陪審制に対する批判が高まっており，様々な危機に直面している。本節では民事陪審の減少，陪審員のなり手の減少，それから，重大な刑事事件における陪審裁判を受ける権利の制限といった側面に焦点を当て，イギリスの陪審制の限界について明らかにしたい。

　民事事件における陪審制においても，事実認定を陪審員に委ね，法律の解釈，裁判の進行，それから証拠の取捨・選択は裁判官に委ねられている。ただ，刑事の陪審においては，刑の量定が裁判官に委ねられているのに対して，民事事件においては，損害賠償額の算定も陪審の役割とされている。そして，民事の陪審が減少してきた最大の要因は，その陪審によって損害賠償額が決定されることと大きく関係している。

　イギリスでは，交通事故などの人身傷害（personal injury）で5万ポンドを下回る請求がされているもの，それ以外の訴訟で10万ポンドまでのものは，県裁

5　陪審制　115

判所（County Court）で扱われるが（☞第4章1（1）），そこで陪審が用いられることはほとんどない。一方，上記の額を上回る民事訴訟は，一般的に高等法院（High Court of Justice）で扱われるが，そこでも陪審が用いられるのは非常に少なく，2019年の段階で統計は取られていないようである。歴史的には，民事の陪審も幅広く用いられてきたのだが，1966年の控訴院の決定で，裁判官のみの審理が民事裁判の通常の形であるべきだとされ，それまで陪審で広く扱われていた人身傷害の事件も，事実問題に争いがない場合などは，裁判官のみによって扱われるようになる。さらに，1981年の上級裁判所法は，当事者が権利として陪審裁判を要求しうるものを悪意訴追，不法監禁，詐欺に限定しており，証拠に関して長時間の検討が必要な際や，複雑な証拠がある際などには，裁判官が，陪審なしの裁判を命じることができると定めている。次に見る名誉毀損についても2013年の名誉毀損法で，陪審裁判が認められるかは裁判官の裁量に委ねられることになった。以上の改革により，1933年には50パーセントの民事訴訟が陪審で扱われていたが，現在は1パーセント未満であるといわれている。

　このような民事陪審の減少は，陪審によって法外な損害賠償が認定されることと関係している。特に近年では，文書による名誉毀損（libel）に認められる懲罰的損害賠償の額が問題になっていた。

　1975年から80年にかけて13人を殺害し，ヨークシャー・リッパー（ヨークシャーの切裂き魔）と呼ばれた連続殺人犯の元妻が，連続殺人犯の妻であることを利用して，新聞社に記事を売り込んだと報道したゴシップ紙に対し，1989年に，名誉毀損の賠償として60万ポンド（当時のレートで1億3500万円ほど）をその元妻に支払うよう陪審が命じたことがあった。そのような事態に対処するため，1990年の裁判所と法的サーヴィス法は，陪審の損害賠償の算定額に代えて，妥当な賠償を付与する権限を控訴院に与えている。そして，例えば，著名な歌手のエルトン・ジョンに対する名誉毀損の損害賠償額が，35万ポンドから7万5000ポンドに，同じく，元リバプールのサッカー選手であったグレアム・スーネスに対する賠償額も，控訴院に上訴される前の和解により，75万ポンドから10万ポンドまで減額された（ともに1995年）。ただ，これらの事例は，民事

陪審が機能していないことを示しているとともに，名誉毀損の原告への損害賠償が，例えば交通事故で重大な障害を抱えてしまうといった人身傷害の原告と比べてはるかに高額になる可能性も示しており，民事陪審は，不公平な制度であるとの批判もなされていた。

　この他にも，民事陪審に対する批判として，民事陪審でも判決理由が示されていないこと，民事では複雑な訴訟が多く，陪審員が理解できないものもあること，さらには，陪審の評決や損害賠償の算定が，額が大きいだけでなく予測も難しいこと，陪審員の選出など，陪審制は手間や費用がかかることが挙げられている。国家の抑圧的な法律，訴追から人々の自由を守るという目的をもつ刑事の陪審とは違い，これらの要因が相重なって，民事の陪審は大きく減退した。ただ，近年のイギリスでは，刑事陪審の根幹をも揺るがすような事態が，以下のように生じつつある。

（2）陪審員候補の減少

　日本の裁判員制度では，衆議院議員の選挙権を有する者から18歳以上の裁判員が選ばれている。禁錮以上の刑に処せられた者などは欠格とされており，国の行政機関の幹部職員，自衛官，警察官などは，選ばれることが禁止されている。さらに，裁判官，検察官や弁護士，そして大学の法律学の教授や准教授も，他の裁判員への影響を考えて，裁判員になることが禁止されている。加えて，裁判員になることを辞退できる理由として，「介護又は養育が行われなければ日常生活を営むのに支障がある同居の親族の介護又は養育を行う必要があること」，「その従事する事業における重要な用務であって自らがこれを処理しなければ当該事業に著しい損害が生じるおそれがあるものがあること」（裁判員法第16条）など，事細かに規定されている。

　イギリスの陪審制でも，陪審員の選出方法に関しては，日本の裁判員制度と近い形が，かつては取られていた。すでに触れたように，イギリスでは，18歳以上75歳以下の人で，選挙人名簿に登載されており，13歳以降にイギリスに5年以上居住している人の中から陪審員を選出している。1974年の陪審法は，その中から，一定の有罪判決を受けたものは，陪審員になる資格がないとし，さ

らに，他の陪審員の事実認定や自由な評議が左右されないよう，裁判官や弁護士なども陪審員から除外されていた。

ただ，日本ではまだ深刻な問題にはなっていないが，イギリスでは，陪審員の不足が大きな社会問題になっていた。イギリス内務省の調査によると，1999年には，陪審員の候補として召喚された調査対象の5万人の内，陪審員を務めることができたのは，3分の1ほどに過ぎず，さらにその半数は先送りを願い出て，認められていた。また，残りの3分の2では，13パーセントは資格がないとされたか，医療関係者など，制定法上の免除の権利をもっていた人たちで，15パーセントは当日，出席しなかったか，召喚状が宛先不明で戻ってきていて，38パーセントは，裁判官の裁量により免除されていた。本来必要な陪審員の4倍ほど（ロンドンでは6倍）の人数を呼び出さざるを得ない状況に陥っていたこともあり，陪審中央召喚局（Jury Central Summoning Bureau）も設置されている。

2003年の刑事裁判法（Criminal Justice Act）では，このような陪審員不足に対処するために，いくつかの改革が導入されている。まず，陪審員になることを免除される条件が厳格にされ，陪審員の義務を免除されるのは，近親者の看病などによって1年以内の別の時期に陪審員を務めることができない場合であるというガイドラインが示されている。この点は，日本の裁判員制度と同じような形であるが，意外なのは，それまで不適格とされていた裁判官や弁護士，さらには刑事事件で被告人に厳しい態度を取ることが予想される警察官にも陪審の義務を課したことである（但し，当該事件の逮捕・起訴に関わっている者に知り合いがいる警察官などは除外されている）。裁判官やバリスタやソリシタのみでなく，実務から離れているソリシタや大学の法学部の教員も，陪審員の義務を負うことになっているが，この改革に賛成する立場からは，法律家たちは，周りの陪審員たちに影響を与えないよう，例えば自分の職業を明かさないなど，わきまえて行動するだろうという楽観論も示されている。ただ，第1節（2）で見たような，一般市民の感覚を裁判に反映させるといった陪審制の趣旨からは，離れていくものであるとの批判も根強い。

（3）陪審審理を受ける権利の制限

　2003年の刑事裁判法は，イギリスの（刑事）陪審の歴史を考える上で，非常に大きなもう1つの変更を導入している。重い刑事事件における，被告人の陪審裁判を受ける権利の制限である。ところで日本では，2016年に，九州の暴力団の幹部が殺人未遂罪などに問われた裁判員裁判で，被告人の関係者が複数の裁判員に「よろしく」と声をかけることがあり，判決期日が取り消されたことがある。裁判員法第3条は，裁判員に危害が及ぶ可能性があるような場合，裁判官だけの裁判に変更しなくてはならないと定めているが，上記の事件以降，そのような裁判が増えている（2023年に終結した事件では11件）。実は，イギリスでも，陪審員に対する脅迫は社会問題となっており，2003年の刑事裁判法は，その種の問題に対処するために，陪審裁判を受ける権利を制限することを認めたのであった。ただ，第2節（2）で見たように，刑事陪審を受ける権利が，市民の自由の保障と結びついているイギリスでは，そのような制限がもつ意味合いは，日本とは全く違うものだといえるのではないだろうか。

　2003年の刑事裁判法は，陪審員に対する脅迫など，陪審への干渉（jury tampering）についての現実的な危険がある際は，裁判官は陪審なしの裁判に付すことができると規定している。さらに，陪審員なしで，裁判官によってのみ裁かれた際は，有罪決定に対して，裁判官は判決理由を示す必要があるとも規定した。この規定が2007年に施行された後，実際に陪審なしの刑事裁判が行われたのは2010年であったが，重大な刑事事件の裁判では，1641年以来，実に370年ぶりの出来事であった。

　その事件は，2004年にロンドンのヒースロー空港で起きたもので，武装した強盗が，様々な国の通貨で計175万ポンドを盗んだ罪で起訴されたというものであった。裁判の開始後，2007年には，ある陪審員がストレスを受けたと訴えたこともあり，また，2008年にも，陪審への干渉があったとの主張がなされるなど，計三度，審理が中止になっていた。その結果，もう一度審理を開始しても，同じ結果になる可能性が高いと考えた検察官の，陪審への干渉についての現実的な危険があるとの主張が受け入れられ，2010年に，裁判官のみの裁判が行われることになったのであった。

5　陪審制　119

2010年には，少なくとも後2つの重大な刑事裁判の審理が陪審員なしで行われたとの記録があるが，刑事弁護士協会（Criminal Bar Association）は，これらは，陪審審理を縮小するために打ち込まれたくさびであるとして批判している。上記のヒースロー空港の事件で陪審裁判を維持するならば，80人近くの警察官を配置するなど，様々なレベルで脅迫などから陪審員を守るために，日本円で数億円の費用がかかるという経済的な要因も無視できないものであった。ただ，批判的な法律家たちは，クックによって13世紀のマグナ・カルタでも保障されたものであると主張されていたとして，800年の歴史をもつ陪審裁判を受ける権利は，経済的な側面からは評価できないものではないかと論じている。重大な刑事事件が裁判官のみで裁かれることは，陪審に干渉することで陪審裁判を受ける権利を放棄した者に対する，あくまでも例外的に認められる最後の手段と考えられてはいるようだが，イギリスの陪審制が新たな局面を迎えていることは，確かであろう。

ま　と　め

　本章では，イギリスの重大な刑事裁判においては，事実認定が一般市民から選ばれた陪審員に完全に委ねられていることとともに，陪審員が，判決理由を示すことなく，自らの正義に基づく評決を下せることに焦点を当てた。これらは，日本の裁判に慣れ親しんだ私たちにとっては，不合理，あるいは奇異な制度と感じられるかもしれない。ただ，本章で示したように，前者は，上級裁判所の裁判官やバリスタの多くが富裕層出身である中で，裁判に一般市民の感覚を吹き込むという，イギリスの裁判制度全体における一般市民の役割の大きさによって説明できる。そして，後者に関しては，陪審が，イギリス人の自由を守る役割を果たしてきたという歴史や法思想と合わせて理解することで，その意義は明らかになったのではないだろうか。それとともに本章では，陪審員候補の減少，さらには，重大な刑事事件における陪審裁判を受ける権利の制限など，イギリスの陪審制が直面している危機についても紹介した。
　このようなイギリスの陪審制の歴史や法思想，あるいは現在直面している限

イギリスのテレビドラマと陪審制

アメリカの映画では、陪審制がよく取り上げられている。有名な「12人の怒れる男」(1957年) の他にも、「評決」(1982年)、「評決のとき」(1996年)、「レインメーカー」(1997年) など名作が揃っている。

一方、イギリスにも、バリスタや裁判官、そして陪審を扱った優れたドラマがある。例えば、「Silk 王室弁護士マーサ・コステロ」は、女性のバリスタが主役のBBCのドラマである。日本でも放映されたエピソードの1つでは、本章でも扱った「陪審のエクイティ」の場面が出てくる。マフィアのボスの命令により、一般市民を傷つけた心優しい部下は、事実関係を認めつつ、マーサの助言もあって、ボスの報復を恐れ、やむを得なかったと主張する。ただ、テロ組織などに自らの意思で入ったものは、命令違反の際の報復の恐れを弁護に用いることはできないという先例があったため、マーサは、陪審員の良心に訴えかける最終弁論をする。その結果、陪審員は、先例に反した無罪評決を下すのであった。

また、「判事ディード——法の聖域」もBBCのドラマで、日本でも放映されたものであるが、こちらの主役は裁判官である。そして、本章で扱った陪審に対する脅迫を主題とするエピソードもある。度重なる被告人の仲間たちの脅迫により、陪審員が次々と辞めてしまい、裁判官だけの裁判になりそうになる。しかし、陪審裁判の意義を強く信じるディードは、辞めそうになった陪審員を説得し、陪審裁判を維持することに成功する。特に、陪審制が市民の自由にとって不可欠であるというディードら裁判官たちのせりふは印象的である。

これらのドラマは、イギリスの陪審制、裁判制度、法律家たちの様子を、かなり現実に即して伝えてくれている(前者はDVDが販売されていて、Amazonプライムでも提供されているようである (2025年1月現在))。機会があれば、是非、観てほしい。なお、上で挙げたアメリカの映画では、「評決のとき」が陪審のエクイティ、「レインメーカー」が懲罰的損害賠償(☞第2章2(2))について、そして、「評決」が、その双方を扱ったものになっている。

数多くの有名な陪審審理が行われたロンドンの刑事法院。オールドベイリー (Old Bailey) と呼ばれ、イギリスの法廷ドラマにも度々登場する。

撮影：戒能通弘

界などから，私たちは多くのことを学べるのではないだろうか。裁判員制度については，その発足当初から様々な批判が向けられ，憲法違反ではないかとの訴えもなされていたが，2011年の最高裁判決で合憲であるとの決定が全員一致で下されている。ただ，裁判への半ば強制的な参加は，「意に反する苦役」（日本国憲法第18条）であるとの主張も根強くあり，裁判員制度を存続させるとするならば，それを支える強固な根拠が必要であろう。その際，裁判官などの公権力をコントロールするというイギリスの陪審制の目的は，示唆的ではないだろうか。逆に，例えば，裁判員裁判の判決が上訴審で覆されることを批判し，むしろ上訴を禁止すべきではないかと，アメリカ，そしてイギリスの陪審制を参照するような議論もある。このような議論に対しては，イギリスにおける陪審の役割の大きさは，その歴史によって培われてきたものであり，日本で直ちになじむものではないと指摘することも可能であろう。

ブックガイド

①パトリック・デブリン（内田一郎訳）『イギリスの陪審裁判——回想のアダムズ医師事件』（早稲田大学出版部，1990年）

　痛みを和らげるため，大量の薬を投与していたアダムズ医師の患者が連続して死亡し，オールドベイリーで陪審裁判にかけられた。本書は，その裁判を担当したデブリン判事の事件についての回顧録である。裁判官の目から，開始から終了まで，陪審裁判の様子が事細かに記されている。なお，デブリン卿は，勅選弁護士，控訴院の裁判官を経て，1961年には，常任上訴貴族（当時の最高裁判所裁判官）になった，20世紀半ばのイギリスを代表する裁判官，法律家である。

②鯰越溢弘編『陪審制度を巡る諸問題』（現代人文社，1997年）

　2003年の刑事裁判法で陪審制が大きく変わる以前に執筆されたものではあるが，陪審裁判の歴史や実際の姿，そのメリットやデメリット，さらには陪審のエクイティといった陪審制の特徴について，多数のイギリスの研究者などにより，多角的に論じられている。イギリスの陪審員向けパンフレットの翻訳なども収録されている。

③関良徳「裁判員制度は廃止すべきか？」，瀧川裕英編『問いかける法哲学』（法律文化社，2016年）

　裁判員制度の実施後の状況を踏まえつつ，裁判員制度について，法思想，法哲学の観点から考察している。裁判員制度に対する賛成論，反対論を分析した上で，裁判員制度を正当化する議論として，共和主義や自由主義に基づくものを検討してい

る。法制度をめぐる議論に対して，法思想や法哲学がどのような役割を果たすことができるか，分かりやすく示されている。なお，裁判員制度が開始されてから，2019年に10年，2024年に15年が経過しているが，2019年前後には制度開始10年を記念して様々なシンポジウムが開始された。牧野茂・大城聡・飯考行編『裁判員制度の10年——市民参加の意義と展望』（日本評論社，2020年）は，研究者の他に弁護士や新聞記者，映画監督なども参加したシンポジウム，一橋大学刑事法部門編（葛野尋之編集代表）『裁判員裁判の現在——その10年の成果と課題』（現代人文社，2021年）は，刑法学者を中心としたシンポジウムを基にした著書である。両書とも裁判員制度の意義や影響を多面的に考察している。

6　法 の 支 配

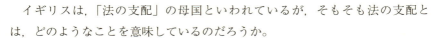

　イギリスは，「法の支配」の母国といわれているが，そもそも法の支配とは，どのようなことを意味しているのだろうか。

　法の支配の意義は，それを「法治主義」と比較して見ると，ある程度，明らかになる。一般的に，法治主義とは，法律によって統治することを意味しており，専制的な政治とも両立しうるものである。一方，法の支配とは，法によって恣意的な権力の行使を抑えることであり，文字通り，「人」ではなく，「法」が支配することを指している。周知のように，日本国憲法では，国務大臣，国会議員などが，「憲法を尊重し擁護する義務を負ふ」（第99条）と規定されているとともに，裁判官による違憲審査権も制度化されており，法治主義ではなく，法の支配が明白に目指されている。

　イギリスの法の支配のあり方は，極めて独特であって，その歴史的背景を理解することが重要である。法の支配の原点とされる13世紀のマグナ・カルタが，当時のジョン王（在位：1199-1216）の圧制を抑えることを目的としていたように，イギリスでは，まず，国王に対して法の支配を及ぼすことが試みられた。第1節では，そのマグナ・カルタについて説明した後，国王の圧制が顕著になってきた17世紀前半のイギリスの法の支配の議論を，エドワード・クック（1552-1634）の法思想に焦点を当てて説明したい。クックは，イギリスのみでなく，世界的にも法の支配のシンボルとされる著名な法律家である。

　クックらの努力は，1628年の権利請願（Petition of Right），さらに，1689年の権利章典（Bill of Rights）に結実するが，その結果，国王単独の課税や立法が禁止され，議会主権が確立する。ただ，マグナ・カルタや権利章典は，通常の議会制定法と同じ重みしかもっていなかったため，議会によって廃止することも

可能であった。第2節では，議会主権が確立した後の，ジェレミー・ベンサム（1748-1832）による法の支配に関する議論を紹介するが，そこでは，議会がいかなる立法も制定できるようになった中で，世論や選挙によってその暴走，恣意的な権力の行使を抑える試みがなされている。最後に，第3節では，ベンサムの法の支配の議論を発展させた19世紀後半のアルバート・ヴェン・ダイシー（1835-1922）の法の支配論と，1998年人権法（Human Rights Act 1998）制定後の，イギリスにおける法の支配のあり方に触れる。現代に至るまで，イギリスの法の支配は，成文の憲法典，違憲審査制を軸とする日本のものとは大きく異なったものになっている。

1 マグナ・カルタとエドワード・クック

（1）マグナ・カルタ

1215年のマグナ・カルタ（Magna Carta＝大憲章の意）は，イギリスのみではなく，アメリカの憲法典にも影響を与えたといわれており，法の支配の理念を生み出した極めて重要な文書である。2015年6月15日には，それが調印された地であるロンドン西郊のラニーミードにおいて，エリザベス女王，当時のデイヴィッド・キャメロン首相などが出席して，マグナ・カルタ制定800周年の記念式典が開催され，キャメロンは，マグナ・カルタが「世界を変えた」と強調した。

そのマグナ・カルタの一方の当事者は，ロビン・フッドの伝説にも登場するジョン王である（2010年の映画「ロビン・フッド」にも登場した。ちなみにこの映画では，マグナ・カルタも主題になっている）。元々，フランスの貴族の家系であったジョン王の時代には，フランスにおける領土の多くを失っており，それを取り戻すために，イギリスの人々に重税を課そうとしていた。それに対して，諸侯などが反乱を起こし，内戦寸前の状態にまで至ったが，フランスのフィリップ2世の侵攻を恐れたジョン王が，諸侯などの要求を受け入れて停戦した。その際の国王に対する要求がマグナ・カルタである（☞第1章1（3））。

このような経過を見ると，マグナ・カルタは，ジョン王とその圧制に抵抗し

6　法の支配　125

た者たちの間の平和条約としての性格を有していた。だが，ジョン王の恣意的な権力行使を抑えることも目的としており，その内容は，後世の法の支配のあり方に非常に大きな影響を与えている。

　例えば，マグナ・カルタの第39条には，「いかなる自由人も，彼の同輩の適法な判決，あるいは国の法によるのでなければ，逮捕あるいは投獄されることはない」と規定されているが，これはデュー・プロセス条項として，後の世界に大きな影響を与えた条項である。アメリカ合衆国憲法を通じて，（それにならった）日本国憲法にも影響を与えているだけでなく，明治憲法の第23条にも，「日本臣民ハ法律ニ依ルニ非スシテ逮捕監禁審問処罰ヲ受クルコトナシ」と同様のことが定められていた。また，国王は，「正義あるいは裁判を，売らず，拒まず，遅延させることもない」と規定しているマグナ・カルタの第40条は，裁判を受ける権利を保障したものである。さらに，第12条や第14条では，課税等には同意が必要であり，そして，その同意を得るには，諸侯や聖職者たちによる大評議会が開催されなければならないと規定されている。これは，議会が政府の予算を最終的に決定する権利である課税同意権の原型といえるものである。

　この1215年のマグナ・カルタは，同意後2ヶ月ほどで無効にされてしまうのだが，1225年にヘンリ3世（在位：1216-72）によって，若干，形を変えて再発布された。その際，上記の第39条と第40条は統合され，新たに第29条として定められたが，この第29条は，今日でも効力をもち，イギリス法の一部となっている。一方，課税同意権に関わる1215年のマグナ・カルタの第12条と第14条は，1225年版ではなくなっているが，1297年に無承諾課税禁止法という法律が制定され，その意義が回復された。そして，このようなマグナ・カルタが最も威力を発揮したのが，次に見るように，国王たちによる専制政治が顕著になってきた17世紀であった。

Key Word　**マグナ・カルタ**

　マグナ・カルタでは，上記の不当な逮捕の禁止，裁判を受ける権利の保障，国王の

徴税権の制限の他にも，教会の自由，都市の自由などが定められている。その原語＝Magna Carta を英訳すると，Great Charter（大憲章）というものであるが，元々は，同時代の別の憲章と区別する意味でそのように名づけられたものであった。また，その法的性格についていうと，ヘンリ3世によって再発布された1225年のマグナ・カルタを確認した1297年の法律は，現行のイギリス最古の制定法の1つとして捉えられている。

　下記（2）で見るように，イギリス人の自由や権利は，この1225年のマグナ・カルタを国王に確認させることによって守られてきた。さらに，このマグナ・カルタの規定を解釈，拡充するような制定法により，イギリス人の自由や権利も拡充されてきた。例えば，最近の研究によると，「いかなる自由人も，彼の同輩の適法な判決，あるいは国の法によるのでなければ，逮捕あるいは投獄されることはない」という第29条では，14世紀半ばの制定法によって「自由人」が「人」に，「同輩の適法な判決，あるいは国の法によるのでなければ」という文言が，「法の適正な手続なしに」と読み替えられている。アメリカ合衆国においてさえも，各州で，アフリカ系アメリカ人の人々を含めた「人」にも一定の権利が保障されるようになったのは，1865年に終結した南北戦争後のことであったことを考えると，マグナ・カルタの先進性は明白であろう。

　なお，本文中でも触れたように，明治憲法の第23条には，マグナ・カルタの影響がうかがえるが，これは，1225年版のマグナ・カルタ第29条を参考にした，井上 毅 による提案とされている。ただ，明治憲法の制定に大きな役割を果たした伊藤博文は，マグナ・カルタを国王と市民の間の対立を象徴するものと見て，天皇制にはそぐわないと判断した。明治憲法の主要な原則は，君主の権限が強かったプロイセン憲法に近いものであり，上述の第23条で定められた権利やその他の人権も，臣民（天皇に支配される者）の権利と位置づけられている。

（2）クックと法の支配

　1603年に，有名なエリザベス1世（在位：1558 - 1603）の後に，独裁色の強いスチュアート朝のジェームズ1世（在位：1603 - 25）が即位すると，国王の専制政治，恣意的な統治が人々の権利や自由を侵害していると強く意識されるようになった。ジェームズ1世以降のスチュアート朝の国王たちは，王の権力は神によって与えられたものであり，国王は神に対してのみ責任をもつという「王権神授説」に基づいた政治を行うようになったのであるが，そのような恣意的な統治，「人の支配」をマグナ・カルタなどに依拠しつつ，「法の支配」に服せ

しめる試みが活発になってくる。

　例えば，1627年のダーネル事件という裁判においては，財政難に窮していた国王から金銭の貸付を強要され，拒否したダーネルら5人が投獄された際に，その投獄の合法性が問題になった。国王側は，国王には絶対的逮捕権なるものがあり，その「特別な命令」により拘禁できると論じていたが，ダーネルらの弁護人は，マグナ・カルタを援用して，このような措置に反対している。すなわち，すでに見たように，マグナ・カルタの第29条（1225年版）には，国の法によらなければ誰も逮捕・投獄されるべきでないと記されていたが，それは，正式な起訴など，法の適正な手続，過程によることを意味しており，国王の特別な命令は，それには該当しないと論じられたのである。

　一方，1606年のベイト事件は，トルコから種なし干しブドウを輸入した商人のジョン・ベイツが，議会の同意なしに国王によって追加された付加税の支払いを拒否して逮捕されたことに端を発した事件である。ベイツ側は，議会の承認なしに間接税を課すことは14世紀の法律に反していると論じていた。ただ，その後，議会の同意のない課税は無効であるという，より一般的な国王の課税権の問題についても，激しい議論が戦わされることになる。その際，課税には議会の同意が必要であると論じた人々は，前項で触れた，1215年のマグナ・カルタ第14条の趣旨を復活させた1297年の無承諾課税禁止法を，1つの論拠としていた。

　以上のような議論の背景には，クックによっても主張された「古来の国制（Ancient Constitution）」論がある。古来の国制論とは，人々の自由を保障しているマグナ・カルタ，それから，第3章で見た，イギリス法の大半を占めていたコモン・ローなどは，時の検証を経ているが故に優れているのであり，国王といえども従わなくてはならないと論じる立場である。例えば，マグナ・カルタは，1225年のヘンリ3世の発布以降も，13世紀には7回ほど国王によって確認され，14世紀のエドワード3世（1327-77）の時代から15世紀のヘンリ5世（1413-22）の時代までには，実に40回以上，議会によってその効力が確認されたとする研究もある。また，イギリス法の基本的な部分を形成しているコモン・ローも，マグナ・カルタと同様に古い歴史をもっていた（☞第1章1

（1））。国王の一時的な判断，「人の支配」ではなく，マグナ・カルタやコモン・ローなど，いわば「時の作品」であった，長い間従われてきた法に基づく「法の支配」の優位が論じられたのである。もちろん，クックは，単に歴史があるというだけでマグナ・カルタやコモン・ローが優れていると論じていた訳ではない。コモン・ローは，裁判官たちによって運用されていた判例法であったが，裁判官たちは，区別，類推といった手法を用いたり，あるいは時代遅れの先例を変更したりすることによって，コモン・ローを社会の変化に応じて発展させていた（☞第3章2（1））。そのように，数え切れない裁判官たちによって鍛え上げられてきたが故に，それは正しく，権威をもつとクックは論じていたのである。

　また，クックは，禁止令状事件（1607年）において，コモン・ローの裁判所と宗教裁判所の管轄権の争いを自ら解決しようとしたジェームズ1世に対して，優れた知識と偉大な才能をもっていることを認めつつも，国王は，イギリス法や，人々の生命，財産，相続などに関する訴訟のあり方を習得している訳ではないので，法律家に任せるべきだと反論していた。ジェームズ1世は，国王こそが最高の裁判官であり，裁判官たちは彼の代理人に過ぎないとして，国王はいつでも裁判所に赴いて判決を下してよいと論じ，上記の宗教裁判所についての制定法の解釈を自ら行おうとした。これに対してクックは，イギリス法は，法律家のみが十全に理解できるものであり，国王といえども，知識の不足により誤審を生み出す可能性があるため，法律家の判断には従わなくてはならないと論じたのである。

　このように，コモン・ローは，長い期間にわたって優れた裁判官，法律家たちによって鍛え上げられてきたが故に最高の権威をもち，国王さえも，それには従わなくてはならない。さらに，そのコモン・ローの内容は，法律を熟知している裁判官，法律家によってのみ明らかにされうるというのが，クックの法の支配の思想のポイントであった。中世の法律家，ブラクトンを引用し，「国王は神と法の下にある」とクックは述べている。

　クックの法の支配の思想，「古来の国制論」は，同時代の裁判官や法律家たちの多くによっても共有されており，さらに，クック自身も含め，多くの法律

6　法の支配　│129

家たちは，庶民院（下院）議員として当時の政治の中枢でも活躍していた。一方，同時代の著名な哲学者であるトマス・ホッブズ（1588 – 1679）にとっては，法律家たちこそが平和を乱す元凶であった。

　クックやホッブズが活躍した17世紀のイギリスは，下記の Key Word でも見るように，戦乱，革命の世が続いていたが，ホッブズは，国王が絶対的権力をもつ絶対王政，「リヴァイアサン」によってこそ，社会は安定し，人々が，死や恐怖とは無縁の安全な生活を送ることができると論じていた。ホッブズによれば，例えば，社会の秩序を守るための軍費を調達するために，国王は人々の同意なしに税を課すことができなければならず，また，国民の安全について責任を負っているため，議会の同意なしには税などを徴収できないとする制定法によって，その職務の遂行を妨害されてはならないとも論じている。これは，すでに見たベイト事件に関連して触れた，無承諾課税禁止法に基づいて同意なしの課税に反対した法律家たちとは正反対の見解である。国王を「法の下」に置こうとしたクックに対して，国王を「法の上」に置くことで，初めて安定した社会が実現するとホッブズは論じていたのであり，必要ならば，すでに見たダーネル事件で争われたような，法の手続に基づかない拘禁も認めていただろう。

　さらにホッブズは，緊急事態に対応し，安定した社会，秩序ある社会を維持するために，国王単独の布令（proclamation）も，議会制定法と同様の効力をもつべきであると論じるとともに，国王に議会の制定法を無視する権限を与えるべきであると論じていた。そして，17世紀以前のイギリスにおいては，実際に，国王がそのような権限を用いることがあった。しかしながら，その内，前者の国王の布令は，クックら，法律家たちの反対もあり，17世紀の初頭以降は用いられなくなっている。また，後者の，国王が議会の制定法を無視する権限に関しては，1602年の独占事件という裁判で争われている。

　この事件は，国内の業者を保護するために，トランプのカードの輸入を禁止していた1463年の制定法をエリザベス 1 世が無視して，ある宮内官に，それを独占的に輸入することを許可したことが問題になった事件である。裁判所は，独占の弊害を列挙してエリザベス 1 世による法律の無視を無効であると判決し

たが，この問題は，国王が議会の法律をそもそも無視できるのかといった問題とも関連していた。より一般的に法律家たちは，「古来の国制論」の立場から，「国王は議会の同意なしには法を作成することも，変更することもできない」ということは，イギリス法，コモン・ローの原則であり，人々によって伝統的に同意されてきたことであるとも論じていたのである。恩赦の権限といった刑法の例外的な適用の免除ではなく，例えば，上述のトランプカードの輸入を禁止する法律の無視など，人々一般の自由や財産を侵害するような形で法律を無視することはできないとも論じられた。

Key Word	リヴァイアサン

『リヴァイアサン』（1651年）はホッブズの代表作であるが，その趣旨を理解するためには，彼が生きた時代のイギリスの政治状況を理解する必要がある。

ホッブズは，1588年の4月に生まれたが，その7月には，カトリック教国のスペインの無敵艦隊が130隻，約1万7000人もの兵を乗せて，プロテスタントの国家となりつつあったイギリスへの侵略を試み，ドーバー海峡まで達していた。2007年の「エリザベス──ゴールデン・エイジ」という映画にも描かれているが，当時のエリザベス1世は運よくその危機を乗り越えた。ただ，そのエリザベス女王の死後，イギリスでは内戦が相次ぐことになる。

まず，1603年のジェームズ1世の即位後，本章でも見たように，国王と，クックに代表される国王の権限を制限しようとする勢力との対立が激しくなるが，その息子のチャールズ1世（在位：1625 - 49）が，クックらの主張を認め，1628年に権利請願を受け入れると，一旦はイギリスにも平穏が訪れる。しかし，その翌年にチャールズ1世は態度を豹変させ，約11年間，議会を全く召集せずに専制政治を行っている。その間，チャールズ1世は，民衆の側に立つピューリタンなど新興の宗教勢力を弾圧している。また，スコットランドの教会をイングランドのものに近づけようという政策にも反発が生じ，叛乱が起きたため，戦費を調達する必要から，1640年に議会を召集した。しかしながら，当然，議会側の反発は強く，国王の権力を大幅に制限しようとするものも出てくる。すると国王を支持する人々と国王に批判的な議会派との間での対立が激化し，内戦が行われるようになった。

結局，この争いは議会派の勝利に終わり，1649年にチャールズ1世が処刑され，共和政府が樹立される（ピューリタン革命）。その中心となったのが，ピューリタンのオリバー・クロムウェル（1599 - 1658）であったが，彼もまた，独裁色を強め，人々の反発が高まっていくと，その死後の1660年に王政復古が実現し，チャールズ2世

（在位：1660 - 85）が即位する。しかしながら，その後継者のジェームズ2世（在位：1685 - 88）が，カトリック教徒を優遇したため，反発した議会が1689年に，権利章典を認めさせた上でプロテスタントのメアリ2世（在位：1689 - 94）とその夫のウィリアム3世（在位：1689 - 1702）を即位させ，ようやくイギリスにも安定が訪れた（名誉革命）。

　ホッブズは，上記の名誉革命の10年ほど前に亡くなっているため，めまぐるしい政変，悲惨な内戦の時代に生涯を過ごしたことになる。そして，このような混乱，「万人の万人に対する闘争」を平定し，人々が安定した生活を取り戻すためには，絶対的な権力をもつ主権者によって支配される国家＝リヴァイアサンが必要であると論じたのであった。同時にホッブズは，クックらの法の支配の議論を，主権者の権力を弱めることで，内戦を誘発すると強く批判している。しかしながら，このような国王の権力を擁護するような議論は，名誉革命で葬り去られることになった。

　実は，ダーネル事件も，ベイト事件も，勝訴したのは国王側であった。ただ，クックら法律家たちとの度重なる政争に敗れたチャールズ1世は，1628年に権利請願（Petition of Right）に同意する。これは，国王の特別な命令など，法の適正な手続によらない逮捕，拘禁は不法であること，議会の同意，制定法がなければ課税できないことなどを定めたものである。また，その後の内乱を経て，ジェームズ2世が退位した後，1689年に権利章典（Bill of Rights）が制定され，国王が議会の同意なくして課税することは不法であることが再度明記されるとともに，国王が法律を無視することも禁止された。主権＝国家の法や政治のあり方を最終的に決める権利は，国王と，貴族院（上院），庶民院（下院）を合わせた「議会における国王（King in Parliament）」にあるとされ，両院の意向を無視して国王単独で決定できる範囲が，大幅に制限されたのである（☞第1章3（2））。

　このように，権利請願，それから権利章典によって，国王が法の手続に基づかず逮捕・拘禁したり，議会の同意なしに課税したり，あるいは，国王が議会の法律があるにもかかわらず，それを無視するといった恣意的な統治に対して，法の支配を及ぼすことが可能になった。イギリスでは，権利章典以降，議会主権の原則が強固なものになっていくが，その議会主権は元々，国王でさえ，議会の法律に代わるものを創ったり，それを無視したりすることはできな

いという国王の恣意的な統治，人の支配に対抗するために生じてきたものであった。ただ，議会主権が確立した後には，議会の恣意的な立法，人々の権利や自由を侵害する立法をどのようにコントロールするかという，法の支配の新しい課題が登場してくる。

2　議会主権と法の支配

（1）議会主権の原則

　イギリスにおける議会主権と法の支配の原則を考える上で避けて通ることができないのが，クックによって判決されたボナム医師事件（1610年）である。この事件では，王立医師会設置法という法律が問題になったのだが，それは，王立医師会に加入が認められていないものが医療行為をすることを禁止する法律であった。そして，その法律では，王立医師会が非加入者による医療行為があったか否かを判断し，そのような事実があったならば，その者に罰金を科すことができるとともに，その一部を会の収入にすることができることが定められていた。そうすると，この王立医師会は，自らが当事者の一方である審判の裁判官を務め，その自身の決定に基づいて科される罰金を自らの収入とすることが可能となってしまう。このような法律を前にしてクックは，「共通の正しさと理性」に反しているため，裁判所は，そのような法律を無効にできると判決している。

　このクックの判決は，後に，アメリカ合衆国の人々にも影響を与えており，19世紀の初頭に確立し，日本国憲法にも継承された違憲立法審査制の源流の1つとして紹介されることもある。しかしながら，クックの政敵でもあった同時代の法律家に，議会制定法は議会によってのみ覆されるべきであると批判されていた。さらに，第1節で見たように，名誉革命後，1689年の権利章典で議会主権が確立されると，イギリスでは，違憲立法審査制のようなものは，ますます支持されなくなっていく。権利章典は元々，国王による恣意的な統治を防ぐために，議会に主権を与えたのであるが，結果として，議会が不合理な法律を制定することも法的には認められるようになった。

6　法の支配　133

その点は，名誉革命後の18世紀イギリスを代表する法律家であったウィリアム・ブラックストーン（1723‐80）によっても確認されている。裁判官を務めるとともに，オックスフォード大学の教授でもあったブラックストーンは，非常に幅広く読まれたイギリス法の教科書を執筆，公刊しているが，そこでは，イギリスの議会には絶対的で専制的な権力が委ねられていることが明確に述べられている。そして，上述のボナム医師事件を念頭に置きつつ，ある議会制定法が，自らが当事者の一方である訴訟を，その当人が裁くことを認めると定めていても，そのような議会の意図を覆す力をもつ裁判所はないと強調していた。

　本章の冒頭で見たように，現在の日本，あるいはアメリカにおいては，まず，成文の憲法典があり，憲法に反するような議会制定法は，違憲立法審査制に基づき無効にされる。その結果，人々の自由や権利が擁護され，権力をもつ人々の恣意的な支配，「人の支配」ではなく，「法の支配」が実現されているといえる。その一方で，イギリスでは，すでに見たように，違憲立法審査制は根づくことはなかった。また，イギリスには，日本国憲法のような，衆参各院の３分の２以上の議員による発議と国民投票の過半数の賛成といった，改正に厳格な要件が定められている法はない。マグナ・カルタ，権利章典といった，重要な憲法的原則が定められているものも，通常の制定法によって改廃できるものであった。イギリスの憲法は，日本のような「硬性憲法」ではなく，改廃が容易な「軟性憲法」なのである（但し，現在は異なった説明もなされている。☞第８章３（２）Topics「EU 法の痕跡」）。実際，1225年のマグナ・カルタを確認した1297年の法律は37ヶ条から成っていたが，古い時代に制定されたということもあり，例えば1863年には，法改正法という制定法によって17もの条項が廃止されている。そして，現在でも法的効力を有しているマグナ・カルタの規定は，３ヶ条のみである。

　名誉革命後の1689年の権利章典によって，国王の権限は大幅に制限されたことについては，本章でもすでに触れている。その名誉革命によって即位したウィリアム３世を継いだアン女王（在位：1702‐14）に後継がいなかったため，1714年に，ジェームズ１世の曾孫であったジョージ１世（在位：1714‐27）が国

王として迎えられた。そのジョージ1世は，ドイツの有力な家系の出身で英語が苦手であったため，首相のロバート・ウォルポール（1676 - 1745）を中心とする内閣に，行政を委ねるようになった。それ以降，元々は国王に任免され，国王に助言する機関であった内閣が，行政の実権を握るようになる（君臨すれども統治せず）。また，そのウォルポールが，国王に慰留されながらも，議会の支持を失って辞職したことにより，内閣は，国王に対してではなく議会に対して責任を負うという議院内閣制が確立する（☞第1章3（2））。前節で見たように，イギリスでは，国王と，貴族院，庶民院を合わせた「議会における国王」が主権をもつとされていて，現在も，法律が成立するためには国王の裁可（同意）が必要とされているが，その「同意」も，18世紀前半以降，第3節のKey Wordで見るように，形式的なもの，儀礼的なものになっていく。こうして，内閣が，議会の協力を得ながら，議会の立法を通じて統治するという現代のイギリス政治の基礎が出来上がったのである。ただ，問題は，その議会の立法を法的にコントロールする法や機関がどこにもなかったということであった。

　イギリスの議会を法的に制約するものがないことで最も大きな苦難を受けたのは，独立する前のアメリカ植民地の人々であったといえる（☞第2章2（2））。アメリカの植民地は，1783年に独立するまではイギリスの一部であり，イギリスの議会は，植民地の人々に向けて数多くの法律を制定している。この中には，悪法と呼べるものも数多くあったが，その代表的なものが，グレンビル内閣によって導入された1765年の印紙税法（Stamp Act）である。それは，新聞，パンフレット，証券類，さらにトランプなどに印紙を貼ることを定めた法律であり，例えば新聞を買う際にも，多額の税金を本国に支払うことになる過酷な法律であった。新聞やパンフレットにも課税しているため，この法律は，出版の自由を侵害しているものでもあったが，アメリカ植民地の人々が，最も問題視していたのは，自分たちの代表がイギリス議会にいないにもかかわらず，課税されたことであった。第1節（1）で見たように，課税する際に人々の同意が必要なことは，1215年のマグナ・カルタにも記されていたし，権利請願や権利章典でも確認されていたイギリスの重要な憲法的原則であっ

6　法の支配　135

た。しかしながら、イギリスの内閣、議会は、議会主権を盾にして、植民地の人々の主張を退けたため、彼らは、「代表なければ課税なし」というスローガンの下に抗議活動を活発化させ、やがて独立革命へと突き進んでいったのであった。

当時のイギリスのように、議会に対する法的な制約がない中で、内閣、議会の恣意的な行政、立法から人々の自由や権利を守り、法の支配を維持するためにはどのような手立てがあるのだろうか。そのような課題に取り組んだのが、18世紀後半から19世紀前半にかけて活躍したベンサムである。次に、このベンサムによる法の支配の議論を紹介したい。

（2）ベンサムの法の支配の議論

ベンサムは、裁判官によって運用されるコモン・ローではなく、議会の立法によって、法は定められるべきであると論じていた（☞第3章3（3）Key Word）。さらにベンサムは、名誉革命以降の伝統に沿って、違憲立法審査制を批判するとともに、議会を法的に拘束することはできないとも論じている。ただ、ベンサムは、恣意的な行政、立法から人々を守るための制度を構想していた。

ベンサムはまず、立法、行政、司法など、すべての種類の政府の行動は、市民によって監視されなければならないと論じている。ベンサムは、内閣や議会が恣意的に権力を行使するのは、人々による監視が不足しているからだと考えたのである。その際、ベンサムが重視していたのが、世論と新聞の役割である。

ベンサムは、「世論法廷（public opinion tribunal）」という構想をもっていた。そして、一般的な裁判所と同じような機能をその世論法廷にもたせようとしたが、そこでは以下のように、新聞が重要な役割を果たすことになっていた。まず、行政や立法の恣意的な権力行使によって被害を受けたと考える人は、そのことを新聞に告発するが、新聞の編集者は、記者から情報を受け取り、関係している当事者の主張を新聞誌上に掲載する。そして、もし新聞に告発した人の訴えが正当であると編集者が考えるならば、新聞誌上にその旨も記されることになり、訴えられた役人、議員などの評判が大幅に落ちることになる。そし

て，このようにして悪行を明らかにされた役人や議員たちは，世論法廷の制裁を受けるとベンサムは論じている。具体的にはベンサムは，議会の議員が，毎年選挙されるような選挙制度を提唱しており，当選後も，選挙区の有権者の過半数の賛成でリコールされるような制度を構想していた。さらにベンサムは，首相，大臣，裁判官などもリコールの対象とすることを構想していたが，それによって，例えば，人々の権利や自由を侵害するような法律が制定されることが防がれると考えていたのである。

　もちろん，ベンサムのこのような構想には，新聞，あるいは世論の能力を過信しているという批判があり，また，ベンサムと同時代の著名な思想家のジョン・ステュアート・ミル（1806 - 73）は，多数者が少数者の権利を侵害する「多数者の専制」の危険性を指摘していた。ただ，日本のような，改正が極めて難しい硬性憲法をもたず，違憲立法審査制ももたないイギリスにおいては，内閣や議会が，重大な憲法原則を含む法を覆さないように選挙や世論によってコントロールすることで，間接的に法の支配を維持するという考え方は，極めて有効なものであった。次節で見る19世紀後半のダイシーも，同じような考えをもっていた。

3　現代イギリスの法の支配——ダイシーと1998年人権法

（1）ダイシーの法の支配論

　日本のような憲法典がある国でも，憲法が具体的には何を定めているかを知るためには，六法全書を見るだけでは不十分で，教科書などで学ぶ必要があるだろう。イギリスにおいては，そもそも日本の憲法典のようなまとまったものがないため，憲法の原則を理解するためには，教科書や研究書などが，より一層重視されていた。オックスフォード大学の教授であったダイシーの『憲法序説』（1885年）は，その中でもイギリス憲法学の古典とされているもので，イギリスの法の支配の原則の特徴を記した部分は，現在でも度々参照されている。

　さて，ダイシーは，『憲法序説』第2部「法の支配」において，イギリスにおける法の支配の特徴として以下の3点を挙げている。すなわち，まず，①通

常の裁判所，合法な手続で確認された法の違反の場合以外は，何人も罰せられ
ず，不利益を受けないというものである。ダイシーによると，イギリス人は，
法によってのみ処罰されるのであり，法を無視して，政府の人間などによって
恣意的に処罰されることがないため，法が支配しているといえるのであった。
次にダイシーは，②すべての人々が通常の法，通常の裁判所の裁判権に服する
ことを挙げ，フランスなどにあった行政裁判所に当たるものが，イギリスには
ないことを強調している。行政裁判所がある国では，公務員が特別な機関で裁
かれることになり，また，一般の市民が従っている法が，公務員には適用され
ない可能性が生じることをダイシーは問題視したのであった。さらに，ダイ
シーは，③憲法の一般原則は，私人に関する裁判所の判決の結果であるという
点も，イギリスの法の支配の特徴として挙げているが，この点については，若
干の説明が必要であろう。

　第1節（2）で見たように，イギリスでは，憲法上の原則が関係するような
形で，数多くの裁判がなされている。例えば，そこでも見た1627年のダーネル
事件では，国王の逮捕権が問題となり，弁護側は，マグナ・カルタの第29条に
依拠しながら，法の適正な手続によってのみ，逮捕・拘禁されうると論じてい
た。この裁判で弁護側は敗れてしまうが，弁護側の主張は，1628年の権利請願
に反映されている。また，上記のダイシーが挙げた②の特徴とも関係している
が，1765年の判決では，政府機関による職権濫用の被害者から提起された民事
訴訟において，政府の人間であっても，通常の法や裁判に服さなければならな
いことが確立されている。このように，イギリスの重要な憲法原則が，マグ
ナ・カルタ，権利章典といった制定法とともに，裁判所の数多くの判決の中に
含まれていることをダイシーは述べているのである。

　ただ，ダイシーは，イギリス憲法の特徴として，議会主権の原則を挙げてお
り（☞第1章3（2）），たとえ悪法であっても，議会の制定法であるならば，
裁判所はそれを適用しなければならないと論じている。そうすると，極端な例
ではあるが，議会が法の適正手続を保障しているマグナ・カルタの第29条を廃
止することさえ可能になってくる。

　しかしながら，ダイシーは，前節の最後で見たベンサムと同じように，議会

は選挙民によってコントロールされると論じている。イギリスでは1832年（都市の中流階級），1867年（都市労働者），1884年（農業労働者）と選挙権が拡大していくが，議会主権には，選挙民によって作られる外的限界があり，落選を恐れる議員たちが，どんな悪法でも制定できるわけではないのであった。また，ダイシーは，必ずしも法律ではないが，慣習として守られている習律（constitutional convention）の存在に注目する。詳しくは次の Key Word で説明しているが，イギリスの憲法が関わる事柄の多くは，この習律によって規律されている。そしてダイシーによると，例えば，「貴族院と庶民院の意見が相違する際は，庶民院の意向が優先される」「議会は，その任務を遂行するために，年1回は召集されなければならない」という習律が慣習的に従われていた。その際，ダイシーは，「議会と国民の間の意見に相違が生じている，あるいはそう推定されうる際は，議会が解散されることが要請される」という習律も，イギリスにはあると指摘していた。例えば，憲法の根本原則を変更するような制定法を内閣や議会が創り，国民がそれに強い反感を抱くような場合は，国民に信を問うことが，イギリスでは慣習，習律になっていたといえよう。

| Key Word | **イギリス憲法と習律** |

　イギリスの憲法を構成するものとして，制定法，裁判所の判決（コモン・ロー），国王大権，そして，習律を挙げることができる。制定法について言うと，例えば，法律の成立時の衆参両院の関係を定めている日本国憲法第59条2項に該当するものとして，1949年の議会法（☞第1章3（2））を挙げることができ，基本的人権を保障している日本国憲法第3章の基本的人権の諸規定に対応しているのも，同じく制定法の1998年人権法（☞第8章1（2））である。また，ダイシーが述べていたように，裁判所の判決（コモン・ロー）にも憲法的な原則が含まれている（☞本章3（1））。イギリスの憲法は「不文憲法」であると言われることがあるが，オックスフォード大学の憲法学者のニコラス・バーバーによると，制定法は成文法であるし，裁判所の判決も判例集に収められているため，やや誤解を招く表現である。ただ，特に習律については，憲法に関わる機関や人々の間の慣習であり，それを守るべきであるという人々の信念に基づいていて基本的に不文のものである（但し，一部は成文化されている）。

6　法の支配　139

習律は，国王大権と関連させると理解しやすい。その国王大権とは，中世以来，歴史的に国王が保有していた権力である。国王は元々すべての権力の源泉であったが，議会の制定法や習律によってその範囲は狭められてきた。まず，本章1（2）でも見たように，1689年の権利章典によって，国王が元々持っていたと主張された課税権や法律の無視などの国王大権が制定法によって廃止されている。また，第1章3（2）でも見たように，18世紀のジョージ1世以降，内閣が一定の国王大権を代理して行使する実践が生じ，その実践が慣習となり，今日まで続いている。例えば，条約の締結などについては国王がほとんど関与しなくなっていったのであるが，慣習，習律によって国王大権・執行権を行使する権力が，国王から内閣に移っていったと説明されている。

　現在も国王によって行使されている国王大権としては，法案の裁可権，首相や大臣の任命などがあるが，これらも習律によって国王の裁量がほとんどないものとされた。イギリスでは，法律が成立するためには国王の裁可（同意）が必要とされていて（☞本章2（1）），1708年にはアン女王が，スコットランド民兵法案への裁可を拒否している。しかしそれが，国王が裁可を拒否した最後の例であり，その後は，裁可を拒否しないことが慣習，習律になっていった。同様に，首相以外の大臣の任命も国王大権によって行われているが，その際は，首相の助言（首相が提出する閣僚のリスト）に基づいて任命されている。同様に，叙勲など，多くの国王大権は，首相，ないしは大臣の助言に基づいて行使されるようになっている。一方，首相の任命については，総選挙の結果，庶民院で多数派の政党のリーダーを任命する実践が定着し，習律になっている。

　以上の習律は制定法やコモン・ローとは違い，裁判所で強制されることはないが，違反した場合は法による以外の制裁が加えられている。例えば，「それと知りつつ議会を欺いた大臣は，首相に辞表を提出することが求められる。」という習律があるのだが，2018年には，移民政策に関して意図して虚偽の説明をしたと報道された内務大臣が，その習律に違反したとして辞任を余儀なくされた。習律は法ではないが，強力な制裁が伴っていると考えられているのである。また，習律は，関係する人々が習律そのものだけでなく，その根拠にも従っていることが重要である。例えばヴィクトリア女王（在位：1837 - 1901）は，四度にわたって首相を務めたウィリアム・グラッドストーン（1809 - 98）を毛嫌いしていたと言われている。ただ，19世紀に選挙法改革が進んで（☞第1章3（2）），民意を反映することの重要性が高まっていたため，庶民院で多数派の政党のリーダーを任命するという上記の習律に従い，各選挙の結果，庶民院の多数派から信任を得ることができた自由党のリーダーのグラッドストーンを首相に任命している。

　このようにイギリスでは，習律によって，国王大権の行使が制限され，内閣の暴走

140

も抑えられてきた。また，上記でダイシーが述べていたように，議会の暴走も習律によって抑制されてきたと言えるだろう。

　なお，ダイシーは，上記の法の支配の特徴の③と関連して，イギリスでは，憲法的準則が数多くの具体的な判決の中に含まれているため，それらを議会が一挙に廃止することは難しいだろうとも論じていた。フランスのように，人々の権利が成文の憲法典に根拠をもつとすれば，その保障が停止されてしまえば，人々はすべての権利を奪われてしまうが，イギリスでは，例えば，不当な逮捕，拘禁を防ぐ人身保護令状（☞第1章2（2））の発給を保障した人身保護法といった重要な法律が停止されるとしても，イギリス人は，それ以外のほぼすべての基本的な権利を享受できるだろうとも論じていた。

（2）1998年人権法

　イギリスでは20世紀になっても，議会が基本的人権を侵害することを違憲立法審査制などの法的手段によって直接防ぐことはなされていなかった。ベンサムやダイシーが論じていたように，世論，選挙，あるいは習律によって権力の濫用を防ぎ，間接的に法の支配を維持するよう試みられていたのである。

　ただ，議会の制定法の数の増加もあり，例えば，1970年代には，緊急事態であったとはいえ，法案が提出されてから1ヶ月も経たないうちにテロに関する法律が成立するなど，十分な審議時間が取れない中，人権侵害を伴うような重大な法律が成立するという事態も生じてくる。また，イギリスは，1951年に欧州人権条約を批准し，1966年以降は，その条約に反する疑いのある公権力による人権侵害事件が生じた際，フランスにある欧州人権裁判所にイギリス市民が訴えを提起することができるようになった（☞第8章1（1））。そして，特に1980年代以降，政府の施策のいくつかが欧州人権条約に違反すると判示されたこともあり，より効果的な人権保障の制度の導入が求められることになる。

　そこで，1998年に，欧州人権条約を国内法化し，国内の裁判所でも適用できるようにした人権法が制定された。ただ，欧州人権条約に反する制定法についてイギリスの裁判所ができることは，「不適合を宣言すること」（第4条2項）

6　法の支配 141

で，当該法律を修正するか否かは議会に委ねられている（☞第8章1（2））。議会主権の原則が維持された形になっているが，人権法に反すると判決された制定法を修正しなければ，当然，世論の批判を浴びるであろうし，選挙にも不利になるだろう。間接的な方法によって，現代のイギリスにおいても，法の支配が維持されているといえるだろう。

ま　と　め

　本章では，17世紀から現在に至るまでの，イギリスにおける法の支配のあり方について説明してきた。イギリスでは，国王の専制政治，恣意的な権力行使を，どのように法によってコントロールするかが，まず課題となっており，クックなどにより，マグナ・カルタやコモン・ローに基づく議論が展開された。そして，1689年の権利章典によって，国王単独で立法行為をなすこと，課税することはできず，議会の同意が必要であるという原則が確立し，国王に対する法の支配が完成する。ただ，その後，議会を法的に制約することができなくなり，内閣や議会の恣意的な権力行使から，どのようにして，人々の自由や権利を守るのかが問題となってきた。その際は，ベンサムやダイシーが論じていたように，世論，選挙，そして習律などで議会をコントロールし，重要な憲法的原則を守らせることで，間接的に法の支配を維持することが目指されていた。このような法の支配のあり方は，1998年人権法制定後の現在でも見られるものである。

　このように，イギリスの法の支配は，日本国憲法という硬性憲法をもち，裁判官による違憲立法審査制によって直接，法の支配が維持されている日本とは大きく異なっている。ただ，日本において憲法改正が現実的になった場合，次のことを考えてほしい。①イギリスと同じく議会の多数派が内閣を組織する日本において，憲法以外に内閣や議会の恣意的な権力をコントロールするものがあるだろうか。また，②かりに憲法という重石が取り去られるとすれば，イギリスのように，内閣や議会を世論，選挙，あるいは習律などでコントロールして，人々の人権や自由を守ることができるだろうか。是非，考えてほしい。

ブックガイド

①高木八尺・末延三次・宮沢俊義編『人権宣言集』(岩波文庫，1957年)

本章で検討したマグナ・カルタ，権利請願，権利章典，それから，アメリカの独立宣言，フランスの人権宣言などの著名なものだけでなく，日本国憲法の第3章「国民の権利及び義務」など，世界の人権保障の規定の原文が収められている。また，解説も充実しており，人権の歴史を学ぶ上で非常に有用である。

②Ａ・Ｖ・ダイシー（伊藤正己・田島裕訳）『憲法序説』(学陽書房，1983年)

本章で扱った議会主権，法の支配，習律といったイギリスの憲法の原則が詳細に検討されており，イギリス憲法学の古典とされている。現在のイギリス憲法を学ぶ上でも必読書とされており，ダイシーの憲法理論を発展させることで，今日のイギリスの憲法上の問題に答えようとしている研究者も数多くいる。

③田島裕『イギリス憲法——議会主権と法の支配』(信山社，2016年)

日本のイギリス法研究者による研究書である。議会主権の原則，法の支配の原理，さらには権力分立といった重要なテーマについて，本書と同様に，法思想にも言及しながら，詳細に検討している。また，EU法の影響も説明されており，近年までのイギリス憲法の全体像を示してくれている。

④戒能通弘編『法の支配のヒストリー』(ナカニシヤ出版，2018年)

本章で説明されたクック，ホッブズ，ブラックストーン，ベンサム，ダイシーの法の支配論について，それぞれの専門家が検討している。さらに，違憲立法審査制を確立させたジョン・マーシャルなど，アメリカにおける法の支配論も考察されている。関心がある読者には，本書第2章で扱ったイギリスとアメリカの法の支配の違いについても，より深く学んでほしい。

⑤深尾裕造編『マグナ・カルタの800年——マグナ・カルタ神話論を越えて』(関西学院大学出版会，2019年)

マグナ・カルタの制定800周年の2015年に開催されたシンポジウムを基にした論文集である。本章でも少し触れた1215年版と1225年版の比較，クックやブラックストーンとマグナ・カルタといったイギリス法史についてだけでなく，明治憲法や現代のイギリス憲法とマグナ・カルタの関係などについての章もあり，800年の軌跡を多面的に学ぶことができる。

6　法の支配　143

7 イングランドの法とスコットランド法

　スコットランドは，グレート・ブリテンおよび北アイルランド連合王国
（UK）の一地域ではあるが，1707年までは独立した１つの王国であった。その
ためスコットランドは，キルトやバグパイプなどの独自の文化だけではなく，
独自の教会・教育制度や紙幣，さらにはイングランドの法を中心とするイギリ
ス法とは異なった固有の法体系をもっている。スコットランド法は「スコット
ランド民族のエトス（民族を特徴づける気風）から発生したものであって，その
代表的なもの」であるとされるのである。そのスコットランド法の大きな特徴
は，イギリス法と同様に，その歴史性にある。スコットランドでも一貫して法
の断絶はなかったし，包括的な法典化も行われなかった。イギリスでは1066年
にアングロ・サクソンからノルマン王朝への革命的な変革があったが（☞第１
章１（１）），スコットランド法はそのような断絶さえも経験せず，ケルト民族
の慣習法に始まって国内外からの様々な影響を受けながら発展し，それらの要
素が混在したものとなっている。関連して，スコットランド法のもう１つの特
徴は，南アフリカ共和国，スリランカなどと並んで，英米法と大陸法という２
つの法体系の間に位置することである。当初スコットランドは隣国のイングラ
ンドの影響の下で法を発展させたが，後には大陸法の強い影響を受けることと
なったためである。

　そのように，スコットランド法がイギリス法やアメリカ法に代表される英米
法と，フランス法やドイツ法などの大陸法という２つの法体系の間に位置する
ということを十分に理解するためには，そもそも，英米法と大陸法の違い（☞
第２章２（１））とともに，後者に大きな影響を与えたローマ法についても理解
する必要があるだろう。英米法が大陸法とは異なった法体系をもつに至った歴

144

史的な理由は，大陸法の場合にはローマ法の継受があったのに対して，イギリス法では全くもしくはほとんどローマ法の影響を受けることがなかったことであった。

　本章の以下では，まず第1節で，大陸法がローマ法の影響を受けることになった経緯や，イギリス法とローマ法の関係を検討し，その後，大陸法との比較におけるイギリス法の特徴を，詳細に説明することとする。その上で，第2節では，スコットランド法の歴史を概観することで，スコットランド法が，英米法と大陸法という2つの法体系の間に位置するようになった経緯を説明するとともに，イギリス法とスコットランド法を比較する。さらに第3節では，現代のスコットランドの裁判のあり方を説明した上で，スコットランド議会の開設，UKからの独立の動きなど，スコットランドの法と政治の新局面についても紹介する。

　なお，本書では，イギリスをイングランドとウェールズ，特に，イングランドを指すものとして用いている。ただ，スコットランドを含めたグレート・ブリテンおよび北アイルランド連合王国をイギリスということも一般的には多い。そこで本章では，特に第2節において，スコットランドと比較する場合，スコットランドとの違いを強調する場合などには，イングランドという表記を用いている。そして，イングランド，スコットランド，ウェールズ，北アイルランドから成る上述の連合王国（United Kingdom）は，序論，第1章や第8章などと同じように，UKと記している。

1　大陸法とイギリス法

（1）大陸法とローマ法

　法学部の学生の必読書であるといわれる『権利のための闘争』の著者である19世紀ドイツの法学者，ルドルフ・フォン・イェーリング（1818-92）は『ローマ法の精神』という書物の序文で，ローマは三度世界を征服した，一度目はその世界帝国（国家の統一）において，二度目はキリスト教の普及（教会の統一）において，そして三度目はローマ法（法の統一）によってと述べている。

ローマ法というと，一般的には，東ローマ帝国ユスティニアヌス王朝の皇帝ユスティニアヌス（在位：527 - 565）が編纂を命じたローマ法大全（市民法大全）を指すことが多い。そのローマ法大全はローマ法の集大成といえるもので，①ハドレアヌス帝（在位：117 - 138）以来の，元首の発する勅法を集めた勅法彙纂，②法学者の学説を集めた学説彙纂，③2世紀に活躍したガイウスの著作を基にした法学の教科書にあたる法学提要，④新しい勅法を集めた新勅法彙纂に分かれる。実は，上記の①〜③が公刊，施行された529〜534年の段階で，ゲルマン諸民族の侵入などによって，すでに東西に分裂していたローマ帝国の内，西ローマ帝国は滅亡（476年）していた。そして，そのゲルマン諸民族は，西ヨーロッパにおいて，自らがもち込んだ慣習法により統治されており，これ以降西ヨーロッパ地域からは，ローマ法の知識，学識，さらにはギリシャ哲学などを受け継いだローマ文明が失われてしまうことになった。しかしながら，他方で東ローマ帝国（395 - 1453）は西ローマ帝国の滅亡後10世紀近く生き延びており，東ローマ帝国（ビザンチン帝国）やアラビアの一部にはローマの文明が保存されていた。

12世紀になって西ヨーロッパで農業技術の発展によって商業が復活し，それに伴い都市が勃興し，知識人も発生して大学が生まれるという12世紀ルネサンスが起こる。ビザンチンや当時のヨーロッパに比べて学術的先進国であったアラビアと西ヨーロッパとの接触が生まれ，東の地域で残されていたギリシャ・ローマの文明が西ヨーロッパで再興したのである。再興の拠点となったのがスペイン，シチリア，北イタリアであり，そこでは，イスラム圏から流入した書物が次々とギリシャ・アラビア語から，知識階級の間の共通言語であったラテン語に翻訳されていった。この学識，知識を基にして，その後ヨーロッパは発展していくが，12世紀ルネサンスはその礎を築いた知的な活動であった。

ローマ法も同様であり，再発見されたローマ法は北イタリアにもち込まれ，研究，教育が行われた。その際，ローマ法研究のメッカとなったのがボローニャ大学であり，12世紀初めにはイルネリウス（1055頃 - 1130頃）がローマ法についての講義を行っている。ボローニャ大学には西ヨーロッパ中から何千人にも及ぶ学生が集まり，数年に及ぶ勉強によって法学の専門的技術を取得し，与

薔薇の名前

　本文で説明されているように，東ローマ帝国＝ビザンチン帝国に残されていたローマ法は，12世紀に西ヨーロッパに再流入している。同時に，西ヨーロッパから失われていた知識，学識であったギリシャ・ローマ哲学も，イスラム圏で再発見された。これらについての書物は，スペイン，シチリア，北イタリアで翻訳された。ギリシャの哲学者のうち，プラトンの思想はキリスト教教義に利用されて西ヨーロッパに残されていたが，アリストテレスの思想は一部を残して失われていた。再発見されたアリストテレスの思想は，当時の神学にも影響を与え，13世紀中頃にはパリ大学で必修科目になっていた。中世の神学においても，プラトンやアリストテレス哲学は，大いに活用されている。

　このような事情を背景として書かれた小説が『薔薇の名前（上・下）』（東京創元社，1990年）であり，中世研究者，文芸評論家でボローニャ大学教授であったウンベルト・エーコによって著された。この小説は聖書分析，中世研究，文芸理論などの要素が複雑に入り組んだミステリーで，舞台はイスラム圏で再発見された書物がギリシャ語やアラビア語から中世ヨーロッパの言語であるラテン語へと翻訳されていた北イタリアのベネディクト修道院である。修道院で行われる重要な会議に先遣された主人公であるバスカヴィルのウィリアムが，修道院で起こったギリシャ語の翻訳を手がけていた修道士や挿絵師の殺人事件を解決するという物語であるが，その修道院で翻訳されたアリストテレスの書物が物語の重要な要素になっていた。そして，教会は財産を捨てて，清貧に甘んじるべきではないかといった，実際にあったキリストの財産をめぐるアヴィニョン教皇庁とフランチェスコ修道会との争い（清貧論争）や異端審問などが絡み合い，知的にエキサイティングな小説となっている。1986年にスコットランド人俳優のショーン・コネリー主演で映画化されているが，映画にも「仕掛け」があり面白い。

　バスカヴィルのウィリアムのモデルは，イギリス出身の，中世後期の著名な哲学者であったオッカムのウィリアム（1285頃 - 1349頃）である。オッカムはフランシスコ会会士であり哲学者でもあった。異端として訴えられ，異端審問のため，フランスのアヴィニョンにあった教皇庁へ召還されたが逃亡し，神聖ローマ帝国皇帝の庇護を受けたという生涯を送った。なお，オッカムは法の基礎は神の絶対意思にあり，神はすべての法を自己の意思に基づいて変更でき，破棄することもできるという，主意主義と呼ばれる考え方に基づく法思想を示している。これは，トマス・アクィナス（1225頃 - 74）による，法は共同体の善を目的とするものであり，神，そして人間の理性に基づいていて，意思ではないとした主知主義に基づくものとは対照的な法思想であった。

えられた論題について討論し，ローマ法のテキストを写本したりした。また，カノン法とも呼ばれた，教会組織内のルールであった教会法も，ローマ法と並んでボローニャ大学で教えられるようになった。そして，学業の修了後に資格を得た学生は本国に戻り，宮廷や都市，あるいは教会における法実務家となり，各国にローマ法をもち込んでいる。もちろん，大陸諸国のローマ法継受の速度は国，時代によって異なっていた。例えば，既存の慣習法が法典化されている地域では継受は緩慢であったが，ドイツではローマ法が積極的に継受されている。ドイツは13世紀からイタリアに学生を送っていたのだが，14世紀半ば頃からプラハ，ウィーン，ハイデルベルグ，ケルン，エルフルトの各大学が設立され，ローマ法などが教えられたのである。さらに，神聖ローマ帝国が支配していた当時のドイツでは，地域間で異なっていた法の統一的な発展のため，その常設の最高裁判所である帝室裁判所が，帝国に共通の法としてローマ法を適用することで，ローマ法の継受が促進された。

なお，ボローニャ大学で研究の対象となったのがローマ法大全，特に学説彙纂であった。ちなみに学説彙纂（Digesta）はラテン語読みでディゲスタであり，ギリシャ語表記ではパンデクテン（Pandectae）となる。学説彙纂が編纂された方式はパンデクテン方式と呼ばれるが，これは例えば民法総則→物権・債権→物権総則→占有権・所有権その他，というように一般的な総則が先に置かれ，その後に個別的な規定を置いて体系化するという方式であり，日本の民法は，ローマ法の包括的継受が行われたドイツを通じて，パンデクテン方式を受け継いでいる。これに対してローマ法大全の法学提要はインスティトゥティオーネス方式体系に基づいていて，総論がなく，法典は人・物・訴訟に分けて編纂されていて，フランス民法典がこの方法によるものである。

（2）イギリス法とローマ法

以上のように，ヨーロッパ大陸の国々では程度の差こそあれ，ローマ法の継受が行われてきたのに対して，イギリス法にはローマ法の影響はほとんど見られない（☞第2章2（1））。ただ，法学教育という面では，イギリスにもローマ法がもち込まれている。1140年代にカンタベリ大司教によってボローニャか

ら招へいされたヴァカリウスが，イギリスに法学教育をもたらしたと考えられているが，彼が行った法学教育はローマ法についてであった。彼が貧しい学生のためにローマ法の重要な法文をまとめた書物は『貧者の書』と呼ばれ，後にはローマ法の講義が行われていたオックスフォード大学で教科書として使用されていた。イギリスの大学では，当初は，ローマ法や教会法についての教育が行われていたのであり，イギリス法自体の講義が始まったのは1758年からであった。イギリスでは，実務家が法曹教育を担うという独自の仕組みが発展し，18世紀後半までは，大学が法律家の養成に関与することはなかったのである（☞第1章1（2））。

　確かに，船舶の衝突等の海事紛争や国際的な性質をもつ紛争を扱わざるを得ない海事裁判所のように，ローマ法に従って訴訟手続が行われ，ローマ法を直接適用する裁判所もあったが，これらの裁判所は常にコモン・ロー裁判所との管轄争いにさらされ，後の時代には，コモン・ロー裁判所に吸収されることになった。一方，宗教改革（☞第1章3（1））前のほとんどの大法官はローマ法・教会法に精通していた聖職者であり，大法官は例えば，信託設定者の財産を管理する受託者の義務や（☞第1章2（2）），未成年者の被後見人の財産を管理する後見人の義務についてのローマ法の理論を参照することができた。また，裁判手続についても，裁判所による積極的な事案の解明や証拠の追究を認める教会法の職権的審問手続の影響を明らかに受けているなど，エクイティはローマ法や教会法の影響を受けやすかったといえる。ただ，トマス・モア（1478 - 1535）以降，コモン・ローの教育を受けた者が大法官となるのが一般的となっていったため，総体としてローマ法や教会法がイギリス法に与えた影響は，希薄であった。

　ノルマン王朝以来，征服王朝であったイギリス国王の力は他のヨーロッパ諸国に比べると相対的に強く，それを背景として中央集権的な国家制度と統一された法体系が創り出されている（☞第1章1（1））。したがって，例えば，（ドイツのように）各地で多様な法が行われている状況を克服し，国家の共通の法を創り出すために，ローマ法を継受する必要などがなかったのだといえる。もちろんイギリス法と大陸法が交わりをもたないということではない。日本の法

7　イングランドの法とスコットランド法　149

は大陸法系に分類されるが，例えば大正期に信託制度の導入を行い，昭和初期にはほんの短い期間ではあったが陪審制が導入されている。また，第二次世界大戦後，憲法をはじめ，刑事訴訟法，社会・経済法など，広い範囲で英米法系のアメリカ法の影響が見られる。

　ただし，わが国の場合，英米法の影響は見られるが，法のあり方が変更された訳ではなく，依然として日本法は，大陸法系に属している。しかし英米法と大陸法という2つの法体系の中間に位置する法をもつ国も存在する。スコットランドがそれにあたるが，スコットランド法については次節で説明するとして，その前に，大陸法との比較において，イギリス法の特徴を見ることにする。

（3）イギリス法と大陸法

　一般にイギリス法と大陸法は，前者では帰納的推論が用いられ，後者においては演繹的な推論が行われるとされる。まずこの点について説明しよう。大陸法の国々では裁判官が判決を下す際に，法的三段論法が用いられる。裁判官はまず扱われている事件に関連する大前提としての法を探し出す。もちろん実際には，裁判官の職業的経験や直感によって関連する法は直ちに判明することになる。次に裁判官は，扱う事件について過去にどのような事実があったのかを再構成し，認定された事実を法にあてはめて，法解釈学では包摂判断とも呼ばれる作業の後に，結論として判決を下す。例えば，「故意または過失により他人の権利を侵害した場合には，発生した損害を賠償しなければならない」という条文に，「Aという人物がBの身体を侵害した」という事実をあてはめて，したがって「Bの身体を侵害したAは発生した損害を賠償しなければならない」という判決を下すのである。これは一般的な原理から個々の命題を導き出すというタイプの推論であり，演繹的推論と呼ぶ。

　それに対してイギリス法の場合には判例法主義が取られているので，裁判官は判決を下す場合，主要な法源である先例を探すことになる。過去に全く同じ事件が発生している場合には先例に従った判決を下せばよい。ところが全く同じ事件が過去にはなかった場合，裁判官は同種の先例を探し，そこからの類推によって判決を下すことになる。その場合，裁判官はまず先例から一般的な原

則を抽出することになるが，これは具体的な事例から一般的な原理を導き出すというタイプの推論で，帰納的推論と呼ばれる。この場合の一般的な原則が，レイシオ・デシデンダイと呼ばれる。その後に裁判官は扱っている事件について，それが重要な点で似ていれば同じように扱う，つまり類推によって先例と同じ扱いをする。以上のようにイギリス法は大陸法とは異なった思考様式が用いられることになる（☞第3章3（2））。

　また，大陸法の国々では，法は発生しうる多様な事態に対処する必要があるため，個々の法規は抽象的・一般的な文言で規定され，その法規はローマ法をもとにして体系化された法典として存在している。それに対して，イギリス法では，そこから一般的な原則が導き出されるとしても，個々の具体的な判例が存在するに過ぎず，体系性に欠けるという点も大陸法との比較でイギリス法の特徴といえるだろう。

　さらに大陸法の国々では個々の法規は「法律要件＋法律効果」という形で規定される。それに対してイギリス法の場合には，具体的な事例から導き出された一般的な原理であるレイシオ・デシデンダイは，よく参照されている理論によると，先例の中の「重要な事実＋法的効果」で表されることになる（☞第3章3（1））。したがって大陸法の国々とイギリスでは法のイメージが異なることになるだろう。大陸法の国々では法は制定法で示された抽象的な準則であるとされ，イギリスでは判例中のより具体的な準則であると捉えられることになる。もちろんイギリスの場合も，具体的な事例から一般的な原理へ高度の抽象化の作業が行われれば，一般的な原理は大陸法の制定法と異ならないものになるだろうが，例えば日本の民法第90条「公の秩序又は善良の風俗に反する事項を目的とする法律行為は，無効とする」のような一般条項は，イギリスでは，あまりにも抽象的であるために法の明確性や予測可能性を阻害するものとして忌避されるだろう。そうであれば，法をより具体的なものと捉える法の見方はイギリス法の特徴であるといえる。したがって，法をより具体的な準則であると捉えるイギリスでは，制定法の起草にあたっても，曖昧さを排除するためにあらゆる可能性を想定した詳細な条文づくりが行われ，その結果，条文は非常に長くなる。さらに，制定法の解釈においても，厳格な文理解釈が原則となっ

7　イングランドの法とスコットランド法　151

ている（☞第3章3（3））。

2　スコットランド法の成立と発展

（1）スコットランドの建国とスコットランド法の成立

　本章冒頭でも触れたように，スコットランド法は，イングランドの法，大陸法双方の影響を受けているが，その点は，スコットランド法の歴史を検討することで明らかになる。以下，スコットランドの歴史をたどりながら，スコットランド法の特徴について説明するとともに，イングランドの法との差異について説明したい。

　紀元5世紀頃，スコットランドには大まかに北にはケルト系ピクト人，北西部にはアイルランドから進出したスコット族がおり，南部にはゲルマン民族のアングル人，ケルト系の土着民族のブリトン人がいた。スコット族のダルリアダ王国とピクト人のオールバ王国の2つの勢力は9世紀中頃に統一され，さらに11世紀初頭にはアングル人，ブリトン人の南部が併合されることによって，現在のスコットランドの領域に近い国家となった。

　UKの地勢図を見ると，イングランド地域は緑だが，スコットランドは茶色であることが分かる。山がちのスコットランド王国は先進国であった隣国のイングランド王国との比較において常に後進国であった。両国は王族の婚姻関係によって結びつきつつ，敵対関係にもあり，スコットランドは先進国であり強力な国家であったイングランドの国内情勢に大きく影響を受けた。イングランドがフランスとの争いにかまけている時にはスコットランドは安泰であり，場合によってはスコットランドがイングランド北部を侵略することもあったが，イングランドが国内整備に向かう時にはスコットランドは，常にイングランドからの侵略の危機にさらされた。スコットランドはイングランドに対抗するために，イングランドと敵対関係にあったフランスと同盟を結ぶことになった。なお，正式な同盟は1295年からであるが，それ以前からスコットランドとフランスは事実上の同盟関係にあったことから，「古い同盟」とも呼ばれている。ここにスコットランドとヨーロッパ大陸の国々の結びつきの起源がある。

152

スクーンの石

　ピクト人とスコット族の統一国家の都はスクーンに置かれた。ケニス1世（在位：839－859）は旧都から「運命の石」を移し，この石の上でダルリアダ・オールバ王国の王として戴冠式を挙げたが，これ以降スコットランドの歴代の国王はこの石の上で冠を受けることとなり，この石は「スクーンの石」または「運命の石」と呼ばれるようになった。

　しかし，13世紀の終わりに，イングランド王エドワード1世（在位：1272－1307）がスコットランド国王の王位継承の争いに介入してスコットランドに攻め入った際に戦利品としてスクーンの石をもちかえってしまった。それ以降，スクーンの石は，イングランドの王室とゆかりが深いロンドンのウェストミンスター寺院の戴冠椅子にはめ込まれて，イングランド国王はこの戴冠椅子で冠を受けるようになった。これが象徴するのは，イングランド国王は同時にスコットランド国王であるとのイングランド国王の主張であるため，スコットランドのナショナリストによるスクーンの石の盗難事件が発生したこともある。

　1996年11月にスクーンの石はスコットランドに返還されエディンバラ城で展示されていたが，2023年5月のチャールズ3世の戴冠式に合わせて一時ウェストミンスター寺院の戴冠椅子に戻された。その後に石はスコットランドに戻り，現在は2024年に新たに設置されたパースの博物館で展示されている。パースは13世紀から15世紀までスコットランド王国の首都であったスクーン近郊の街であり，スクーンの石は約700年の時を経て故郷に戻ったということであろう。

2024年3月に開館したパースの博物館で展示されているスクーンの石。
出典：Jane Barlow / Alamy Stock Photo

　当初スコットランドは，土着のケルト法の素地の上に先進国のイングランドの仕組みを包括的に導入することによって国の仕組みを整えていった。デイヴィッド1世（在位：1124－53）は，ノルマン人貴族や聖職者を招へいし，要職につけることで，遅れていた行政制度を改革した。彼は封建制度を導入し，国璽尚書を始めとする官制を整え，封建領主の下に地方の国王の行政官である

州長官（シェリフ）を派遣し，シェリフ裁判所を地方レベルでの国王裁判所とした。またシェリフの監督や重大な事件は，巡回裁判を行う最高法官（justiciar）によって扱われていた。そして13世紀にはイングランドの強い影響の下でイングランド封建法の影響を受けた法（スコット・ノルマン法）が形成された。なお，裁判の手続＝令状の仕組みも導入され，不動産移転に関する令状の手稿も残されているが，イングランドに比べて簡潔な方式による令状であった。また，イングランドでは令状をもとにコモン・ローが形成されたが（☞第1章1（1）），スコットランドでは訴訟開始令状の仕組みが導入されたものの，16世紀以降には用いられることはなくなっていった。

　スコットランドはイングランドを模範として国の仕組みを整えたが，イングランドのような王国全体に及ぶ中央集権的な国づくりはできなかった。スコットランドでこの時期に国王の影響力が及んだのはスコットランド南東部，いわゆるローランドであったに過ぎず，北西部のハイランドでは氏族（クラン）制度の下で国王を軽視した族長支配が行われていた。さらにイングランドの場合と異なって，スコットランドでは大貴族の力が強力であった。イングランドではいくつかの例外を除いて13世紀の末までには領主たちの封建裁判所は衰退していく。一方，スコットランドでは，大逆罪を除くあらゆる事件についての裁判管轄をもっていた，強力な封建裁判所であったレガリティ裁判所は，18世紀の中頃まで存続していた。スコットランドで国王の権威がスコットランド全域に及び始めるのは，ジェームズ1世として1603年から1625年までイングランドの王も兼ねていたジェームズ6世（在位：1567-1625）以降のことである。

　13世紀の終わりには，スコットランドの王位継承の争いに介入したイングランド王エドワード1世がスコットランドを征服し，1296年から1306年までスコットランド国王が空位になった。このイングランドによるスコットランド支配とそれに続く独立戦争は強いナショナリズムを引き起こし，同盟国であるフランスとの結びつきを強めることとなった。1995年の映画「ブレイブハート」の主人公，ウィリアム・ウォレス（1272頃-1305）が活躍したのは，この時代である。なお，以前の研究では，イングランドによるスコットランド支配によって，スコットランドにおけるイングランドの法を手本とした法の発展が中

154

断し，フランスの影響下でローマ法や教会法が新たな法学発展の基盤となったと説明されていた。イングランドの法との断絶を強調し，それとの継続性を軽視するという，やや民族主義的なこの見方は誇張であって，現在では，スコットランド法はイングランドの法の影響を受けながら継続的に発展してきたのだと考えられている。

　しかしスコットランドに影響を与えたのはイングランドの法だけではなかった。スコットランドは，教会裁判所を通じた教会法，そして教会法とともに学ばれたローマ法の影響を強く受けてきた。ヨーロッパ大陸では，教会法は，専門家によって運用される洗練された法と見なされていたが，スコットランドでも，法律家は，より法技術性の高かった教会裁判所の聖職者であり，世俗の法律家の出現はかなり遅れることになった。そして，教会法とローマ法の訓練を受けた聖職者は教会裁判所だけでなく，世俗の裁判所においても重要な役割を果たしていた。

　詳しくは次項で説明するが，スコットランドで初めての中央裁判所である高等民事裁判所が設置されたとき，15名の裁判官の内，当初は長官を含めて8名が聖職者であった。そのためその手続は教会法，ローマ法の影響を強く受けたものとなったし，現在でも高等民事裁判所の手続や用語には教会法に起源をもつものがある。

　さらに，スコットランドでは，教会裁判所は1559年まで，婚姻や嫡出，遺言，動産の相続，名誉毀損などを管轄としていたため，これらの領域において教会法の影響が見られるし，これ以外の領域でも教会法はスコットランド法に影響を与えている。例えば，イギリスの契約法には約因の法理があるが（☞第3章3（1）Topics），スコットランドには存在しない。17世紀の著名な法律家であるステア卿（1619-95）によれば，教会法では熟慮の上で結ばれた真意の契約はそれ自体で拘束力をもつとされているため，その影響を受けたスコットランドでは，契約が法的に拘束力をもつためには契約当事者双方が何らかの対価を提供している必要があるという約因の法理は生まれなかったのである。

（2）スコットランド法の整備

　スコットランドでは1371年からステュアート王朝が始まった。すでに触れたようにスコットランドでは大貴族の力が強く，17世紀までのステュアート朝は，中央集権的な統一国家を目指した王家と貴族の争い，貴族間の抗争，さらにはイングランドとの戦争が続く時代であった。

　スコットランドでは，1406年のジェームズ１世（在位：1406‐37）による治世の開始から1603年のジェームズ６世（イングランド王ジェームズ１世）の下での同君連合（☞第１章３（２））まで，ジェームズという名前の国王が６代続いている。そしてジェームズという名前の６代の国王の内，ジェームズ６世を除いて，２人のジェームズは貴族との争いの中で殺され，２人のジェームズはイングランドとの戦争の中で敗死・事故死し，１人のジェームズはイングランドとの闘いに敗北した結果失意の内に世を去っている。

　なお，ジェームズという名の６人の国王に挿まれて，メアリ女王（在位：1542‐67）が現れている。メアリは，幼い時にフランスに送られ，一時期フランス国王フランソワ二世の王妃となっていたが，フランソワの死後スコットランドに戻り，女王として統治した。彼女の治世下でスコットランドの宗教改革（☞第１章３（１））が起こっている。

　この時代は，スコットランドでも，ルネサンスが花開いた時代でもあった。また，この時代はスコットランド法が大きく転換した時代でもある。特に1532年はスコットランド法の歴史において大きな転機になった年であると考えられている。この年に，スコットランドにおける民事についての中央裁判所として高等民事裁判所（Court of Session）が設置されたのである。イングランドでは，ごく初期の段階で中央集権的行政機構が整備され，さらに13世紀に中央裁判所である国王裁判所の基本が出来上がり，そこから法律家が生まれ，コモン・ローが生成した（☞第１章１（１））。これに対して中央裁判所を欠いていたスコットランドでは，法は長らく未成熟な状態にとどまっていた。15世紀から法の近代化を目指す試みはあったが，高等民事裁判所が設置されたことで，他の裁判所に対する広範な監督権を通じてスコットランド法の整備・運用の統一性がもたらされることとなった。

さらに宗教改革を契機として第２次のローマ法継受が起こる。それまでは教会法を通じて間接的な影響を及ぼしたに過ぎなかったローマ法が，カトリックの権威，教会法の権威が低下するとともに，これ以降，直接的に継受されることとなったのである。高等民事裁判所裁判官は教会法だけでなくローマ法にも通じていたため，高等民事裁判所を経由して，スコットランド法は，ローマ法の影響を直接受けることになった。

　大陸に留学した学生を通じてのローマ法の継受もあった。スコットランドの学生は他の大陸諸国の学生たちと同様に当初ボローニャなどのイタリアの大学でローマ法を学んでいた。その後ローマ法研究のメッカが北上するに従って，学生たちの渡航先は，14，15世紀にはフランスの大学へ，16世紀以降の宗教改革の後にはオランダの大学へと変わっている。彼らを通じてスコットランドは常にローマ法の影響を受けていたが，宗教改革後には，とりわけ大きな影響を受けている。その規模については，オランダのライデン大学に残されているスコットランド人の学生数が物語っている。スコットランド人の学生数は16世紀の終わりから増え始め，最盛期である1675～1700年の25年間に419人のスコットランド人学生が在籍し，その内の235名がローマ法を学んでいた。

　さらにスコットランド法がローマ法の影響を以前に増して強く受けるようになった経路として体系的・権威的著作（institutional writing）がある。体系的・権威的著作とは，17世紀後半から19世紀の初頭にかけて，高等民事裁判所裁判長も務めたことがあったステア卿をはじめとして，傑出した法学者によって著されたスコットランド法の体系書である。これらは慣習法，封建法，ローマ・教会法，議会制定法と裁判所の判決などの混合物であったスコットランド法を自然法的・哲学的原則を基にして体系化し，近代スコットランド法の発展を導いた著作である。それゆえに体系的・権威的著作は強力な権威をもっており，制定法や判例法がある場合はそれらが優先するが，現在でも体系的・権威的著作はスコットランド法の法源となっている。ステア卿の『スコットランド法提要』（1681年）をはじめとして，これらの体系的・権威的著作には『提要』という言葉が用いられていることが多いが，これは第１節（１）で見た，ローマ法大全の中の法学の教科書である法学提要に由来する。体系的・権威的著者は

7　イングランドの法とスコットランド法　157

ローマ法を学んだ人々であったため，体系的・権威的著作によってもスコット
ランド法にローマ法の刻印が押されることになったのである。

（3）イングランドとの連合（1707年）以後

　イングランドのエリザベス１世（在位：1558 - 1603）の死後，1603年から同君
連合の時代が始まる。エリザベスに子供がいなかったため，メアリの息子で
あったスコットランド王のジェームズ６世が，ジェームズ１世としてイングラ
ンド王を兼ねたのである。さらにその百年後の1707年には，イングランド王国
とスコットランド王国の間で連合条約が結ばれ，グレート・ブリテン，すなわ
ち，「連合王国」が生まれる。そして，この条約によりスコットランド議会は
解散し，スコットランドは，人口比では不利な議席配分ではあったが，ロンド
ンにある連合王国のウェストミンスター議会に議席をもつことになった。

　この連合条約によって，宗教改革を経てプロテスタントが根づいていたス
コットランドの教会制度は残されることになり，さらにスコットランド独自の
法や裁判制度も維持されることになっていた。しかし，イングランドの新たな
議会制定法は自動的にスコットランドでも拘束力をもち，新たな制定法が，次
に見るスコットランドのコモン・ローの原則や過去にスコットランド議会で制
定された法に矛盾する場合には，イングランドの制定法が優先することになっ
た。

　また，スコットランド側の連合条約の目的はイングランドの市場への参加で
あったこともあり，スコットランドはイングランドの取引法，とりわけ商事法
を全面的に受け入れた。さらに連合の後しばらくして，高等民事裁判所からイ
ングランドの貴族院への上訴が行われるようにもなっている。ただし刑事法に
おいては，スコットランドの刑事法分野での最高裁判所である最高刑事裁判所
（High Court of Justiciary）から貴族院への上訴は行われなかったし，現在でも一
部の例外を除いては，上訴は行われていない。以上のように，連合以降，総体
としてスコットランドに対するイングランドの法の影響が格段に強まることに
なった。

　一方，宗教改革によって，カトリックのフランスとの「古い同盟」は事実上

破棄されており，連合条約以降はスコットランドと大陸との結びつきは弱くなった。それまで多くの学生が大陸に渡っていたがそれも終わりを迎えている。ライデン大学のスコットランド人学生の数も激減し，1751～70年には法学を学ぶスコットランド人学生数は26人，1771～1800年には1人にまで減った。

19世紀にはイングランドの法の影響の下，さらなる法の発展があった。ローマ法の影響は事実上なくなり，貴族院（現在は連合王国最高裁判所）の判決や1850年代の産業革命を受けた議会制定法によってスコットランド法とイングランドの法との結びつきが強くなった。イングランドの貴族院の判例が尊重されるようになり，厳格ではないが，先例拘束性の原則がスコットランドにおいても認められるようになったのであった。スコットランド法はますます大陸法から離れ，イングランドの法へ接近するようになったのであり，この傾向は現在まで継続している。

しかし，スコットランド法はイングランドの法と一体化した訳ではなく，現在でも依然として，その独自性を保持している。この点についてスコットランドのコモン・ローとエクイティを挙げることで説明しよう。コモン・ローという言葉は多義的である（☞第1章1（1））。イングランドでは大法官裁判所において用いられてきたエクイティとの対比で，国王裁判所で用いられてきた法もコモン・ローと呼ばれるが，この意味でのコモン・ローはいわば固有名詞としてのコモン・ローであり，イングランドの歴史の中で生成してきた特殊イングランド的な法を指す。13世紀以降，イングランドの影響の下でスコットランドのコモン・ローは発展してきたのだが，上記の意味でのコモン・ローはスコットランドには存在しない。

現在では一般にスコットランドのコモン・ローは狭義では制定法との対比で，判例法を意味する。この判例法という意味でのコモン・ローは，イングランドと共通の言葉の用い方であるが，先例拘束性の原則がスコットランドにおいても認められるようになったことにより判例が法源とされるようになったのは19世紀になってからのことである。一方，広義でのコモン・ローは，地域的な慣習法との対比でスコットランドに「共通の法」を指す。この意味でのコモン・ローは，結局スコットランドに共通の法源を意味するから，判例法のみな

7　イングランドの法とスコットランド法　159

らず制定法，体系的・権威的著作などを含むことになる。

　さらにエクイティだが，イングランドではコモン・ロー裁判所とは区別された別の裁判所である大法官裁判所によって運用されてきた法原則がエクイティであり，エクイティはコモン・ローから独立した法体系を意味する（☞第1章2（1））。これに対してスコットランドではコモン・ローとエクイティが分離したことはなく，スコットランドの裁判所は金銭賠償や原状回復のみならず，イングランドではエクイティの裁判所において用いられてきた特定履行や差止命令（interdict）などの救済手段を発展させてきた。さらにイングランドにおいては，エクイティは大法官裁判所によって用いられてきた法原則を意味するのに対して，スコットランドでは「法体系を基礎づける理念，原理，もしくは精神」として理解されている。

　付け加えると，高等民事裁判所および最高刑事裁判所には「正義を行う権限（ノビレ・オフィキウム）」が与えられている。これは，高等民事裁判所が，救済，解決が必要であると判断したにもかかわらず，既存の手続では救済を行い得ない場合に行使される権限，あるいは，最高刑事裁判所が，既存の法では犯罪とされてはいない行為を，そうすることが正義にかなう場合には犯罪とする権限である。これらの権限は例外的にしか行使されないが，スコットランドの裁判所によって柔軟な法の運用が行われていることを示している。

3　現代スコットランドの法と政治

（1）スコットランドの裁判所と法律家

　前節では現代に至るまでのスコットランド法の発展が示されたが，次に，このスコットランド法が，現在，どのように運用されているか，スコットランドの裁判所と法律家について説明する。そして，最後に，最近注目されているスコットランドの UK からの独立の動きを紹介する。

　スコットランドにおいて圧倒的大多数の民事事件はシェリフ裁判所（Sheriff Court）で処理される。シェリフ裁判所は，第2節（1）でも見たように，中世に起源をもつ裁判所であり，現在では最も生活に密着した裁判所になってい

る。訴額が10万ポンド（2025年1月の為替レートで1ポンド＝190円で換算すると約1900万円）までの場合にはシェリフ裁判所に訴えを提起しなければならないが，それを上回る場合は，高等民事裁判所の第一審部に訴えを起こすことも可能である。シェリフ裁判所の手続は訴額が5000ポンド（約95万円）以下の簡略手続（simple procedure），5000ポンドを超える通常訴訟手続（ordinary cause procedure）に分かれている（なお，人身傷害事件については，それを専門的に扱う人身傷害シェリフ裁判所が，2015年から設置されている）。そして，判決に不服がある場合には，シェリフ上訴裁判所（Sheriff Appeal Court），さらに特別な場合には，高等民事裁判所の控訴部への上訴が行われる。

　前節（2）でも紹介したが，高等民事裁判所は，1532年に設置された初の常設の民事最高裁判所であって，スコットランド法の伝統をつくり上げてきた裁判所である。高等民事裁判所は第一審部（Outer House）と控訴部（Inner House）に分かれている。第一審部は単独裁判官から成り，上で見たように，10万ポンドを超える訴訟を扱っているが，民事陪審が用いられることもある。控訴部は上訴裁判所であり，第一審部からの上訴事件またはその他の上訴事件を審理する。通常は3人の裁判官の合議により，重要な事案の場合には5人かそれ以上の裁判官により審理が行われる。控訴部からさらに，UKの連合王国最高裁判所に上訴することが可能である（☞第4章1（1））。

　一方，刑事事件については，車のスピード違反など，軽微な事件の場合には，イングランドと同様に（☞第5章1（2）），素人裁判官である治安判事（justices of peace）が主宰する治安判事裁判所（Justice of the Peace Court）による裁判が一般に行われている。刑事手続は，扱われる事件の軽重によって，略式手続（summary procedure）と正式手続（solemn procedure）に分かれているが，治安判事裁判所は，略式手続の下での軽微な事件のみを処理する。例えば，2021年から22年の1年間では，スコットランドの刑事事件全体での有罪決定の24パーセントがこの治安判事裁判所で下されたものであった。一方，より重大な刑事事件はシェリフ裁判所で扱われることになるが，「国王の訴訟（the（four）pleas of the Crown）」と呼ばれる，謀殺（☞第3章3（1）Topics），レイプを含む重大な犯罪は次に見る最高刑事裁判所の管轄となる。シェリフ裁判所におい

7　イングランドの法とスコットランド法　161

ては，（より軽微な事件が扱われる）略式手続では裁判官だけによる審理が，正式手続では陪審が用いられる。なお，スコットランドの陪審員は15名であり，また評決についても有罪，無罪以外に「証明不十分（Not Proven）」という評決があり，さらに多数決による評決が可能である点で，特徴ある陪審制が用いられているといえる。

　最も重大な犯罪については，第一審裁判所としての最高刑事裁判所で処理される。第一審裁判所としての最高刑事裁判所はすべての刑事事件を扱うことができるが，重大な犯罪については排他的な管轄を持つ。裁判は正式手続で，つまり単独裁判官と15人の陪審によって行われる。第一審裁判所としての最高刑事裁判所はスコットランド各地への巡回も定期的に行っている。

　最高刑事裁判所の起源は，12世紀に巡回裁判を行っていた最高法官（☞本章2（1））にまで遡ることができる。1672年に常設の裁判所として設置され，1926年以降，最高刑事裁判所には上訴裁判所としての権能も付与されることになった。その引き金となったのが，シャーロック・ホームズを生み出したアーサー・コナン・ドイルによる支援活動で有名となったスレイター事件と呼ばれる冤罪事件であった。最高刑事裁判所と高等民事裁判所とは制度的には明確に区別されているが，裁判官など，人的には重なっている。

　治安判事裁判所やシェリフ裁判所の略式手続からの上訴は，シェリフ上訴裁判所で処理されるが，シェリフ裁判所の正式手続やシェリフ上訴裁判所からの上訴，そして第一審としての最高刑事裁判所からの上訴は，上訴裁判所としての最高刑事裁判所で扱われる。上訴裁判所として裁判を行う場合には2名もしくは3名，事案の重大さによってそれ以上の裁判官による合議制が取られている。なお，刑事事件については，移譲された権限の逸脱に関連する事件を除いては，連合王国最高裁判所に上訴されることはない。

　スコットランドの法律家については，イングランドのバリスタ・ソリシタに対応する形で（☞第4章2（1）），アドヴォケイトとソリシタという二分的な法律家の仕組みがある。そのアドヴォケイトとソリシタの間の役割分担はイングランドのバリスタ，ソリシタに準じている。またイングランドと同様に（☞第4章2（2）），ソリシタに対する高等民事裁判所や最高刑事裁判所などの上

級裁判所での弁論権の付与など，これまでのアドヴォケイトとソリシタの役割分担は流動化している。

（2）スコットランド議会の創設から UK 離脱へ？

　第2節（3）で見たように，1707年のイングランドとの連合条約以降，スコットランド法はイングランドの法へ接近することとなったが，近年スコットランド法と政治の新たな展開が見られる。スコットランド議会の開設がそれである。

　13世紀末のイングランドによるスコットランド支配とそれに続く独立戦争は，スコットランドに強いナショナリズムを生み出した。連合条約はイングランドとスコットランドそれぞれの国内事情から生み出された政治的妥協の産物に過ぎず，スコットランドでは連合以降もナショナリズムに基づく自治・分権，あるいは UK からの独立を求める運動が継続的に行われてきた。このような動きに応える形で，また，UK 内で自治を求める運動の高まりによって，UK 議会（ウェストミンスター）からスコットランド議会（ホリルード）へ権限の移譲が行われた。まず，1997年9月11日に議会開設の賛否を問う住民投票が行われ，圧倒的な賛成（74.3パーセント）で議会開設の承認がなされた後，翌98年に「スコットランド議会を設立する」という文言で始まる1998年スコットランド法（Scotland Act 1998）が成立し，その翌年の1999年に第1回の議会選挙が行われ，スコットランド議会が開設された。スコットランド議会は，2004年から，エディンバラのホリルード地区に新たに建設された議事堂に置かれている。

　スコットランド議会に対して移譲された立法権限は，UK 議会に留保される君主制や連合王国といった国制，国防，外交，金融などの「留保事項」以外のすべての分野に及ぶ。またスコットランドは国家予算として UK 全体の国家予算の一定部分を包括的補助金として受給し，さらに所得税を一定の範囲で増減する課税権も有することになった。その課税権に関しては2012年スコットランド法がさらに権限移譲を行っている。

　スコットランド議会は一院制であり，選挙は小選挙区比例代表連用制で行わ

7　イングランドの法とスコットランド法　163

れる。議員（MSP：Member of Scottish Parliament）は，73小選挙区から選ばれた73名と，8ブロックから各々7名を追加議席方式で選出する56名の総計129名である。議会は議員の中からスコットランド行政府の長である首席大臣（First Minister）を指名するが，その任命は国王によって行われる。

　議会で審議される法案については，あらかじめスコットランド議会に移譲された権限から逸脱するものでないかを見定める手続がある。議院を通過した法案は，UK議会と同様に，国王の裁可を経て正式にスコットランド議会制定法（ASP：Act of Scottish Parliament）として成立する。

　このようにスコットランドは自らの立法機関をもち，独自の政策を実施することが可能になった。もちろん，上で見たようにスコットランド議会に移譲された権限には制限があるし，1998年スコットランド法によれば，（法的な拘束力をもたない習律（☞第6章3（1）Key Word）によって）スコットランド議会の同意は必要とされているが，ウェストミンスター議会はスコットランド議会に移譲された事項についても法律を制定する権限を依然として有している（第28条7項）。

　では，制限があるとはいえ自治権を獲得したスコットランドは，今後どのような方向に向かっていくのだろうか。最後に，最近のスコットランドの政治情勢を説明する。スコットランドの独立を主張してきた政党であるスコットランド国民党（SNP：Scottish National Party）は1990年代以降党勢を拡大し，2007年のスコットランド議会選挙以降，現在までスコットランド議会の第1党として，首席大臣を出し続けている。SNPが主導し，2014年9月18日にはスコットランドの独立の是非を問う住民投票が実施された。この投票は，2012年にスコットランド政府とUK政府の間で締結された合意――スコットランド議会に対して独立を問う住民投票を行う法的権限を付与する措置を講じることを定めた合意――にもとづいて行われたものであり，結果次第では，実際にスコットランドがUKから独立する可能性があったのだが，独立の反対票が賛成票を辛くも上回り，独立は否決されることになった。

　しかし，世論調査によると，住民投票後も独立の賛成派と反対派の勢力は拮抗しており，スコットランドの独立は依然として多くのスコットランド人の支

持を集めている。また，UK の EU（欧州連合）からの離脱を問う2016年の国民投票では，UK 全体で51.9パーセントが離脱の選択をしたのに対し，スコットランドでは62パーセントの国民が EU 残留を支持していた。そのため，ブレグジットはスコットランドの意思を蔑ろにするものであり，スコットランドにはその将来を自ら決める権利があるのだという主張の下に，スコットランドの独立を改めて求める動きもある。スコットランド政府も，独立を魅力的な選択肢とするために独立後に制定される成文憲法の青写真を提言するなどして，依然として独立のための住民投票を模索している。

もちろん UK 政府はスコットランドの独立に否定的であり，住民投票に対する UK 政府の同意を得ることは期待できない，そのため，独立を問う住民投票を行うための立法をスコットランド議会が単独で行うことが可能であるのか，について，スコットランド政府は連合王国最高裁判所の判断を求めた。最高裁判所は2022年に，独立のための住民投票を定めた法を規定することは UK 議会に残されている上記の「留保事項」に関連するものであり，そのような立法を行うスコットランド議会の権限を否定した。これにより，スコットランド単独で独立へと至る法的な道筋は閉ざされることになった。

さらに，（スコットランド議会選挙とは別に行われている）UK 全土の2024年の総選挙により政治的な道筋も見えなくなっている。2015年の UK の総選挙以降，スコットランド国民党はこれまで長らく UK の第3党であった自由民主党に代わり第3党となっており，2024年 UK 総選挙の結果次第ではスイング・ボーターとして，連立参加や閣外協力の見返りに住民投票を実施できる可能性があった。しかし，総選挙における労働党の大勝によりその可能性は潰えた。さらにスコットランド国民党もウェストミンスターの UK 議会での議席数を大きく減らした。したがって，近い将来にスコットランドが UK から独立することは政治的にもかなり困難になっていると思われる。

なお，1990年から2000年，さらに2004年から2014まで SNP 党首，そして権限移譲後に SNP の初の首席大臣を務めたアレックス・サモンドが，スコットランドの独立を「存在理由」とする新たな政党，アルバ党（Alba Party）を2021年に立ち上げ，何人かの SNP 議員がアルバ党に移籍している。これまで

7　イングランドの法とスコットランド法 ｜ 165

のところ，いずれの選挙でも議席は獲得されておらず，サモンドも2024年10月
に亡くなっているが，政治状況次第では，台風の目となる可能性がある。

ま　と　め

　以上，本章では，まず，スコットランド法が大陸法と英米法の中間に位置す
るということを理解するために，第1節で，ローマ法の影響を受けたドイツや
フランスなどの大陸法と，その影響を受けていないイギリス法との比較を行っ
た。続いて第2節では，スコットランドの建国の歴史，スコットランド法の成
立と発展の過程を説明した。本章の冒頭でも述べたように，スコットランド
は，元々，独立した国家であり，スコットランド法も独自の発展を遂げてい
る。そのスコットランド法の特徴で注目すべき点は，その歴史において，ス
コットランド法がローマ法の影響を強く受けることになったことであろう。そ
の後，1707年にイングランドと連合すると，イングランドの法の影響を強く受
けることになり，貴族院の判例が尊重されるようにもなっている。ただ，現在
でも，例えば，イングランドでは区別されてきたコモン・ローとエクイティの
明確な区別がないなど，法の基本的な部分でも，スコットランドの法はイング
ランドの法とは異なったものになっている。
　第3節では，現在のスコットランドの裁判所と法律家のあり方について紹介
するとともに，1999年のスコットランド議会開設以降の新たな動向についても
説明した。そして，その第3節の最後でも触れているように，スコットランド
では，UKからの離脱が模索されているが，近い将来にスコットランドがUK
から独立することはかなり困難になっている。また，仮に独立のための住民投
票が行われたとしても，2014年にそうであったように，独立は否決されるかも
しれない。ただ，本章で見たスコットランドの歴史，あるいはスコットランド
法の独自性を理解できれば，独立への動きの背景をより良く知ることができる
のではないだろうか。

スコットランド啓蒙

　ヨーロッパの辺境であったスコットランドで1760年代から90年代にかけてスコットランド啓蒙と呼ばれる第一級の知的活動が起こった。その中心地であったエディンバラは北方のアテネともいわれていた。このような活動が起こったのは様々な原因によると考えられるが，スコットランドにおける初等教育・高等教育の充実，自由な研究を促すことになった教会における穏健派の台頭などが主要な要因であったと指摘されている。特にスコットランドが高等教育に力を入れていたことが大きな要因である。当時イングランドには，オックスフォードとケンブリッジの2つの大学しかなかったのに対して，人口ではイングランドにはるかに及ばないスコットランドには1412年創設のセント・アンドリュース大学を皮切りに，15世紀に設置されたグラスゴー大学，アバディーン大学，さらに翌世紀創設のエディンバラ大学を加えると4つの大学があった。また，そのスコットランドの大学の自由な学風やカリキュラムも要因であった。グラスゴー大学から奨学金を受けてオックスフォードに進んだアダム・スミス（1723-90）がオックスフォードに失望して退学したという逸話が示すとおり，イングランドの大学では旧態依然とした講義しか行われていなかったのに対して，スコットランドの大学は，ニュートン哲学などを含む近代化された大学カリキュラムを有していた。

　スコットランド啓蒙の哲学者たちの多くは法律家もしくは法学の訓練を受けた者であった。スコットランド啓蒙は，世界的な哲学者のデイヴィッド・ヒューム（1711-76），道徳哲学者であり経済学の創始者であるアダム・スミス，社会学の創始者であるといわれるアダム・ファーガソン（1723-1816），「常識哲学」を代表するトマス・リード（1710-96），哲学・法学者のジョン・ミラー（1735-1801），人類学の先駆者ともいわれるモンボド卿（1714-99），近代歴史学の創始者であるウィリアム・ロバートソン（1721-93）など数多くの傑出した人物を生み出している。

　法思想の観点から見たスコットランド啓蒙の1つの特徴は科学主義，経験主義である。ヒュームは哲学を経験，観察，実験をもとに人間本性の探求を行う「人間の科学」と捉えたが，政治哲学の領域においてもジョン・ロック（1632-1704）の社会契約論の強力な批判者となり，例えば，ロックのいう自然状態がフィクションであると批判していたように，人間社会や国家の起源，社会や国家を成り立たせている基本原理について科学主義，経験主義の立場から新たな説明を行った。

　スコットランド啓蒙のもう1つの特徴は歴史主義である。先進国イングランドを隣国としたスコットランドの哲学者は，自国の歴史と社会のあり方の変化を踏まえて，自国の発展と改良について検討し，将来のあるべき社会のあり方を考察するこ

とを課題としていた。人類の社会は，狩猟・採集，牧畜・遊牧，農業，商業の4段階で発展するという4段階説も唱えられている。ケイムズ卿（1696-1782）はスコットランド法における封建制の遺物の廃止に心を砕くと同時に，自らの所領で新たな農法や土地改良を試みたり，産業推進のための委員会で活躍するなど，スコットランドの発展に尽くした啓蒙の代表的人物の1人であった。それと同時に彼は，スコットランド高等民事裁判所・最高刑事裁判所の裁判官でもあり，彼の著作『エクイティの原理』（1760年）は体系的・権威的著作に数えられる。ケイムズ卿は国家と社会を成り立たせる法のあり方を歴史的な観点から分析したが，法の歴史的発展の研究を「法の科学」と呼び，法は社会の生産構造の変化との関連で発展するとの理論を展開した。このようなアプローチはアダム・スミスらに引き継がれていった。

ブックガイド

①ステアー・ソサエティ編（戒能通厚他編訳）『スコットランド法史』（名古屋大学出版会，1990年）

これまでわが国では，スコットランド（さらに北アイルランド，ウェールズ）は「イギリス」という言葉の陰に隠されてきたのであって，スコットランド法についてはなおさらそうであった。本訳書はスコットランド法の歴史についての学会であるステアー・ソサエティが1958年に刊行した書物の翻訳である。若干古い点もあるが，スコットランド法の成り立ちについて概観を与えてくれる，現在でも唯一のスコットランド法入門書であるといえる。

②角田猛之『法文化の諸相——スコットランドと日本の法文化』（晃洋書房，1997年）

『スコットランド法史』の翻訳者の1人であり，スコットランド法研究者でもある著者の数ある研究書の内の1冊である。副題が示すように法文化の観点からスコットランド法の歴史，スコットランドの法理論・法思想が説明されている。特にスコットランド・コモン・ローとエクイティ，体系的・権威的著作については本書を参考にされたい。

③桜井俊彰『スコットランド全史——「運命の石」とナショナリズム』（集英社新書，2022年），中村隆文『物語スコットランドの歴史——イギリスの中にある「誇り高き国」』（中公新書，2022年），木村正俊『スコットランド通史——政治・社会・文化』（原書房，2021年）

2021年から2022年にかけて相次いでスコットランド史の書物が出版された。それぞれが異なった視点からスコットランドの歴史を扱っているが，初めてスコットランド史について読むのであれば，ここに挙げた順に読んでみるのがいいだろう。

④サー・ウォルター・スコット（玉木次郎訳）『ミドロジアンの心臓——ディーンズ姉妹の生涯（上・中・下）』（岩波文庫，1956年，1957年）

スコットはイギリスで最も成功した小説家の1人で，スコットランドのエディンバラ大学で古典文学と法学を学び，スコットランドの啓蒙の思想家の1人であるアダム・ファーガソンのサロンに出入りしていた。後にエディンバラで弁護士になったが，その経験を活かして書かれたのが本書である。スコットランド法がローマ法の影響を受けていることが読み取れる。

⑤アントニア・フレイザー（松本たま訳）『スコットランド女王メアリ（上・下）』（中公文庫，1995年），シュテファン・ツヴァイク（高橋禎二・西義之訳）『メリー・ステュアート（上・下）』（新潮文庫，1953年）。

イングランドの女王がエリザベス1世であった時，スコットランドの女王はメアリであった。しかしこの2人は一方は国のために生き，他方は愛のために生きるという対照的な人生を送っている。それだけに2人の葛藤は小説や映画の格好の題材となっている。メアリはエリザベスによって処刑されたのだが，その子のジェイムズ6世は両国の国王となった。メアリを扱った映画も数多くあるが，「ふたりの女王——メアリーとエリザベス」が2018年に公開されている。「エリザベス——ゴールデン・エイジ」（2007年）と比較して観ると面白いだろう。

7　イングランドの法とスコットランド法　169

8 イギリス法とヨーロッパ

　2016年6月23日に，グレート・ブリテンおよび北アイルランド連合王国（UK）では，欧州連合（European Union：以降，EUと記す）から離脱するか，あるいは残留するかをめぐる国民投票が実施された。その結果は，周知のとおり，51.9パーセント（1741万742票）対48.1パーセント（1614万1241票）で離脱派が勝利している。そして，イギリス時間の2020年1月31日の23時にEUを離脱し，移行期間を経て，同2020年12月31日の23時にEU法が適用されなくなってEUと新たな関係に入っている。

　EUからの離脱がイギリス法の脱ヨーロッパ化を進めることは間違いないだろう。ただ，イギリス法を理解する上で，ヨーロッパの影響を無視することができる訳では，もちろんない。まず，イギリス法に対して影響を与えているヨーロッパの機関はEUだけではない。イギリスは，EUとは別個の組織である欧州評議会（Council of Europe）にも加盟していて，その欧州評議会が定めた欧州人権条約（European Convention on Human Rights）を批准しているが，その欧州人権条約は，イギリス法に極めて大きな影響を与えている。

　第1節では，まず，欧州人権条約について説明した後に，それをイギリス法に編入した（国内法化した）1998年人権法（Human Rights Act 1998）を扱いたい。この1998年人権法により，欧州人権条約違反の訴えは，それまではフランスのストラスブールにある欧州人権裁判所（European Court of Human Rights）に提起する必要があったが，イギリス国内の裁判所に訴えることが可能になった。また，1998年人権法は，イギリスの議会主権の原則に少なからぬ影響を与えるものであった（☞第6章3（2））。ここでは逆に，議会主権の回復を目指した2022年の新たな権利章典の提案についても紹介する。一方，欧州人権条約

の第6条は，イギリスの伝統的な司法制度も大きく変えている。第2節で見るように，「公正な裁判を受ける権利」を定める欧州人権条約の第6条から，イギリスの伝統的な大法官の地位，さらには，議会の上院である貴族院を最高裁判所としている裁判制度は，権力分立が不徹底であると批判された。そして，2005年の憲法改革法（Constitutional Reform Act）によって，新たに連合王国最高裁判所（Supreme Court of the United Kingdom）が設置されるなど，大胆な改革が実施されている。

　また，現在のイギリス法の姿を理解する上で，EU法も無視することはできない。第3節では，人や物の移動の自由といったEUの特徴的な政策，イギリスのEU離脱の背景や曲折を経たその過程についても説明する。EU加盟時はEU法は直接，ないしは間接的にイギリス法の一部になっていたのであり，その多くは，EU離脱後も継続EU法（Retained EU Law）という地位を経て被同化法（Assimilated Law）として効力を持ち続けている。この第3節では，離脱後のイギリス法とEU法との関係についても詳細に説明したい。

1　欧州人権条約と1998年人権法

（1）欧州人権条約

　日本の法を見てみると，例えば，憲法はアメリカ，民法や刑法はドイツといった具合に，海外の法律の影響を非常に強く受けている。もちろん，日本の場合は，日本にいるにもかかわらず，外国の人々の犯罪に日本の法律が適用されない（領事裁判権）など，西洋の列強によって押し付けられた不平等条約から脱する条件として，明治時代に当時の進んだ国々の法律を導入せざるを得なかったという特殊な事情もあった。ただ，スコットランド法がローマ法の影響も受けていたように（☞第7章2（2）），ヨーロッパ諸国・地域の法律は，一般的には相互に影響を与えつつ，発展してきたといえる。一方，イギリス（イングランド）では，12世紀のヘンリ2世（在位：1154-89）の時代の前後から，コモン・ロー＝判例法は独自の発展を遂げてきた（☞第1章1（1））。そして，20世紀になっても，法律家制度や裁判制度，それから，議会主権の原則な

8　イギリス法とヨーロッパ　171

ど，イギリスに独特な法制度，法原則は維持されていた。

　ただ，第二次世界大戦後，二度の大戦を引き起こしてしまった反省からドイツ，そしてフランスを中心にヨーロッパ諸国の協調関係が強まっていき，イギリスもその中に組み込まれていくと，イギリス法に対するヨーロッパの影響が顕著になってくる。そして，イギリスの伝統的な法律家制度，裁判制度，さらには議会主権の原則さえも大幅に修正されたといえるだろう。結果的に，そのきっかけとなったのが，欧州評議会によって創られ，欧州人権裁判所によって運用されている欧州人権条約である。

　欧州評議会は，第二次世界大戦時に生じたような深刻な人権侵害の再発を抑止する目的で，1949年に設立された。近年では，旧社会主義陣営の東側諸国の民主化への動きを援助したりもしているが，本部はフランスのストラスブールに置かれ，現在は46ヶ国が加盟している（2022年にロシアが除名されている）。この組織は，後に触れる EU とは別個の組織であるが，その欧州評議会の最大の成果が，1953年発効の欧州人権条約で，拷問の禁止（第3条），公正な裁判を受ける権利（第6条），罪刑法定主義（第7条），思想，良心および信教の自由（第9条），表現の自由（第10条），集会および結社の自由（第11条）など，自由権を保障することが定められている。そして，加盟国の公権力機関がこれらの権利を侵害しているという訴えが提起される際は，欧州評議会付属の欧州人権裁判所によって裁かれている。

　イギリス法への影響を考える上で重要なのが，もし特定のイギリス法やイギリス政府の行為がこの人権条約に違反するという欧州人権裁判所の判決が下されるならば，イギリス政府に，当該法律を欧州人権条約と合致するよう改正することが要求されていることである。さらに，欧州人権条約違反という訴えの提起が，加盟国の国民，私人にも許容されている点も重要である。議会主権の原則から，イギリスには違憲審査制が根づくことはなかった（☞第6章2（1））。しかしながら，欧州人権条約と欧州人権裁判所により，違憲立法審査制に基づく権利の保障と同様な効果がイギリス法にもたらされる可能性も考えられる。

　ただ，法制度の面はともかく，現実のイギリス政治においては，欧州人権条

約と議会主権の原則の対立が続いていることは興味深い。その一例として，近年まで対立が続いていた受刑者の投票権をめぐる問題を紹介したい。

　ことの発端となったのは，殺人罪で収監されたハーストという受刑者により，受刑者の国政および地方の選挙での投票禁止を定めた1983年代表法（Representation of the People Act 1983）による措置が，欧州人権条約に違反するとの訴えが提起されたことであった。この訴えは，欧州人権裁判所で審理されて，2005年に，その代表法に基づく投票の禁止措置が欧州人権条約に違反するとの判決が下されている。具体的には，1954年に追加された，「自由な選挙に対する権利」を保障した欧州人権条約の第1議定書第3条に違反しているとの判決が下されたのである。しかしながら，イギリス政府の対応は極めて緩慢であり，2012年になって，ようやく代表法の代替案が示された。まず，その法案を精査するために，庶民院（下院）・貴族院（上院）合同の委員会が設けられたが，その委員会は，欧州人権条約を批准している限り，欧州人権裁判所の判決には従わなければならないとの報告書を提出している。そして，1年以下の実刑判決を受けて収監されている受刑者に，国政および地方の選挙などでの投票権を与える法案を，2014年から15年にかけての議会において即座に審議し，成立させるべきだと結論づけていたが，そのような法律は成立していない。ただ，不十分であるという批判もあるが，イギリス政府は2018年に，許可を得て一時的に拘禁から解放されている囚人や電子タグを足首に装着しつつ，在宅で拘禁されている囚人などに投票権を与えるようにしている。そして，欧州評議会も上記の2005年の判決に従った措置が取られたと認めるに至った。

　なお，ここで留意すべきなのが，欧州人権条約を発効させた欧州評議会と，本章の冒頭でも触れた，イギリスが離脱したEUとの関係である。確かに，EUに加盟しているすべての国は欧州評議会にも加盟しているが，これらは全く別の組織であるため，イギリスがEUを離脱した後も，欧州人権条約の効力は残ったままである。しかしながら，2005年の判決をイギリス政府は即座に履行し，代表法を改正すべきであると強調した2010年の欧州人権裁判所の判決に対して，当時首相であったデイヴィッド・キャメロンが，「体調が悪くなりそうだ」とまで発言したように，欧州人権条約や欧州人権裁判所に対しても，少

なからぬ反感があるようだ。ただ，逆に，イギリスの立法や政府の施策が違法ではないかと欧州人権裁判所で争われることが，特に1990年代に増加したため，伝統的なイギリスの議会主権の原則とは相容れないものであるが，議会の多数派の立法によっても取り去ることができない人権という考え方も生じていた。そして，そのような法思想は，次に見るような1998年人権法に結実している。

（2）1998年人権法

わが国のイギリス法とEU法の研究をリードしている中村民雄が指摘しているように，1980年代半ば頃から，人々の自由を侵害するような施策が数多く実施されるようになり，欧州人権裁判所で扱われるイギリスの議会立法や政府の施策の数も増加するようになった。ちょうど，「鉄の女」と呼ばれた保守党のマーガレット・サッチャー（1925 - 2013）が政権を担っていた時代であるが，産業構造の改革のために炭鉱労働組合と強硬に対立したり，政府の秘密を暴露しようとした著書の出版差止めを試みたりするなど，当時の保守党政権の施策は，多くの人々の目に自由を侵害するものとして映っていたようである。そのような中，1990年代から人々の権利を保護するような制度を導入する必要性が説かれるようになり，欧州人権条約を国内法化することが真剣に検討されるようになった。そして，サッチャー以来，18年続いた保守党政権に代わり，1997年に労働党が政権の座に就くと，欧州人権条約の国内法化の実現を公約の1つとしていた新首相のトニー・ブレアは，即座に法案を提出し，1998年人権法が成立した。

簡単にいうと，この1998年人権法は，欧州人権条約の基本的人権に関する規定の大部分を，フランスのストラスブールの欧州人権裁判所に行かずとも，イギリス国内の裁判所でも用いることができるようにしたものである。この人権法でも，救済の対象は公機関による権利侵害を受けた人々であり，そのような人々が訴えを提起する際の負担を大幅に軽減したことの意義は小さくないであろう。また，イギリス法の内容についても大きな影響を与えていることも注目される。すなわち，内閣が議会に法案を提出する際，大臣たちは，当該法案が

人権条約の諸規定に合致していることを宣言しなければならなくなった。その結果，政府に，自らの法案が人権条約に違反していないか事前にチェックする必要が生じ，新しい法案は，庶民院・貴族院合同の委員会によってチェックされるようになった。欧州人権条約で保障されているような人権に違反する法律が創られないよう，細心の注意が払われるようになったのである。

ただ，1998年人権法は，イギリスの裁判所に，欧州人権条約に反するイギリスの制定法を修正させるような権限は与えていない。人権法の第4条2項において，「（イギリスの）裁判所は，（法律の）条項が条約上の権利と不適合であると確証するならば，不適合宣言を行うことができる」と定められているように，イギリスの裁判所ができることは，当該法律が，欧州人権条約違反で無効であると決定することではなく，不適合であると宣言することだけであった。そして，裁判所によって不適合と宣言された法律を改廃するか否かは，あくまでも，議会に委ねられている権限なのである。

また，第3条1項では，裁判所の解釈の方法として，「そうすることが可能な限り，第一次立法および従位立法は，条約上の権利と適合的に解釈され効力が付与されなければならない」と定められている。これは，欧州人権条約に違反していると思われる議会の立法があっても，もしそれに適合しているように解釈できるならば，不適合を宣言してはならないとして，できる限り立法を尊重することを定めているものである。例えば，同性カップルの片方が，亡くなったパートナーの部屋の賃借権を相続できるか否かが問題になり，妻または夫で同居していた人が相続できると定めた法律が問題になったことがある。亡くなったパートナーの「妻」または「夫」のみが相続できると定めているその法律の規定が，欧州人権条約第8条（私生活・家庭生活を尊重される権利）や同第14条（性，人種，皮膚の色，言語，宗教，政治的意見等による権利の保障の差別の禁止）に違反しているか否かが争われたのである。当該の法律を素直に読めば，「妻」は女性であり，「夫」は男性とされ，同性が相続することは禁じられていると解釈するのが普通であろう。しかしながら，当時（2004年）の最高裁であったイギリスの貴族院は，同性カップルは夫婦同然の関係なので，同性カップルの片方を「妻」，そのパートナーを「夫」と解釈することも可能であると

8　イギリス法とヨーロッパ　175

テロ対策関連法

　1998年人権法，そして欧州人権条約をめぐる裁判所と政府，議会との対立が最も先鋭化していたのがテロ対策の法律や政策が関わる場面である。

　2001年9月11日にハイジャックされた旅客機が，世界貿易センタービル，国防総省本庁舎（ペンタゴン）に突入し，多数の死傷者を出したアメリカ同時多発テロ事件は，日本も含め，世界中の国々に大きな衝撃を与えた。イギリスでもそのテロ事件のすぐ後に，2001年反テロリズム，犯罪および安全保障法（Anti-Terrorism, Crime and Security Act 2001）が制定されている。この法律は，内務大臣がテロリストの疑いがあると判断した人物を裁判なしに拘禁することを可能にするものであり，実際，この法律に基づいて，16名のイスラム教徒が拘束されている。しかしながら，この法律は欧州人権条約に違反するとの判断が，2004年に当時の最高裁であった貴族院によって下された。

　その裁判で問題とされたのは，当該の法律が，テロリストの疑いのある人物を無期限に拘禁することを可能にするとともに，その適用を外国人に限定したことであった。すなわち，前者の無期限の拘禁が，裁判による有罪判決など，一定の手続を経なければ自由は制限されないという「自由および安全についての権利」（欧州人権条約第5条）を不当に侵害しているとともに，後者の外国人のみへの適用も，「差別の禁止」（同第14条）に反しているのではないかが論点となったのである。政府の法律顧問である法務総裁は，内務大臣が無期限の拘禁を決定したとしても，特別出入国上訴委員会において非公開の証拠も審査され，証拠不十分ならばその決定が覆されうることを指摘し，さらに，裁判官は民主的に選ばれてはいないため，大臣のように振舞ってはならないと論じていた。しかしながら貴族院は，2001年反テロリズム，犯罪および安全保障法が欧州人権条約と不適合であると判決している。

　本文でも説明したように，法的には，政府，議会は，この裁判所の不適合宣言を無視することが可能であったが，その際は，国内世論のみでなく国際世論のプレッシャーも覚悟する必要があっただろう。そのような政治的な考慮もあり，政府，議会は，2005年にテロ防止法（Prevention of Terrorism Act）という修正法を成立させ，テロの疑いのある人物を自宅に監禁することを定めるとともに，イギリス人にもその対象を広げている。

の判断を下している。欧州人権条約に反しているような法律の解釈を工夫することで，議会の立法を尊重しつつ，欧州人権条約に沿った法の運用を実現することが目指されているのである。

このように1998年人権法は，イギリス法の内容を欧州人権条約と適合させつ
つ，伝統的な議会主権の原則を可能な限り維持することを目指しているといえ
るだろう。ある法律が，イギリスの裁判所によって欧州人権条約と不適合であ
ると宣言されるとしても，当該法律をどのようにするかは，あくまでも議会に
委ねられているのである。ただ，上述のTopicsにあるように，テロ対策関連
法といった安全保障に関わる法律でさえ，議会，あるいは政府が裁判所の意向
を無視することは，現実的には極めて難しいようである。

　裁判所によって欧州人権条約と不適合であると宣言された法律を維持するこ
とは，ヨーロッパ，あるいは世界の人権保障の基準から逸脱することにもな
り，世論からの反発を招いたり，選挙でも不利になる可能性があるだろう。
ジェレミー・ベンサム（1748-1832）やアルバート・ヴェン・ダイシー（1835-
1922）は，議会主権を前提にしつつ，いわゆる悪法が，世論や選挙でチェック
されることで，人権の保障や法の支配が維持されると論じていた（☞第6章2
（2）；第6章3（1））。ならば，1998年人権法は，そのような世論，選挙によっ
て恣意的な統治を防ぐというイギリスの法の支配の伝統をさらに強化したもの
として捉えることもできるだろう。

　しかしながら，総選挙のマニフェストで，1998年人権法を新しい権利章典
（UK Bill of Rights）に取って代えることを掲げた保守党が2010年に政権の座に
就き，キャメロンが首相に就任してからは，人権法，そして欧州人権裁判所に
対する批判が強まった。例えば，当時の首相のキャメロンは本節（1）で見た
ように，受刑者の投票権を認めるよう促した欧州人権裁判所の判決を批判して
いたが，キャメロンの後に首相になったテリーザ・メイも内務大臣を務めてい
た2011年に，私生活・家庭生活を尊重される権利（欧州人権条約第8条）に基づ
いて，性犯罪者の情報登録制度により生涯登録されているリストからの削除を
申し立てる権利を性犯罪者はもつべきだとした連合王国最高裁判所判決を強く
批判し，裁判所ではなく議会が決定すべきことであると論じていた。また，そ
のような刑事政策だけでなく，上述のTopicsで説明したテロ対策をめぐる
1998年人権法と裁判所の介入も，政府の政策を縛るものと見られていた（その
点については，その法律を導入した労働党政権の中枢にも否定的な評価があったよう

8　イギリス法とヨーロッパ　177

だ）。ただ2010年に保守党が政権を取った際は，比較的リベラルな自由民主党との連合政権であったため，その改正についての動きはなく，2015年の総選挙で保守党単独の政権が実現した後も，EU離脱をめぐる大きな出来事があったため（☞本章3（2）），具体的な動きがあったのは，2019年から2022年までのボリス・ジョンソンの政権時であった。

　ジョンソン政権では，2021年12月に，大法官（司法大臣）のドミニク・ラーブが，1998年人権法に取って代わる新しい権利章典の政府案の概要を庶民院に対して説明している。その政府案は，欧州人権条約への加盟は維持し，また，陪審審理を受ける権利を追加するものの，国内法化された人権規定の内容の変更はしないことを前提とする。ただ，欧州人権裁判所の影響力を低下させ，議会主権を回復させようとする提案でもあった。主要な変更点は2点ある。まず，①1998年人権法第2条では国内法化された人権規定を解釈する際，欧州人権裁判所の判決で示された解釈を参考にしなければならないと定められているのだが，そういった義務をなくすことが提案されている。また，②上述のように1998年人権法の第3条1項では国内法化された人権規定に適合するようにイギリスの制定法を解釈しなければならないと定められているが，それは制定法に示された議会の意思を修正することにつながると指摘されている。そして，その第3条を削除して，人権規定と適合すると同時に，イギリスの制定法の文言や目的と一致する形で解釈することを義務づける条項に取って代えることが提案された。その一方で，人権法の第4条2項で定められている不適合宣言については，議会の民主主義的な要素を促進するものとして，その維持が提案されている。例えば上記の賃借権の相続に関する法律が，2004年の判決では，人権法の第3条1項に基づき，民主的に選ばれていない裁判官によってかなり無理な形で解釈されていることは問題であり，裁判所は，むしろ不適合であることを積極的に宣言し，議会に決定を委ねるべきであると指摘されているのである。

　以上の政府提案には，欧州人権裁判所の判決を批判したキャメロン，裁判所に議会と並ぶような力を与えるべきではないというメイの主張も反映されているようだ。また，本章3（2）で取り上げるEU離脱をめぐる国民投票の際，

盛んに叫ばれたスローガンとして，「コントロールを取り戻せ（Take Back Control）」というものがあり，ジョンソン政権でもEU離脱を進める際にイギリスの国家主権の回復が盛んに喧伝された。それとともに，ここでは議会主権の徹底も図られている。人権法によって国内法化された欧州人権条約上の人権規定を適用するのはイギリスの裁判所であるが，その際に，欧州人権裁判所の解釈が影響を与えること，条約上の人権規定を用いて，議会の意図と異なった形でイギリスの法律が解釈されることを防ぐことで，国家主権を取り戻すことや議会主権の徹底が試みられていると見ることもできよう。

　その後，ジョンソン政権は2022年6月に権利章典法案（Bill of Rights Bill）を庶民院に提出した。その序文でも，欧州人権裁判所の判決はイギリス法の一部ではないこと，国内法化された欧州人権条約上の人権規定の解釈の権限は欧州人権裁判所ではなくイギリスの最高裁判所にあること，イギリスの制定法を条約上の人権規定と適合するよう解釈する義務が裁判所にはないこと，欧州人権裁判所の判決がイギリス議会の立法権を侵害することがないことが確認されている。ただ，保守党内部にも1998年人権法がイギリスの人権保障を強めたこと対する一定の支持はあり，重大な憲法上の変革を急ぐことに懐疑的な貴族院からも批判が出て，2023年6月に取り下げられている。

2　イギリスの司法制度改革とヨーロッパ

（1）大法官の地位の改革

　前節（2）の冒頭からも分かるように1997年から政権を担った労働党は，欧州人権条約の理念を積極的に受け入れていた。そして，イギリスでは2005年に憲法改革法が成立し，極めて大きな司法制度改革が実施されている。そこではまず，イギリスの法律家の頂点に立つ存在であった大法官（Lord Chancellor）の地位が大幅に改革された。また，議会の上院であるにもかかわらず，中世以来，上訴を扱ってきており，最高裁判所としての役割を果たしてきた貴族院の裁判権が消滅し，連合王国最高裁判所が設置されることになった。

　イギリス法，法制度の特徴として歴史的継続性がある（☞第2章1（1））。

8　イギリス法とヨーロッパ　179

例えば，大法官の地位は，ノルマン王朝以来の1000年ほどの歴史をもつものと考えられており，議会が裁判権をもつことも，陪審制と同様に，17世紀に顕著であった国王の専制政治，国王によって任命された裁判官に対抗する意味合いももっていた。ただ，このようなイギリスの歴史的，伝統的な制度が欧州評議会で批判され，さらには，欧州人権裁判所において欧州人権条約に違反しているとの判決も下されている。その結果，イギリス政府も無視することができなくなり，大改革に踏み切ったのである。以下，まず，大法官の地位の改革について説明していくが，貴族院の裁判権の消滅と合わせ，2010年に保守党が政権を担う前の，イギリス法に対するヨーロッパの影響が最も顕著に見て取れるところである。

大法官は，コモン・ローの創設でも大きな役割を果たした地位である。まず，大法官は，国王からの命令である令状に権威を与える国璽を管理する権限をもっていた大法官府の長であった。その結果，大法官は，様々な行政職を束ねる大臣としての地位を有するようになった。また令状は，訴訟開始令状など，司法手続においても重要な文書であったため（☞第1章1（1）），大法官は司法制度にも大きく関わるようになり，15世紀にコモン・ロー裁判所の不十分さを補う形で大法官裁判所（Court of Chancery）の裁判官の役割も兼ねるようになった（☞第1章2（1））。さらには，中世以来，大法官は，議会やその前身である大評議会（☞第1章1（3））に参加する職権を有していた。このような経緯もあり，大法官は2005年の憲法改革法に至るまで，①内閣の閣僚である大臣としての役割，②最高裁判所としての貴族院の首席裁判官，そして，③議会としての貴族院の議長を兼務していた。

やや不正確な記述になるが，日本の場合に置き換えると，法務大臣，最高裁長官，さらには参議院の議長を同じ人物が務めているということになり，かなり異様なものとの印象を受けるのではないだろうか。ただ，すでに述べているように，歴史的継続性を特徴とするイギリスの法制度は，日本の明治維新のように，それまでの制度を一挙に変える機会がなかったという背景を理解する必要がある。また，政府が一方の当事者である訴訟に，大法官を務める者が裁判官として関わることがないという慣例が確立しており，イギリス国内ではさほ

ど問題視されてこなかった。

　ただ，改めて日本の場合にあてはめてみると，政府の重要閣僚である法務大臣が最高裁判所の長官を務めていることになり，たとえ，政府が当事者の一方である裁判には関わらないとしても，裁判の公平性の観点から大いに問題視されるのではないだろうか。日本，それからヨーロッパ大陸の多くの国々も含め，世界の多くの国々の法制度が基づいている権力分立の原則から逸脱したものであると考えられるであろう。そして，実際，裁判の公平性に反するとして，大法官の地位を変革するよう，欧州人権裁判所，さらには欧州評議会から，イギリスはプレッシャーを受けることになった。

　その大法官の地位の改革は，意外なところから始まっている。イギリスとフランスを挟むイギリス海峡にガーンジー島という小さな島，地域があるのだが，そこの代官は，伝統的にその地の裁判官を務めるとともに，議会では議長のような役割を果たしており，さらには島を代表して王族を歓迎したりする行政的な役割を果たすこともある。このガーンジー島の土地開発をめぐる訴訟で，議会で島の開発計画の策定に関与した代官が，原告による住宅建設の訴えを裁判官として却下したのであるが，この点が，裁判の公平性に反すると訴えられている。すなわち，原告は，議会で採択された開発計画によって住宅の建設を認められなかったため，その処分の撤回を裁判所に訴えたのであるが，その際の裁判官が，議会で当の開発計画についての議論の進行にも関わっていたことが，欧州人権条約第6条の「公正な裁判を受ける権利」を侵害していると訴えられたのである。

　欧州人権裁判所は原告の訴えを認め，ガーンジー島の代官の地位，制度が，「独立かつ，公平な裁判所による」公正な審理を受ける権利を保障する欧州人権条約第6条1項に反しているとの判決を2000年に下している。ただ，ガーンジー島の代官の地位が大法官のそれと酷似していたため，結果的に，欧州人権条約に加盟しているイギリスが，大法官の地位も改革すべきではないかとのプレッシャーが強まることになった。具体的には，欧州評議会加盟国の議員で構成される監視機関の議員会議が，「連合王国の憲法制度における大法官の地位」という報告書で，大法官の地位自体は，欧州人権裁判所で争われていないが，

もしその地位を改革しないならば，欧州人権条約との関連で重大な疑義が生じると，かなり踏み込んだ意見を2003年に出している。当時のイギリスは労働党が政権を担っていたが，すでに見たように，労働党政権は1998年に欧州人権条約を国内法化していたこともあり，欧州評議会の勧告を受け入れ，2005年の憲法改革法で欧州人権条約と合致するよう大法官の地位を改革している。議会上院の貴族院の議長を貴族院議員の投票によって決めることとし，また，その裁判官としての権限を停止することで，ノルマン王朝以来の大法官の権限は，現在は，司法省を管轄する大臣としての地位に縮小されている。

　なお，大法官の地位についての議論が続いていた際は，公正な裁判を受ける権利だけでなく，イギリスにおける権力分立という，よりスケールの大きな問題も議論されていた。人々が権利を侵害された際，裁判所に頼ることになるが，司法と行政，それから，司法と立法を峻別して権力分立を実現しない限り，恣意的な裁判が行われる可能性は消えないのではないかなどと論じられたのである。その結果，貴族院である議会が終審としての裁判権をもつことも変革されることになった。

（2）連合王国最高裁判所の設置

　大法官の地位と同様，イギリスにおいて議会が裁判権をもつことも，歴史を通して理解することが可能である。

　1066年に開始されたノルマン王朝時代の初期に，国王の統治を円滑に進めるために，国王に助言したり，あるいは援助したりする，王会（Curia Regis）の前身となるものが設置されていた。この王会から議会や裁判所などが分化していくのであるが（☞第1章1（1）），元々の王会が国王に対して助言するだけでなく，法を制定することや，裁判にも関わっていたために，そこから分化した議会にも，他の裁判所からの上訴を扱う裁判権が残されることになった。当初は，下院である庶民院も裁判権を有していたのであるが，1399年以降はそのような権限を行使しなくなったため，貴族院が上訴審を扱うようになる。

　また，議会が裁判権をもつことは，国王の専制に対抗して法の支配を守るためにも重要であると考えられていた。17世紀初めに，国王の逮捕権や課税権が

争われていた事件では，裁判官の独立がまだ保障されていなかったこともあり，国王に有利な形の判決が下されていた（☞第6章1（2））。そこで，エドワード・クック（1552-1634）ら反国王側は，議会こそが最高の裁判所であると繰り返し主張している。国王の圧力を受けた裁判官の判決を議会は覆すことができると論じられたのであった。

　なお，1876年には上訴管轄権法（Appellate Jurisdiction Act）が制定されたが，これは，中世以来行使されてきた貴族院の裁判権を，初めて制定法で定めたものであった。また，この法律により，常任上訴貴族（Lord of Appeal in Ordinary）という地位も創設されている。これは，優秀な法律家を一代限りの貴族に叙して貴族院議員の地位を与え，裁判にあたらせるもので，最高裁としての貴族院の役割は，常任上訴貴族，すなわち，貴族院議員ではあるものの，裁判官としての職務に従事する極めて優秀なごく少数の法律家たちに委ねられるようになったのである。当初は2名であったが，後に12名まで任命されるようになっている。そして，この制度により，貴族院の裁判の質が維持されるとともに，その最高裁としての地位も21世紀の初めまで継続されることになった。

　ただ，最高裁判所に相当するものが議会の中にあるため，法案の段階での審議に議員として加わっていた法律を，後に裁判官として解釈したり適用したりする危険は完全には排除できなかった。確かに，常任上訴貴族は，政治的な議論，党派間ですどく意見が対立するような審議には参加してはならないという不文律があったのだが，実際は，ごく少数ではあるものの，そのような議論，審議に参加していた者もいた。本来，法律は，複数政党間のコンセンサスを経て成立するものであり，裁判官には客観的な視点が要求されるはずであるが，例えば，議員として保守党の側に立って討論に参加した法案を，裁判官として保守党の意向に沿って解釈するといったことも出てくるであろう。大法官の地位が問題になった際に，議会である貴族院に裁判権が属することも，欧州人権条約第6条の独立，公平な裁判所による公正な審理を受ける権利を侵害しており，司法と立法の間の権力分立も徹底されなければならないと論じられるのは，至極妥当なことであった。19世紀の著名な思想家のウォルター・バジョット（1826-77）の，「イギリスの人々の最高裁判所が，議会のローブの下

8　イギリス法とヨーロッパ　183

連合王国最高裁判所

　連合王国最高裁判所は2009年10月１日から開廷されている。この裁判所は，連合王国，すなわち，イングランド・ウェールズ，スコットランド，北アイルランドの民事事件と，それからスコットランドを除く地域の刑事事件の終審裁判所であり，第１章冒頭の Topics でも触れられているように，そのエンブレムでは，４つの地域を象徴する草花が描かれている。

　2005年の憲法改革法でその設置が決定された後，ふさわしい建物が探されたが，有名なウェストミンスター議事堂，ウェストミンスター大寺院に程近いパーラメント・スクエアの一角のミドルセックス・ギルドホールが選ばれた。その建物は1913年から使われているゴシック調の建物である。

　また，設立当初は，それ以前の常任上訴貴族が引き続き連合王国最高裁判所裁判官としての任にあたったが，欠員が出た際は，上記の各地域から代表された裁判官任命委員会（☞第４章３（１））の３名の委員と連合王国最高裁判所裁判官１名と最高裁以外の上級裁判所の裁判官１名から成る選考委員会によって推薦されることになった。なお，連合王国最高裁判所は12名の裁判官によって構成されるが，その内の２名がスコットランド，１名が北アイルランドから選出されることが習律になっている。

　この裁判所では，裁判の現代化のための様々な工夫がなされている。まず，裁判官たちは，第４章末尾の Tea Break で見たようなかつらやガウンではなく，スーツを着用している。また，法廷の造りも工夫されており，イギリスの一般的な法廷とは違い，裁判官の席が一段高くなっていることもなく，さらには，裁判官席も含め，座席全体が円形状に配置されている。裁判の公開にも力を入れており，裁判を傍聴することが可能であるとともに，裁判の様子の録画映像をユーチューブの最高裁判所のチャンネルから見ることも可能である。なお，予約なしに建物に入ることが可能なので，ウェストミンスター議事堂やビッグベンに観光に行くことがあるならば，立ち寄ってみるのもいいだろう。

出典：（左）Peter Lane / Alamy Stock Photo．（右）Alex Segre / Alamy Stock Photo

に隠されていてはならない」という言葉が引用されたり，民主主義国家において，最高裁判所が議会に付属しているイギリスほど，司法の独立が危うくされているように見える国はないなどと論じられたのであった。

その結果，すでに見たように，2005年の憲法改革法によって貴族院の裁判権が消滅し，連合王国最高裁判所が設置されることになった。また，常任上訴貴族が議会の審議に参加することも禁止されている。これにより，イギリスにおける権力分立は大幅に前進することになり，ヨーロッパの基準に合致するようになったといえるだろう。

3　EU 離脱とイギリス法

（1）EU 法の概観

1973年にイギリスは単一市場の形成を目指す欧州共同体（European Communities）の一員になったが，その欧州共同体は，1993年発効のマーストリヒト条約により，EU に発展し，共通の外交・安全保障政策や司法協力など，政治的な統合も目指されるようになった。現在は，イギリスの離脱を経て加盟国は27ヶ国である。この EU の屋台骨を支えているのが条約であり，各国議会で批准される必要があるが，その基本原則の内のいくつかは国内の立法を必要とせずに各国で拘束力をもつ。条約は何度か改正されており，現在基本条約とされているのは，2009年に発効したリスボン条約によって改正された EU 条約およびEU 機能条約である。また，条約を基礎として定められるものには規則（regulation）と指令（directive）がある。その内，条約と規則は加盟国での特段の手続がなくても加盟国の法の一部となり，加盟国の法よりも優先されるもので，内容が明確で条件が付いていないならば，直接，人々の権利を発生させ（直接効果を生じさせ），各国の裁判所で用いられうる。一方，指令には政策目標と実施期限が示されており，それを実行するために国内法が定められる。さらに，条約などの解釈・適用には，EU 司法裁判所（Court of Justice of the European Union）が中心的な役割を果たしており，EU 法の基本原則を発展させる役割も担っている。

8　イギリス法とヨーロッパ　185

そのEU法が扱う領域は極めて多岐にわたっているが，ここでは，ごく簡単な紹介に止めたい。まず，ECの時代，そして現在のEUの基本政策は，単一市場の形成・完成である。この単一市場は，域内の国境間の人・物・資本・サーヴィスの移動を自由にすることで，EUを一つのまとまった地域とするという理念に支えられているが，これにより，加盟国全体の競争力が高められるとともに，結果として生じる経済活動の緊密化が紛争の抑止につながると考えられているのである。したがって，例えば，商品の自由移動の原則に基づき，他のEU諸国からの商品への数量制限や関税が禁止されている。また，EU各国はEUの関税同盟に属していて，対外的に共通の関税を課している。加えて，自由競争を促進するためのEU競争法もあり，さらには，共通の消費者保護政策も充実していて，EU共通の様々な規制がある。例えば，2014年の改正EUたばこ製品指令では，パッケージの前後両面の65パーセントの大きさで警告を記すことなどが定められ，加盟各国は，それを実行するための法律を定めなければならないとされた。また，単一市場をより完全なものにするために，人の自由移動も広汎に認められている。まず，EU機能条約第20条や第45条によって，EU市民である労働者がEU内を自由に移動し居住しうることと，仕事，賃金等の労働条件の国籍に基づく差別の禁止が定められている。また，5年間居住し続けると永住権が与えられることになっており，社会保障を受ける権利も認められていて，労働者の家族にも随伴して移動する自由が与えられている。

（2）EU離脱とイギリス法

さて，イギリスは1972年に，直接効果をもつEC法がイギリス国内で法として通用することなどを定めた欧州共同体法（European Communities Act）を制定することで，EUの前身であるECに加盟している。ただ，イギリスの裁判所がEC法をイギリス法に優位させる判断を下したのは，EC共通漁業政策でイギリスに割り当てられた漁獲高を使用できるのはイギリスで登録された漁船であり，その登録は，イギリス人，あるいはイギリス人が75パーセント以上株式をもつ会社に限るとした法律（1988年商船法）が，EC法の原則で直接効果を

EU法の痕跡——議会主権原則の修正

　以下で見るように、ブレグジットによって欧州共同体法は廃止され、議会主権は回復されたとも考えられる。しかし、ファクタテイム事件はその後のイギリスの裁判に大きな影響を与えている。

　ダイシーによると、イギリスの伝統的な議会主権とは、①議会の立法権が無制約であること、②議会制定法が最高法であることを意味していた（☞第1章3(2)）。ダイシーの説明はその後のイギリス法でも受け入れられ、さらに、より新しい制定法は、より古い法よりも優先されることも議会主権から導出されると考えられている。新しい制定法とより古い制定法が矛盾するような場合、より古い制定法は新しい制定法によって黙示的に改廃される（impliedly repealed）と説明されているのである。要するに、議会制定法は最高法なのであり、他のより古い制定法に基づいた異議でさえ受け付けられないのであった。

　実は、ファクタテイム事件の判決でも議会主権と矛盾しないような工夫がされている。貴族院（当時の最高裁判所）では、EC法と矛盾していたイギリスの1988年商船法を無効であるとして議会主権に限界があることを示したわけではなく、当該規定が適用できないとの判決を下している。中村民雄の整理によると、この判決の理由づけは、イギリス議会は、1972年に欧州共同体法を定めた時点でEC法が議会制定法に優位することを受け入れており、欧州共同体法以降にそれと反する立法（1988年商船法）をしたとしても、欧州共同体法を覆す意思を黙示的に示したとはいえず、欧州共同体法と矛盾する1988年商船法を適用することはできないというものであった。欧州共同体法の優位は議会の意思に基づくとされ、議会主権の原則とは矛盾しないような説明がされている。ただ、新しい制定法はそれと矛盾する・・より古い制定法を常に黙示的に改廃するという原則は修正されている。

　ファクタテイム事件の影響力は大きく、その後、新しい制定法が常により古い制定法を黙示的に改廃することがないならば、議会制定法には、他よりも重要な「憲法的法律（Constitutional Statute）」という範疇があるという意見が2002年のメートル法殉教者事件において出されている。この事件を裁いた高等法院のローズ判事によると、憲法的法律と言えるものには欧州共同体法の他に、マグナ・カルタを確認した法律（1297年）、権利章典（1689年）、1998年イギリス人権法、1998年スコットランド法（☞第7章3(2)）などがあり、これらを覆す際は、そのことを制定法に明示的に示さなければならないとされた。また、2014年の最高裁判所のハイスピード（高速鉄道路線）2判決では、レイシオ・デシデンダイ（☞第3章3(1)）ではなく、先例とはならない傍論においてであるが、議事手続は議会の専権であるという権利章典で定められている重大な憲法的原則とEU法が対立する場

8　イギリス法とヨーロッパ　187

合，前者が優先されると論じられている。1972年に欧州共同体法を定めた際に議会は，イギリス法における重大な憲法的原則をEC法が覆すことを意図してはいなかったと論じられているのである。

　EU離脱の通告には議会の承認が必要だと示した2017年の最高裁判所の判決（☞第1章3（2）Topics「ブレグジットと議会主権」）においても，（現）EU法はそれと矛盾する議会制定法によって黙示的に覆されることはないとしたファクタテイム事件の趣旨が確認されている。オックスフォード大学のニコラス・バーバーは，ダイシーによって示されている伝統的な議会主権の考え方は，より古い制定法は新しい制定法によって黙示的に改廃されるという原則が修正されたことで，ファクタテイム事件やその後の判決で維持できなくなっており，ブレグジット後も，そのような伝統的な議会主権へと回帰することはできないと論じている。

もっていた会社設立の自由や国籍による差別の禁止と矛盾するとした1991年のファクタテイム事件であった。このファクタテイム事件までイギリス議会は，EC法と抵触するような法律を制定しないようにしていたため，およそ20年の年月がかかったわけだが，この判決は，EC法，それからそれを引き継いだEU法の優位の象徴とされている。

　そのようなEU法のイギリス法に対する優位の中で，近年のイギリスで最も懸念されていたのが，労働者の移動の自由である。東欧の国々のEU加盟が続く中，それらの国々から大量の労働者が流入することが大きな政治問題となっている。2007年にルーマニアとブルガリアがEUに加盟した際，既存の加盟国は，最長7年間は新しい加盟国からの労働者の受入れを制限しうるとの協定が結ばれてはいたが，その労働者受入れの制限が2014年に失効し，反EUの世論がイギリスで一気に高まったのであった。

　本章の冒頭で見たように，イギリスは2016年6月23日に国民投票が実施され，EU離脱派が勝利した。そして，2020年1月31日にEUを離脱し，移行期間を経て2020年12月31日の23時からは，イギリスにEU法が適用されなくなって，法的にもEUから自立した国家になっている。そこまでの道のりは極めて複雑なものであったが，イギリス法とEU法との関係を中心に，この過程を詳しく説明したい。

EU条約第50条は，その第1項で「あらゆるEU加盟国は，その憲法の要求するところに従って（欧州）連合から離脱することを決定できる。」と定めるとともに，第2項では，離脱をする国は最初にEU側にその通告を行うとともに，EUがその国と離脱協定について交渉を行い，妥結することになっている。当時の首相のメイは，国王大権（☞第6章3（1）Key Word）を行使する形で離脱手続を開始しようとしたが，連合王国最高裁判所は，イギリスの国制の変更には議会の承認が必要であるとの裁定を下している（☞第1章3（2）Topics「ブレグジットと議会主権」）。その結果，「首相はEU条約第50条2項に基づいて，連合王国（United Kingdom）のEUから離脱する意図を通告してもよい」と定めている2017年欧州連合（離脱通告）法（European Union (Notification of Withdrawal) Act 2017）を成立させ，メイは，2017年3月29日にEUに対して正式に離脱通告をしている。

その後の，EU離脱のためにイギリス議会が制定した法律では，翌年の6月に成立した2018年欧州連合（離脱）法（European Union (Withdrawal) Act 2018）が特に重要である。

欧州連合（離脱）法は，第1条で「1972年欧州共同体法は離脱の日に廃止される」と定めている。その欧州共同体法は，第2条1項でEC（現EU）の条約や規則などがイギリスにおいて法的な効果を持つことを定めていたため，EUの法がイギリス法の一部になる「導管（conduit pipe）」であるとも言われていて，EUから離脱し，EU法の管轄から外れるためには廃止する必要がある法律であった。ただ，EC加盟以降，EC法，さらにはその後継のEU法やそこから派生した法律はイギリス法のかなりの部分を占めており，離脱後もそれらを維持しなければ，イギリス法に大きな穴が開いてしまうであろう。実際，2017年3月に政府が刊行した白書によると，その時点で，イギリス国内でも直ちに効力を持つEUの規則が1万2000ほど，指令などを実行するために作られた行政立法が7900ほどあった。（EU離脱後に議会によって取捨選別されることを前提としているが），大きな穴を開けることなくイギリス法の法的な継続性や安定性を維持するために，欧州連合（離脱）法は，EU離脱時のEU法やそこから派生した法のスナップショットを撮ろうとしたと表現されることもある。主

8　イギリス法とヨーロッパ　189

だったものだけを挙げていくと，まず，指令などを実行するために作られた政府の行政立法や議会制定法などは，すでにイギリス法になっているものであったが，EU 離脱後も継続して法的効力を持つことが定められている（第2条）。これらは保存される法（preserved legislation）と呼ばれている。一方，他のものは変換される法（converted legislation）と呼ばれているが，具体的には，まず EU の規則のことであり，離脱直前までイギリス法として作用している EU 規則は離脱後もイギリス法の一部をなす（第3条）。また，EU の条約の内，離脱直前までイギリスの裁判所でも用いることができる（直接効果を持っている）権利や義務などは，離脱後もイギリス法の中で認められ，裁判でも用いることができると定められている（第4条）。以上のような，EU 離脱後もイギリスの法として用いられるものは，まとめて継続 EU 法（Retained EU Law）と呼ばれていて，離脱より前に制定されたイギリス法と継続 EU が矛盾する場合は，離脱後も後者が優先的に適用されることも定められた（第5条）。しかしながら，継続 EU 法の中には EU の機関を前提としているものなどがあり，離脱後にそのままでは用いることができないものが数多く含まれていた。その際，イギリス政府は（行政による立法である）行政立法（委任立法）を用いるヘンリ 8 世条項（Henry VIII Clauses）を頼っている。

　ヘンリ 8 世条項とはヘンリ 8 世（在位：1509 - 47）が議会に作らせた1539年の布告法（Statute of Proclamations）に由来しているが，それはヘンリ 8 世の布告（命令）に議会の立法と同様な力を持たせるものであった。イギリスでは15世紀初頭から立法には国王，貴族院，庶民院の同意が必要とされていて，イギリスの憲法に反するものであり，布告法はヘンリ 8 世の死の直後に廃止されている。ただ，近年のイギリスでも，効率的な行政のためにヘンリ 8 世条項と呼ばれるものが数多くの法律で使われている。そしてその条項により，かつて布告法が国王の命令に議会の法律と同等の力を与えていたように，（議会の一定の監視の下で）大臣の行政立法によって当該の法律の規定を修正したり，廃止することが可能になっている。欧州連合（離脱）法の第8条でも，上述の EU の機関を前提としているものなど，EU 離脱後に不都合を生み出すような継続 EU 法の規定を修正する権限を大臣に与えている。そして，イギリス議会の法律よ

190

りも優先的に適用されていた，元々はEUの規則であったものも，このヘンリ8世条項によって修正が可能になっていた。

　ところでEU条約第50条3項は，離脱通告から2年を経ると離脱する国にはEU条約が適用されなくなると定めており，イギリスは当初は，離脱通告をした日の2年後の2019年3月29日までにEUと離脱協定を結ぶことを目指していた。ただ，EU側の同意によって離脱の時期の延長が可能であり，三度にわたって延期されている。そして交渉担当者の間で2019年10月に離脱協定が合意された後に，最終的には本章の冒頭で見たように，2020年1月31日にイギリスはEUを離脱している。さらに，イギリスとEUは，離脱後の新しい関係を構築している間も法の継続性と安定性が必要であるとして，2020年12月31日までの履行（移行）期間を設けていた。そして，その間もEU法がイギリスにおいて効力を持つようにするために，イギリス議会は2020年欧州連合（離脱協定）法（European Union（Withdrawal Agreement）Act 2020）を制定し，その法律によって上記の欧州連合（離脱）法を修正したり新たな条項を追加して，1972年欧州共同体法や（一部の例外はあるが）EU法が「履行期間終了日（IP（Implementation Period）completion day）」の2020年12月31日まで効力を持つようにした。その2020年12月31日の23時にEU法が効力を持たなくなり，その時点以降に，EU法やそこから派生した法ではなく，特殊な部類の法である継続EU法がイギリス法として通用するようになった。

　本章の最後に，2018年欧州連合（離脱）法や2020年欧州連合（離脱協定）法を継承し，履行（移行）期間終了後の継続EU法のイギリス法における位置づけを定めている2023年継続EU法（廃止と改革）法（Retained EU Law（Revocation and Reform）Act 2023）を見てみたい。この法律は2019年7月から2022年9月のジョンソン政権の理念が反映されたものとも捉えることが可能であり，今後のイギリス法におけるEU法の位置づけを示すものとも思われる。ジョンソンは元々イギリスがEUに加盟していることに懐疑的であり，2016年のEU離脱をめぐる国民投票の折も，離脱派の中心的な人物であった。本章で触れているように，離脱派，ブレグジットを推進する側のスローガンとして，「コントロールを取り戻せ」というものがあった。これは国家主権の回復という意味に取れ

8　イギリス法とヨーロッパ　191

北アイルランド国境問題

　2020年欧州連合（離脱協定）法の主要な目的は，離脱協定をイギリスで実行するための法を整備することにあった。その離脱協定の主な内容としては，まず，履行（移行）期間の終了時に合法的にEU加盟国に居住していたイギリス人，イギリスに居住していたEU加盟国の市民は，ホストとなる国によって異なるが，期限内に申請の上，ないしは自動的にホスト国での居住の権利が保障されることになった。また，イギリスがEUに加盟していた時に支払いの義務を負ったものの，未払いであった金銭をEUに支払うこと（離脱清算金の支払い），アイルランド（アイルランド共和国）の国境問題について合意されている。なお，EU離脱後も，2020年12月31日までの履行（移行）期間においては，イギリスは引き続き，EUの関税同盟，単一市場に属していて，イギリス・EU間での人や物の移動の自由も保障されていた。

　すでに述べたように，離脱の時期が三度にわたり延長されるなど離脱協定をめぐる交渉は難航し，当初，EUとの交渉を担当していた首相のメイが2019年5月に辞任を表明するに至っているが，交渉の最大の障壁であったのは，アイルランドの国境問題であった。本章の冒頭でも触れたように，EUから離脱したのは，スコットランドや北アイルランドを含むグレート・ブリテンおよび北アイルランド連合王国（UK）であったが，アイルランドがEU加盟国であるために，UKの北アイルランドとアイルランド間の国境は，離脱後のUKとEU間の唯一の陸続きの国境になっている。ただ，よく知られているように，カトリック教徒の多いアイルランドと，イギリスからの移民が多く，プロテスタントが多くを占める北アイルランドは互いに反目していて，1970年代以降はアイルランド統一を目指すカトリック系過激派組織のアイルランド共和軍（IRA）によるテロも多発していた。その後は，1998年のベルファスト合意によって和平が実現し，アイルランドと北アイルランドの間を自由に行き来できるようになり，その国境も継ぎ目のわからない（seamless）ものになったといわれているが，UKのEU離脱により，再び国境管理の必要性が生じてきた。例えば，本節（1）で見たように，EUには共通の消費者保護政策があって，食品に関しても厳しい規制があり，非加盟国から食品が輸送されてきた場合には，国境での検査が必要になるだろう。そして，そのような国境管理により，アイルランドと北アイルランドの間の緊張が再び高まることが危惧されていた。そのような背景の下，メイがEUとの離脱協定案に盛り込もうとしたのは，履行（移行）期間終了までに別の解決策が見つからなければ，UKがEUの関税同盟に残り，北アイルランドには引き続きEUの規制を適用して，アイルランドと北アイルランドの間の国境管理の厳格化を避けるというものであった。ただ，「バックストップ

（安全装置）」と呼ばれていたこの施策は，「コントロールを取り戻せ」（☞本章１（２））というブレグジットの趣旨にも反しているもので，メイは閣僚や与党の保守党議員の支持も失ってしまった。その後，続いて首相になったジョンソンが交渉を進め，2019年10月に，EUとの離脱協定案に合意している。アイルランドと北アイルランドの間の緊張化を避けるという趣旨はメイの提案と同じであったが，ジョンソンとEUの間の協定は，北アイルランドも含めたUKがEUの関税同盟には入らないことが前提となっている協定であった。まず，北アイルランドには，引き続きEUの規制が適用されることや，イギリスから来る製品がEUの基準に合致しているかどうかの検査を北アイルランドの港で行うことなどが定められている。また，関税については，イギリスから北アイルランドへ輸送される一定の製品には北アイルランドに入る段階でEUの関税がかけられるが，その製品が北アイルランドに留まるならばその関税が払い戻されることになるという施策も盛り込まれていた。この離脱協定案は，上記で述べたようにイギリス議会にも受け入れられ，それを実行するための2020年欧州連合（離脱協定）法も2020年１月23日に成立した。

　なお，EU離脱の後，履行（移行）期間が終了した前日の2020年12月30日には2020年EU将来関係法（European Union（Future Relationship）Act 2020）が成立している。それは，履行（移行）期間においては継続して属していたEUの単一市場，関税同盟からの離脱を翌日に控える中，イギリスとEUの貿易協定などを実行するための法律であった。その貿易協定では，その製品の原産地がイギリス，あるいはEU加盟国であるなど，ブレグジット以前はなかった複雑なルールを伴うものの，原則ではイギリスとEU加盟国の間では関税も輸入制限も課されない一方，製品の規格について基準が共有されることはなく，例えばイギリスの業者は，食品の安全性などに関してEUの規格，規制に沿った物品を輸出し，国境での検査と審査を受ける必要が生じている。

るが，上記のTopicsで触れたように離脱協定の交渉の際，ジョンソンがEUの関税同盟からの離脱に固執したのも，関税同盟に加盟したままでは，主体的に第三国との貿易協定を模索することができなかったためであると言われている。また，EUの単一市場からの離脱も，物・商品の自由移動という恩恵はあるものの，例えば食品などについての消費者保護のためのEU共通の厳格な規制に従わなければならず，イギリスが独自で規制を作ることができないためであった。さらには，イギリスが独自の規格をもつことができないならば，第三

8　イギリス法とヨーロッパ　│193

国との貿易交渉を主体的に行うことが難しくなるという考慮があったようだ。そのような国家主権の回復は裁判や立法の面でも強調されていて，イギリス政府が刊行し，ジョンソンが巻頭言を寄稿している「ブレグジットの利益（The Benefits of Brexit）」という2022年1月のパンフレットでは，イギリス法が何を定めているかを最終的に決定する役割をイギリスの最高裁判所が持つようになったことや，立法に対するイギリス人の民主的なコントロールを取り戻したことが，「ブレグジットの利益」として挙げられている。

　上記の2022年1月のパンフレットでは，EUを離脱し国家主権が回復された後に進むべき方向として，EUによる規制から自立した，イギリスの企業や消費者を益するような法制度を構築することが重要であるとも説かれている。そして，そのための関連する施策として，①イギリスの国益に適わない継続EU法を明らかにするための，イギリス政府による継続EU法の包括的なレビュー，②ブレグジットの，特に経済的効果を早期に実現するための，行政立法による継続EU法の早期の廃止や代替案の実現，③欧州共同体法や2018年欧州連合（離脱）法で認められていた，EU法のイギリス法に対する優位的地位の撤廃などが挙げられている。

　これらの施策をさらに推し進めようとしたのが，2023年6月に成立した2023年継続EU法（廃止と改革）法である。その法律によって継続EU法が2024年1月からはその特別な地位を失い，名称も被同化法（Assimilated Law）に変わることになった。継続EU法は一般的なイギリス法と同様に扱われるようになったのである。例えば，イギリス法とEU法が対立する場合に　EU加盟時には，上記のファクタテイム事件で示されていたように，EU法が優先的に適用されていた。同様に，法の継続性や安定性を維持するため，2018年欧州連合（離脱）法（とそこで定められていた期間を離脱時から履行（移行）期間終了日に修正した）2020年欧州連合（離脱協定）法は，法的安定性を維持するために，履行（移行）期間終了日までに制定されていたイギリス法が継続EU法と矛盾する場合，履行（移行）期間終了後も継続EU法が優先されることを定めていたが，2023年継続EU法（廃止と改革）法により，そのような優位性が失われたのである。さらに大きな点として，2018年欧州連合（離脱）法第4条では，（直

接効果を持っていた）EU 条約上の権利などを，（同じく期間は修正されたが）履行（移行）期間終了日以降も，継続して裁判で用いることができると定めていたが，2023年継続 EU 法（廃止と改革）法の第2条は，その条文を廃止し，2024年1月からは，イギリスの裁判で（直接効果を持っていた）EU 条約上の権利を用いることはできなくなった。一方，EU 法の解釈については，イギリスの裁判所は，EU 加盟時は EU 司法裁判所の解釈に従う必要があった。また，対象となる継続 EU 法が元となった EU 法を修正していなければ，履行（移行）期間終了日までに示された EU 司法裁判所による当該継続 EU 法の解釈にも，（最高裁判所や控訴院を除いて）イギリスの裁判所は従う義務を負っていた。しかし，イギリスの裁判所の主権を回復するという名目で，連合王国最高裁判所や控訴院に判断を付託し認められるならば，高等法院にもそのような義務がなくなることが，2023年継続 EU 法（廃止と改革）法の第6条には定められている（但し，労働党に政権が交代し，2024年の10月にこの条文の執行は留保されている）。また，関係する大臣は，継続 EU 法（2024年1月以降は被同化法）を廃止したり，新しい行政立法で置き換えたりする極めて大きな権限を与えられている。上述のように，2018年欧州連合（離脱）法ではヘンリ8世条項が用いられていたが，2023年継続 EU 法（廃止と改革）法により，EU 離脱前，そして履行（移行）期間終了前には直接効力をもっていて，それ以前に制定されたイギリス議会の法律よりも優先的に適用されていた，元々は EU の規則であった継続直接効果 EU 法（Retained Direct EU Legislation）が，イギリスの行政立法などと同等なものとされて，大臣によってヘンリ8世条項を用いずにより容易に変更できるようになっている。そして，その多くは庶民院と貴族院に提示されて，一定の期間（議会開会中の40日間），異議がでなければ成立するようになった。なお，継続 EU 法ダッシュボードという政府によるデータベースが公開されていて，継続 EU 法（被同化法）がどのように扱われたかが公開されている。2024年12月の時点で，修正されたものが806件，廃止が1484件，変更されていないものが4417件であった。

　2023年継続 EU 法（廃止と改革）法が対象としているのは，当然，EU 法の影響を受けてきた分野になる。一般的には，貿易，農業，金融業，環境や雇用な

どが EU 法の影響が大きかった分野として挙げられている。具体的にどのような対応がなされたかを見ていくと，国内で実行するための議会制定法や行政立法が必要であった EU 指令に関しては，例えば，週の最大平均労働時間などを定めていた EU の指令を実施するためのイギリスの行政立法は（EU の調停に関する規定が削除されたところを除くと）変更されていないようだ。一方，金融業の規制に関する EU の指令を実行するために導入されたイギリス法は数多くあるが，その多くは元々，EU の機関を監督機関とする規定を伴っていた。EU を離脱したため，そういった規定は，監督機関をイギリスの機関にするよう修正されている。また，国内法化を経ずにイギリス法に組み込まれていた EU 規則を見てみると，例えば EU 一般データ保護規則についても EU の規制当局や欧州データ保護会議に関する規定は削除されており，EU の立法を参照している規定なども削除されている。さらに，（イギリス法に同化された）規則は EU ではなくイギリスにおいてのみ適用されているが，そのことを明示するための規定の修正も行われている。ただ，個人情報の保護のルールについて，実質的，内容的な変更はなされていないようだ。一方，EU の条約上の権利は，上述のように 2023 年継続 EU 法（廃止と改革）法の第 2 条によって，2024 年 1 月からはイギリス国内の裁判所で用いることができなくなっている。ただ，同一労働・同一賃金の原則に基づいて男女の間の均等待遇を定めている EU 機能条約第 157 条は，イギリス法やイギリスの裁判において極めて重要な役割を果たしていた。イギリスには男女の間の差別などを禁止する 2010 年平等法という法律があるが，それでは多くのケースを救済できないことが社会問題となった。そこでイギリス政府は 2023 年に，2010 年平等法修正規則を定め，EU 機能条約第157 条の効果の一部を維持している。

　すでに見たように，2023 年継続 EU 法（廃止と改革）法は，ブレグジット後にイギリスの議会や裁判所を EU による規制から解放して，イギリスの企業や消費者を益するような法制度を作るための法律であると考えられていた。「ブレグジットの利益」という 2022 年の政府のパンフレットでも，ブレグジットがもたらしたものとして，企業への負担を最低限のものにしつつ，経済成長，イノベーション，競争が活発となるようなイギリス独自の規制を作る機会を得た

ブレグジットとプレミアリーグ

　テレビ，あるいは携帯などでも欧州サッカーのライブ観戦が可能になっており，イギリスのプレミアリーグに関心をもっている方も多いのではないか。連合王国は，海外ではブリテンと呼ばれるのが一般的で，第1章3（2）のTopics「ブレグジットと議会主権」でも説明されているように，ブリテンがEUから出て行ったことがブレグジット（Britain + Exit）という略称で呼ばれていることはご存知であろう。実は，プレミアリーグも，ブレグジットから大きな影響を受ける可能性があった。

　ヨーロッパのサッカーを劇的に変えた事件として1995年のボスマン事件がある。それ以前は，クラブが雇える自国外選手の数は限られており，欧州サッカー連盟（UEFA）のチャンピオンズリーグでも，自国外の選手は3人（ユース出身者であれば＋2人）しか試合に出られなかった。しかしながら，EU司法裁判所は，1995年に，外国人選手の数を制限することは，外国人労働者の移動の自由を保障するEEC条約第48条（現EU機能条約第45条）に違反すると判決している。これ以降，プレミアリーグのチームも，EU加盟国の選手を無制限に獲得することが可能になり，1999年の試合では，ロンドンのチェルシーが，初めてイギリス人なしの11人の先発選手で試合をしている。

　しかしながら，ブレグジットは，プレミアリーグにも大きな影響を与えている。本文で見たように2020年12月31日に履行（移行）期間が終了し，イギリスは単一市場から離脱するとともにEU法の効力も及ばなくなった。その翌日の2021年1月1日からはEU市民のイギリスへの移動の自由は制限されることになり，原則的に非EU市民と同様の扱いを受けることになった。EU加盟国出身の選手にもビザが必要であり，おもに国際スポーツ人材ビザを申請しているが，それが発給されるためには，国が指定した統括団体であるイングランドサッカー協会（FA）による統括団体の推薦（GBE：Governing Body Endorsement）や所属予定のクラブの保証などが必要となっている。そして，その推薦には，①直近2年間の代表戦に出場した割合，②所属リーグの試合に出場した割合，③チャンピオンズリーグなどの欧州

イギリス随一名門のサッカー・クラブ，マンチェスター・ユナイテッドの本拠地，オールドトラフォード。

撮影：戒能通弘

8　イギリス法とヨーロッパ　197

サッカー連盟（UEFA）主催の大会やコパ・リベルタドーレスなどの，クラブの国際大会の試合に出場した割合などに基づいて付与される（代表の順位，リーグや大会のレベルによって加算される）ポイントが15ポイント以上でなければならない。ただ，国際サッカー連盟（FIFA）ランキング20位（2024年12月時点で日本は15位）までの国の代表選手ならば，直近2年間の代表戦の40パーセント以上に出場しているのならば，自動的に承認されFAの推薦を受けることができ，ビッグクラブへの影響は限定的なようだ。また，一定の基準を満たせば各チーム最大4枠までは，ポイントが足りない選手でも労働許可証が得られるようになっている。

ことが挙げられているが，新自由主義的な社会の実現が目指されていたようである。その一方で，上記で触れたように，週の最大平均労働時間を定めるEU指令を実現するための行政立法は維持され，EU機能条約第157条で保障されていた同一労働・同一賃金の原則の効果についても，その趣旨を維持するための行政立法が制定されている。ただ，ブレグジット以前は，EU法のイギリス法に対する優位的地位によって，EUの規制を覆すことはできなかったが，ブレグジット後は，議会主権の回復によってイギリスの議会制定法によって覆すことができるようになったことは重大な変化である。

ま　と　め

　本章においては，欧州人権条約の国内法化を試みた1998年人権法，その欧州人権条約第6条に規定された「公正な裁判を受ける権利」により，大法官の地位の変革や連合王国最高裁判所の成立に至った経緯を説明するとともに，EU法について簡単に説明した。また，1998年人権法をめぐる近年の動きや，ブレグジット後のイギリス法とEU法の関係についてもできる限り詳述している。
　大法官の地位の変革，貴族院の裁判権の廃止，連合王国最高裁判所の設置には，欧州人権条約，そしてその背景にある，権力分立を支えるヨーロッパで定着していた法思想が計り知れない影響を与えている。歴史的継続性を特徴とするイギリスの法制度らしく，大法官の地位は1000年ほどの歴史があり，貴族院の裁判権も，元々は，中世の王会に起源を有するものであった。そして，21世

紀の初めまで，これらの制度が維持されていたのは，それ相応の理由があり，例えば，大法官は，行政，立法，司法の調整役を果たすとされたし，裁判官が議会の審議に参加することで，裁判官の視野が広がるなどと論じられてきた。しかし，21世紀になって，ヨーロッパの影響，それからグローバル化が進む中で，厳密な権力分立というヨーロッパ，あるいは世界の常識に抗えなくなっていたと整理することが可能である。

　ただ，本章1（2）で見たように，1998年人権法や欧州人権条約からの離反への動きは，伝統的な議会主権への回帰の動きとしても見ることができる。さらに，本章3（2）で見たように，特にEU離脱の後には，EUの規制からの解放を促進するために議会主権が頼られていた。EUの規制の多くは，被同化法としてイギリス法に吸収されているが，EU法が優先されていたEU加盟時とは違い，議会の立法によって覆しうるものになっている。今後は，EU法がカバーしていた領域において，その時々の内閣や議会の意向によっては，EUとの距離がさらに広がる可能性もあるだろう。

ブックガイド

①江島晶子『人権保障の新局面──ヨーロッパ人権条約とイギリス憲法の共生』（日本評論社，2002年）

　　専門書ではあるが，人権法の成立から間もない時期に出版され，欧州人権条約について，欧州人権条約のイギリスへの影響について，さらには，1998年人権法のもつ可能性について検討されている。1998年の人権法成立までの約半世紀の歴史が検討対象とされており，参考になる点が多い。

②田島裕『イギリス憲法典──1998年人権法』（信山文庫，2010年）

　　1998年の人権法の翻訳とともに，原文も収められている。イギリス人権法と欧州人権条約の人権規定の間には，いくつかの違いがあるのだが，その辺りの点など，本章では触れることができなかった人権法の背景について，「解説」で詳しく説明されている。

③中村民雄『EUとは何か──国家ではない未来の形〔第3版〕』（信山社，2019年）

　　EUについて，その設立の歴史的背景，EUの諸機関などについての説明がなされるとともに，商品の自由移動，人の自由移動，社会保障制度など，複雑で膨大なEU法の内実を，それぞれの時代的な背景とともに，非常に分かりやすく描いてい

8　イギリス法とヨーロッパ　199

る。さらに，EU 司法裁判所の重要な裁判例についても丁寧に説明されており，EU 法がどのように発展してきたのか，具体的に示されている。

④ **スティーブン・デイ，力久昌幸『「ブレグジット」という激震──混迷するイギリス政治』**（ミネルヴァ書房，2021年）

ブレグジットの過程は極めて複雑で，整理して理解するのは極めて困難である。特に北アイルランド（UK）とアイルランドの国境問題に端を発する混乱は当時のニュースを見直すだけでは理解するのは難しいだろう。本書は2016年から2020年にかけてのイギリス政治を詳細に追っており，例えば，北アイルランドの問題をめぐって，なぜメイとジョンソンの間で明暗が分かれたかなどの興味深い問題について，当時の政治家の発言，イギリスのメディアの報道，議会の文書などに基づいて丹念な分析がなされている。扱われている政治家の数も多く，例えば2024年7月に首相に就任したケア・スターマーが，労働党の影の EU 離脱担当相であった際に述べた離脱協定についての見解なども紹介されている。

⑤ **齋藤千紘・小島秀亮『〈人権の守護者〉欧州評議会入門』**（信山社，2022年）

イギリスは EU からは離脱しているが，欧州人権条約への加盟は続けており，それをイギリス国内法とした1998年イギリス人権法も維持されている。本書はその欧州人権条約を作った欧州評議会の成り立ち，しくみや機関について説明されている。人権，民主主義，法の支配といった理念を広めることを目的とした機関であるが，ウクライナへの軍事侵攻を機に加盟国であったロシアが除名されたことなど，最近の動きについても説明されている。巻末に掲載された欧州評議会に関わる人々へのインタビューからは，欧州人権裁判所の判決執行のシステムなど，現在の欧州評議会の具体的な課題を知ることもできる。

第 2 版あとがき

初版の刊行から 7 年近くが経過した。大変ありがたいことに，先生方，学生の皆さんや読者の方々から，大変温かい評価をいただいた。著者の勤務校以外でもテキストとして使っていただいていると伝え聞いていて，大変感謝している。したがって，基本的な内容，構成は維持しているが，イギリス法をめぐる環境には大きな変化があり，相当なアップデートが必要になった。

一番大きな出来事は，ブレグジットにより，2020年12月31日以降に EU 法がイギリスに適用されなくなったことであろう。初版刊行時に2018年欧州連合（離脱）法が成立していたが，その2018年欧州連合（離脱）法などにより，しばらく EU 法は保存されていた。その後，2023年継続 EU 法（廃止と改革）法によってイギリス法に同化され，容易な修正・廃止が可能になっているが，そこに至る過程を詳しく説明するようにした。また，ヨーロッパ大陸との距離が広がっていて，1998年イギリス人権法に代わる，（成立しなかったものの）2022年の権利章典法案提出までの動きもフォローした。

他にも弁護士や訴訟の数などを最新の数字に代え，離婚制度やソリシタ養成制度の変更，高等法院の商事財産裁判所などに関する記述も加えた。コラムも追加して，特にイギリス憲法についての理解を深めてもらえるよう工夫している。さらに，初版後に刊行された本を各章末のブックガイドに追加し，巻末の参考文献では，読者にも有用であろうウェブサイトの情報も載せている。

第 2 版の刊行にあたり，共著者の竹村和也先生には，直近のスコットランド独立の動向など，貴重なアップデートをしていただいた。また，同志社大学法学部の戒能の 4 回生ゼミに所属されている山岡萌恵さんと安田優羽さんには，初校のゲラを丹念にご確認いただき，貴重なご指摘を数多くいただいた。最後に，法律文化社編集部の舟木和久さんには，初版に引き続き，大変お世話になった。記して感謝申し上げたい。

2025年 2 月 3 日

戒能　通弘

あとがき

本書は，「判例法主義」，「法律家制度」，「陪審制」，「法の支配」といったイギリス法の特徴に焦点を当てたイギリス法入門である。これからイギリス法を勉強しようとする学生の皆さんに，特に重要だと考えられる，また，日本法とは異なるイギリス法の特徴について，できるだけ分かりやすく説明することを試みた。

もちろん，2000年代以降に限っても，イギリス法に関する優れた著書，専門書は数多く出版されている。また，少し時代を遡れば，イギリス法，あるいは英米法の基本的な特徴に焦点を当てた優れたテキストはいくつもある。ただ，前者に関しては，その多くは，必ずしも大学でテキストとして用いるために書かれたものではないだろう。また，後者に関しても，今日でも極めて有益ではあるものの，著者（＝戒能通弘：以下同じ）が学部生の時代にまず取り組んだようなものも多く，例えば，「バリスタとソリシタの二分制の相対化」，「刑事の陪審審理を受ける権利の制限」，「1998年イギリス人権法の影響」，「貴族院の裁判権の廃止と連合王国最高裁判所の設置」といった最近のイギリス法の大きな変化についてフォローしている訳ではない。著者は，勤務校において，本書の共著者の竹村和也先生とともに「イギリス法」の講義を担当しているが，アメリカ法と比べると，学部の講義のためのイギリス法のテキストは，やや不足しているのではないかとの思いをもち続けてきた。私たちの授業を受講した学生からも，最近のイギリス法の動向についてのレポートを書くときに，参考文献を探すのが難しいとの相談を受けることが度々ある。自分がイギリス法の教科書を書くことになるとは考えていなかったものの，本書のようなテキストには，それなりのニーズがあるのではないかと期待している。

イギリス法を学ぶ意義については，冒頭の「序論」でいくつか挙げさせていただいているが，日本法とは大きく異なるイギリス法を理解してもらうために，本書では，「何故，そのような制度になっているのか」という視点を重視している。そして，本書のサブタイトルにあるように，「歴史，社会，法思想から見る」ことで，例えば，「何故，イギリスは判例法主義を採用しているの

か」,「何故,イギリスには,2種類の法律家が存在しているのか」,「何故,イギリスでは陪審が法を無視した評決を下すことができるのか」,「何故,最近までイギリスでは議会の上院が最高裁の役割を果たしていたのか」といった,多くの初学者がもつであろう疑問に,分かりやすく答えることを目指している。イギリス法には,日本の法を学んでいる人たちからすると,分かりづらい面が数多くあるが,「歴史,社会,法思想から見る」ことで,イギリス法の基本的な特徴についての理解を進めていただければ幸いである。イギリス法を勉強する際は,そこからスタートする必要があると思うし,法学以外を専攻する方々がイギリス法への関心を深める際にも,有用なアプローチだろう。

本書の準備,完成に向けた段階で,数多くの方々のご教示,ご助力をいただいている。まず,このテキストの執筆にご協力いただいた,共著者である竹村和也先生に感謝申し上げたい。(特に第1章では,全体の内容,難易度を統一するための調整はさせていただいたが),竹村先生には,イギリス法の歴史(第1章)とスコットランド法(第7章)について執筆いただいた。エディンバラ大学へのご留学経験もある竹村先生は,スコットランド法を主要な研究対象とされてきたが,そのスコットランド法に関する日本語の文献は,必ずしも多くはない。スコットランド法の成立から現在までを扱う概説ではあるものの,第7章は,本書の特徴の1つになっていると思う。

また,本書の構想について,著者が勤務する同志社大学法学部の教員有志の研究会である「イギリス法研究会」で報告し,数多くの貴重なご指摘をいただいた。当研究会を主宰され,報告の機会をくださった川本哲郎先生,偶然来日中であったことから,著者の報告をお聴きいただき,例えば,ソリシタ養成制度の改革などについて,貴重なご教示をいただいたアンドリュー・ワトソン先生(シェフィールド・ハラム大学)には,特に感謝している。さらに,著者の4年生ゼミに所属されていた安達佳良さん,小畠彩さん,福田旺史さんには,元々の原稿,初校の全体をチェックしていただいた。特に小畠さんには,再校もチェックいただくとともに,「学生目線での読みやすさ」という点から,貴重なご助言を数多くいただいている。もちろん,本書に思わぬ誤りがあるとすれば,著者の責任であるが,上記のゼミ生の方々に,随分と読みやすいものに

あとがき　203

していただいたと思う。

　本書を執筆するにあたっては，イギリスで最近出版された定評あるテキストを主に参考にしているが，わが国の優れた先行業績も大いに参考にさせていただいている。ただ，教科書という性質上，出典の注等を付けておらず，巻末の参考文献表も，初学者の参考になりそうなもの，図書館などで比較的手に取りやすいと考えられるものなど，最低限のものに止めさせていただいた。当然，数多くの優れた研究書，研究論文を参考にしなければ，本書は書けなかったであろう。先学の，そして，同業の方々の卓越したご業績に，この場をお借りして謝意を表したい。それとともに，上記の事情に関してご宥恕いただけるようならば，大変幸いである。

　最後に，本書の執筆のお話を著者にお寄せいただき，構想の段階から様々な貴重なご指摘をいただいた法律文化社編集部の舟木和久さんに，衷心より御礼申し上げたい。舟木さんには，原稿すべてに目を通していただき，各章の構成についてなど，極めて有益なご指摘を数多くいただいた。そもそも，「歴史，社会，法思想」からイギリス法を理解するという本書のアプローチは，お話をいただいた際に，舟木さんにご提案いただいたものである。著者は以前，『法律講話』［復刻版］（慈学社，2011年）に解説を書いたのだが，その解説も含めてお読みいただき，そこでも示されていた「社会と思想の歴史を中心としたアプローチ」の意義を再認識されたと伺っている。大変ありがたいことである。にもかかわらず，著者の怠慢もあって，特に初校の校正の際に，締切りを大幅に超過してしまうなど，大変なご迷惑をおかけしてしまった。失態をお詫びするとともに，本書の刊行に向け，大変なご尽力をいただいた舟木さんに，ここに記して御礼申し上げたい。

2018年 2 月18日

戒能　通弘

■ 主要参考文献

邦語文献

五十嵐清『ヨーロッパ私法への道——現代大陸法への歴史的入門〔新装版〕』（日本評論社，2017年）

伊東俊太郎『十二世紀ルネサンス』（講談社学術文庫，2006年）

梅川正美・阪野智一・力久昌幸編『現代イギリス政治〔第2版〕』（成文堂，2014年）

勝田卓也「アメリカ刑事陪審制度研究の展望」，家本真実・松村歌子・竹部晴美編『岐路に立つ市民の司法参加制度——英米の陪審制度から日本の裁判員制度を考える』（日本評論社，2023年）所収

加藤紘捷・菊池肇哉「イギリスの陪審裁判の変遷と2003年刑事裁判法による近時の改正」『社会科学研究』33（2），2013年

アンソニー・ギデンズ（佐和隆光訳）『第三の道——効率と公正の新たな同盟』（日本経済新聞出版社，1999年）

倉持孝司編著『「スコットランド問題」の考察——憲法と政治から』（法律文化社，2018年）

倉持孝司・松井幸夫・元山健編著『憲法の「現代化」——ウェストミンスター型憲法の変動』（敬文堂，2016年）

ポール・クレイグ（中村民雄訳）『イギリス・EU・グローバル行政法』（早稲田大学出版部，2023年）

小林章夫『スコットランドの聖なる石——ひとつの国が消えたとき』（NHKブックス，2001年）

近藤申一『イギリス議会政治史（上）』（敬文堂，1970年）

初宿正典・辻村みよ子編『新解説世界憲法集〔第5版〕』（三省堂，2020年）

庄司克宏『はじめてのEU法〔第2版〕』（有斐閣，2023年）

ピーター・スタイン（屋敷二郎監訳，関良徳・藤本幸二訳）『ローマ法とヨーロッパ』（ミネルヴァ書房，2003年）

高窪貞人『イギリス法入門〔4訂版〕』（中央大学出版部，1999年）

高野敏樹「イギリスにおける「憲法改革」と最高裁判所の創設——イギリスの憲法伝統とヨーロッパ法体系の相克」『上智短期大学紀要』（30），2010年

高橋哲雄『スコットランド——歴史を歩く』（岩波新書，2004年）

田中和夫『英米法概説〔再訂版〕』（有斐閣，1981年）

田中英夫『英米法総論（上）（下）』（東京大学出版会，1980年）

田中英夫編集代表『英米法辞典』（東京大学出版会，1991年）

出口保夫・小林章夫・齊藤貴子編『21世紀イギリス文化を知る事典』（東京書籍，2009年）

土井美徳『イギリス立憲政治の源流——前期ステュアート時代の統治と「古来の国制」論』（木鐸社，2006年）

中澤信彦・桑島秀樹編『バーク読本——〈保守主義の父〉再考のために』（昭和堂，2017年）

中村民雄「EUの中のイギリス憲法——「国会主権の原則」をめぐる動きと残る重要課題」

『早稲田法学』87（2），2012年

――――「欧州人権条約のイギリスのコモン・ロー憲法原則への影響――「法の支配」の変・不変」『早稲田法学』87（3），2012年

――――「英国の国家主権・国会主権・人民主権とEU――Brexitが露呈した不文憲法体制の混迷」『早稲田法学』95（2），2020年

クヌート・W・ネル（村上淳一訳）『ヨーロッパ法史入門――権利保護の歴史』（東京大学出版会，1999年）

幡新大実『イギリスの司法制度』（東信堂，2009年）

坂東行和『法の世界とその周辺――法的思考と中世イギリス史』（法律文化社，2001年）

深尾裕造『イングランド法学の形成と展開――コモン・ロー法学史試論』（関西学院大学出版会，2017年）

リチャード・ポズナー（國武輝久訳）『イギリスとアメリカの法と法理論』（木鐸社，2019年）

丸山英二『入門アメリカ法〔第4版〕』（弘文堂，2020年）

F・W・メイトランド（森泉章他訳）『イングランド法史概説』（学陽書房，1992年）

森　護『スコットランド王国史話』（大修館書店，1988年）

矢頭敏也編『英米法序説』（敬文堂，1997年）

アラン・ワトソン（瀧澤栄治・樺島正法訳）『ローマ法と比較法』（信山社，2006年）

英語文献

E. Allbon and S. Kaur Dua, *Elliott & Quinn's English Legal System*, 22nd ed. (Pearson Education Limited, 2024).

P. Atiyah, *Law and Modern Society*, 2nd ed. (Oxford University Press, 1995).

P. Atiyah and R. Summers, *Form and Substance in Anglo-American Law: A Comparative Study of Legal Reasoning, Legal Theory, and Legal Institutions* (Clarendon Press, 1987).

N. Barber, *The United Kingdom Constitution: An Introduction* (Oxford University Press, 2021).

H. Barnett, *Constitutional and Administrative Law*, 15th ed. (Routledge, 2024).

M. Bromby, *English Legal System: The Fundamentals*, 5th ed. (Sweet & Maxwell, 2022).

F. Cownie, A. Bradney and M. Burton, *English Legal System in Context,* 6th ed. (Oxford University Press, 2013).

P. Darbyshire, *Darbyshire on the English Legal System*, 11th ed. (Sweet & Maxwell, 2014).

――――, *Darbyshire on the English Legal System*, 12th ed. (Sweet & Maxwell, 2017).

――――, *Darbyshire on the English Legal System*, 13th ed. (Sweet & Maxwell, 2020).

M. Dewart, *The Scottish Legal System*, 6th ed. (Bloomsbury Professional, 2019).

S. Douglas-Scott, *Brexit, Union, and Disunion: The Evolution of British Constitutional Unsettlement* (Cambridge University Press, 2023).

E. Duhs and I. Rao, *Retained EU Law: A Practical Guide* (The Law Society, 2021).

E. Finch and S. Fafinski, *English Legal System*, 9th ed. (Pearson Education Limited, 2023).

A. Gillespie and S. Weare, *The English Legal System*, 9th ed. (Oxford University Press, 2023).

D. Kelly, *Slapper and Kelly's The English Legal System*, 20th ed. (Routledge, 2024).

M. Lambarth, *A Really Basic Introduction to English Law and the English Legal System* (CreateSpace Independent Publishing Platform, 2014).

H. MacQueen, L. MacFarlane (ed.), *Studying Scots Law*, 6th ed. (Bloomsbury Professional, 2022).

J. Martin, *English Legal System*, 8th ed. (Hodder Education, 2016).

R. Masterman and C. Murray, *Constitutional and Administrative Law*, 3rd ed. (Cambridge University Press, 2022).

M. Partington, *Introduction to the English Legal System 2017-2018* (Oxford University Press, 2017).

─────── , *Introduction to the English Legal System*, 15th ed. (Oxford University Press, 2021).

D. Priel, Conceptions of Authority and the Anglo-American Common Law Divide, in *The American Journal of Comparative Law* 65 (2017).

G. Rivlin, *First Steps in the Law*, 7th ed. (Oxford University Press, 2015).

G. Samuel, *A Short Introduction to the Common Law* (Edward Elgar Publishing, 2014).

G. Slapper, *How the Law Works*, 4th ed. (Routledge, 2016).

G. Slapper and D. Kelly, *Law: The Basics* (Routledge, 2011).

M. Thomas and C. McGourlay, *English Legal System Concentrate*, 2nd ed. (Oxford University Press, 2020).

R. White, I. Willock and H. MacQueen, *The Scottish Legal System* (Bloomsbury Professional, 2013).

ウェブサイト

'Annual Report and Accounts (The Supreme Court and Judicial Committee of the Privy Council, 2022–2023)' [https://www.supremecourt.uk/docs/annual-report-2022-2023.pdf] (最終閲覧日2024年 8 月22日)

'The benefits of Brexit: how the UK is taking advantage of leaving the EU (Cabinet Office, 2022)' [https://www.gov.uk/government/publications/the-benefits-of-brexit] (最終閲覧日2024年 9 月 3 日)

'Bill of Rights Bill: Government Bill (UK Parliament, 2022)' [https://bills.parliament.uk/bills/3227/publications] (最終閲覧日2024年 8 月28日)

'The Business and Property Courts of England & Wales: Chancery Guide 2022 (Courts and Tribunal Judiciary, 2023)' [https://www.chba.org.uk/for-members/library/guidance-and-notes/the-chancery-guide-2022.pdf] (最終閲覧日2024年 8 月21日)

'Civil Justice Statistics Quarterly (Ministry of Justice, January to March 2024)' [https://www.gov.uk/government/statistics/civil-justice-statistics-quarterly-january-to-march-2024/civil-justice-statistics-quarterly-january-to-march-2024] (最終閲覧日2024年 8 月21日)

'Coronavirus Act 2020 (legislation.gov.uk, 2010)' [https://www.legislation.gov.uk/ukpga/2020/ 7 /pdfs/ukpga_20200007_en.pdf] (最終閲覧日2024年 8 月25日)

'Court statistics for England and Wales (House of Commons Library, 2023)' [https://

researchbriefings.files.parliament.uk/documents/CBP-8372/CBP-8372.pdf］（最終閲覧日
2024年 8 月21日）

'Criminal Proceedings in Scotland' (Scottish Government, 2021-22)［https://www.gov.scot/
publications/criminal-proceedings-scotland-2021-22-updated/pages/ 7 /］（最終閲覧日2024
年10月15日）

'Diversity of the judiciary: Legal professions, new appointments and current post-holders
(Ministry of Justice, 2024)'［https://www.gov.uk/government/statistics/diversity-of-the-
judiciary-2024-statistics/diversity-of-the-judiciary-legal-professions-new-appointments-and-
current-post-holders-2024-statistics］（最終閲覧日2025年 1 月15日）

'Elitist Britain 2019 (Sutton Trust, 2019)'［https://www.suttontrust.com/wp-content/
uploads/2020/01/Elitist-Britain-2019-Summary-Report.pdf］（最終閲覧日2024年 8 月25日）

'The end of REUL? Progress in reforming retained EU law (UK Parliament, 2024)'［https://
commonslibrary.parliament.uk/research-briefings/cbp-9957/］（最終閲覧日2024年 9 月 3 日）

'Explanatory Notes: European Union (Withdrawal) Act 2018' (legislation.gov.uk, 2018)
［https://www.legislation.gov.uk/ukpga/2018/16/pdfs/ukpgaen_20180016_en.pdf］（最終閲覧
日2024年10月19日）

'House of Lords － Constitution － Fifteenth Report (Select Committee on Constitution, 2006)'
［https://publications.parliament.uk/pa/ld200506/ldselect/ldconst/236/23603.htm］（最 終
閲覧日2024年 8 月27日）

'Human Rights Act Reform: A Modern Bill of Rights － consultation (Ministry of Justice,
2022)'［https://www.gov.uk/government/consultations/human-rights-act-reform-a-
modern-bill-of-rights/human-rights-act-reform-a-modern-bill-of-rights-consultation］（最終閲
覧日2024年 8 月28日）

'Legislating for the United Kingdom's withdrawal from the European Union (Department for
Exiting the European Union, 2017)'［https://www.gov.uk/government/publications/the-
repeal-bill-white-paper/98cc7e2e-939a-40cb-a94a-f23797905b1c］（最終閲覧日2024年10月19
日）

'Number of practising solicitors having Higher Rights of Audience (Solicitors Regulation
Authority, 2024)'［https://www.sra.org.uk/sra/research-publications/regulated-
community-statistics/data/higher_rights_of_audience/］（最終閲覧日2025年 1 月10日）

'Population of solicitors in England and Wales (Solicitors Regulation Authority, 2024)'
［https://www.sra.org.uk/sra/research-publications/regulated-community-statistics/data/
population_solicitors/］（最終閲覧日2025年 1 月10日）

'Retained EU law and assimilated law dashboard (Department for Business and Trade,
2025)'［https://www.gov.uk/government/publications/retained-eu-law-dashboard］（最
終閲覧日2025年 1 月29日）

'Retained EU law: 10 key questions (Travers Smith, 2024)'［https://www.traverssmith.com/
knowledge/knowledge-container/retained-eu-law-10-key-questions/］（最終閲覧日2024年
9 月 3 日）

'A Review of the Year in the Court of Appeal, Criminal Division (Judiciary of England and
Wales, 2022-2023)'［https://www.judiciary.uk/wp-content/uploads/2024/07/24.16_JO_

A_Review_of_the_Year_In_the_Court_of_Appeal_Criminal_Division_2022-23_WEB.pdf]
（最終閲覧日2024年 8 月22日）

'Royal Courts of Justice Statistics（Ministry of Justice, 2023）' [https://www.gov.uk/
government/statistics/civil-justice-statistics-quarterly-january-to-march-2023/royal-
courts-of-justice-statistics-guidance-document]（最終閲覧日2024年 8 月22日）

'Statistics on practising barristers（Bar Standards Board, 2024）' [https://www.
barstandardsboard.org.uk/news-publications/research-and-statistics/statistics-about-the-
bar/practising-barristers.html]（最終閲覧日2024年 8 月24日）

人名索引

あ 行

アーヴィン卿　109

アクィナス，トマス　147

アシュワース，アンドリュー　79

アティア，パトリック　48, 49, 56-59, 63-65, 89, 90

アリストテレス　22, 23, 147

アン女王　32, 134, 140

イェーリング，ルドルフ・フォン　145

伊藤博文　127

井上毅　127

イルネリウス　146

ヴァカリウス　149

ヴィクトリア女王　32, 140

ウィリアム1世　16, 20, 26, 39

ウィリアム3世　29, 31, 132, 134

ウィリアム王子　43

ウォルポール，ロバート　135

ウォレス，ウィリアム　154

ウルフ卿　83

江島晶子　199

エドワード1世　153, 154

エドワード3世　128

エリザベス1世　25, 27, 28, 39, 93, 127, 130, 131, 158, 169

エリザベス女王　44, 84, 125

エルズミア卿　23

オースティン，ジョン　70, 77

オールド判事　114

オッカム　147

か 行

ガイウス　146

ギデンズ，アンソニー　45

キャメロン，デイヴィッド　30, 43, 125, 173,

クック，エドワード　5, 7, 9, 25, 63, 65, 67-69, 111, 120, 124, 128-133, 142, 183

クロムウェル，オリバー　25, 28, 131

ケアンズ，ジョン　103

ケイムズ卿　168

ケニス1世　153

コナン・ドイル，アーサー　162

さ 行

サッチャー，マーガレット　174

サマーズ，ロバート　48, 49, 56-59

サモンド，アレックス　165

シェイクスピア　40, 93

ジェームズ1世（ジェームズ6世）　25, 28, 32, 99, 127, 129, 131, 134, 154, 156, 158

ジェームズ2世　28, 132

ジョージ1世　32, 134, 135, 140

ジョンソン，ボリス　30, 40, 178, 191, 193, 194

ジョン王　20, 124, 126

スコット，ウォルター　169

スターマー，ケア　200

ステア卿　155, 157

スナク，リシ　45

スミス，アダム　167, 168

た 行

ダイシー，アルバート・ヴェン　7, 31, 53, 125, 137-139, 141-143, 177, 187, 188

田島裕　79, 143, 199

ダルク，ジャンヌ　26

チャールズ1世　25, 28, 131, 132

チャールズ2世　28, 131

チャールズ3世　84, 153

角田猛之　168

デイヴィッド 1 世　　153
ディケンズ，チャールズ　　36
デブリン卿　　115, 122
トクヴィル，アレクシ・ド　　50

な　行

中村民雄　　174, 187, 199

は　行

バーク，エドマンド　　40, 41, 58
バーバー，ニコラス　　139, 188
バジョット，ウォルター　　183
幡新大実　　81
ハロルド 2 世　　16
樋口範雄　　61
ヒューム，デイヴィッド　　167
深尾裕造　　36, 143
ブラクトン　　129
ブラックストーン，ウィリアム　　6, 69, 100, 111, 112, 134
プラトン　　147
プリール，ダン　　53, 57, 58
ブレア，トニー　　44, 174
ベイカー，ジョン　　36, 102, 103
ヘイル，ブレンダ　　98
ヘイル，マシュー　　40
ベンサム，ジェレミー　　5, 7, 9, 63, 69, 73, 76, 125, 136-138, 141, 142, 177

ヘンリ 1 世　　16
ヘンリ 2 世　　16, 18, 20, 171
ヘンリ 3 世　　18, 20, 34, 126-128
ヘンリ 5 世　　99, 128
ヘンリ 8 世　　25, 27, 28, 39, 190
ポズナー，リチャード　　56, 57
ホッブズ，トマス　　29, 130-132

ま　行

マーシャル，ジョン　　54
丸田隆　　51, 57, 61
ミル，ジョン・ステュアート　　137
メアリ　　156, 158, 169
メアリ 2 世　　29, 31, 32, 132
メイ，テリーザ　　30, 177, 178, 189, 192, 193
メイン，ヘンリー　　68
モア，トマス　　149
望月礼二郎　　78

や　行

ユスティニアヌス　　46, 146

ら　行

ラーブ，ドミニク　　178
リチャード 1 世　　20
ルター，マルティン　　27
ロック，ジョン　　29, 167

事項索引

あ 行

アイルランド共和国　192
アクタス・レウス　72
アドヴォケイト　162, 163
アメリカ法　1, 3, 5, 38, 46-48, 53, 59, 144
アングロ・サクソン人　15
EU　7, 10, 30-32, 45, 60, 77, 165, 170, 172, 173, 179, 185, 186, 189-194, 196, 198, 199
───（からの）離脱　7, 30, 31, 165, 170, 178, 179, 189-193, 199
EU 法　8, 26, 171, 174, 186-189, 191, 194, 195, 198, 199
イギリス国教会　27, 28
イギリス社会　5, 9, 37, 38, 40, 42, 44, 46, 58, 60, 80, 95, 96, 98, 101, 104
違憲立法審査制　3, 7, 54, 56, 60, 133, 134, 136, 137, 141-143, 172
印紙税法　54, 135
インナー・テンプル　19, 93
ウルフ改革　83
英米法　7, 38, 46, 47, 87, 144, 145, 150, 166
エクイティ　4, 14-16, 22, 23, 25, 33, 34, 37, 58, 84, 149, 159, 160, 166
エクイティ裁判所　34
エディンバラ大学　167
「エリザベス──ゴールデン・エイジ」　131
演繹的推論　150
王位継承法　31, 32, 100
王　会　16, 20, 45, 182, 189
黄金律　77
王座裁判所　17, 19, 22
王座部　84, 86
王　室　37, 43, 44, 153
欧州共同体法（1972年）　186-189, 194
欧州人権裁判所　8, 114, 141, 170, 172-174, 178-181
欧州人権条約　8, 32, 114, 141, 170, 172-183, 198, 199
欧州評議会　8, 170, 172, 173, 180-182
王政復古　28, 131
オールドベイリー　82, 97, 121
オックスフォード大学　42, 43, 48, 98, 108, 134, 137, 149

か 行

階級社会　42
下級裁判所　6, 73, 88, 90, 91, 95, 97, 101
家事部　84, 85, 86
合衆国憲法　50, 55, 110, 126
家庭裁判所　81, 85, 86
カトリック　27, 28, 131, 132, 157, 158
議院内閣制　33, 135
議会主権　3-5, 7, 8, 14, 26, 30-33, 35, 44, 53, 54, 56, 57, 58, 60, 124, 132, 133, 136, 138, 142, 170-173, 177-179, 187, 188, 198, 199
議会における国王　31, 132, 135
議会法（1949年）　33, 139
貴族院　8, 21, 31, 32, 45, 49, 59, 70, 71, 73, 74, 98, 108, 132, 135, 139, 159, 171, 173, 175, 176, 179, 180, 182, 183, 185, 187, 198
北アイルランド国境問題　192
帰納的推論　150, 151
教会法　148, 149, 155, 157
禁止令状事件（1607年）　99, 129
クール・ブリタニア　5, 38, 44, 45
区　別　49, 74, 78, 98, 129
グレイズ・イン　93
刑事裁判法（2003年）　86, 118, 119
刑事法院　73, 81, 82, 86, 88, 91, 93, 95, 105, 121
継続 EU 法　171, 190, 191, 194, 195
ケルト人　15

県裁判所　　73, 81-88, 91, 97, 115

ケンブリッジ大学　　42, 98, 108

憲法改革法（2005年）　　8, 9, 171, 179, 182, 184, 185

憲法的法律　　187

権利章典　　29, 31, 35, 124, 132-135, 138, 140, 142, 187

権利章典法案（2022年）　　179

権利請願　　22, 124, 131, 132, 135, 138

権力分立　　46, 171, 181-183, 198, 199

合議法廷　　84, 88

硬性憲法　　134, 137, 142

公正な裁判を受ける権利　　114, 171, 172, 181, 182, 198

控訴院　　73, 76, 81, 85-88, 93, 95, 99, 108, 114, 116, 195

公訴局　　100

高等法院　　17, 37, 73, 81-88, 90, 93, 97, 98, 116, 195

高等民事裁判所　　87, 99, 155-158, 160-162, 168

国王裁判所　　17, 18, 22, 34, 156, 159

国王大権　　30-32, 43, 139, 140, 189

故　殺　　72, 87

コモン・ロー　　4, 14-17, 21-25, 32-34, 40, 47, 58, 63-70, 73, 76, 77, 108, 128, 129, 131, 136, 139, 142, 154, 156, 158, 159, 160, 166, 171, 180

コモン・ロー裁判所　　24, 25, 34, 149, 160, 180

古来の国制論　　128, 129, 131

コロナウイルス法（2020年）　　89

「コントロールを取り戻せ」　　179, 191, 193

さ　行

最高刑事裁判所　　158, 160-162, 168

最高法官　　154, 162

裁判員制度　　4, 10, 35, 50, 78, 104, 107, 108, 110, 117, 118, 122

裁判官任命委員会　　98, 184

裁判官の独立　　31, 80, 99

財務府裁判所　　17

差止命令　　23, 24, 160

産業革命　　32

参審制　　50

シェリフ裁判所　　154, 161, 162

ジェントリ　　26, 27

自然権　　29

自然法　　29

実体的デュー・プロセス　　55

司法審査　　84, 87

宗教改革　　27, 149, 157, 158

12世紀ルネサンス　　146

習　律　　7, 139-141, 143, 164, 184

上級裁判所　　6, 19, 35, 42, 43, 52, 59, 65, 80, 81, 88, 90, 91, 93, 95-99, 101, 102, 108, 120

商事財産裁判所　　85

常任上訴貴族　　183-185

証明不十分　　162

庶民院　　21, 26, 27, 31, 32, 130, 132, 135, 139, 173, 175, 182

人身傷害　　82-84, 88, 115, 117, 161

人身保護令状　　25, 141

信　託　　23, 24, 29, 83, 149

神　判　　18

スクーンの石　　153

スコット族　　152, 153

スコットランド議会　　7, 149, 158, 163, 164

スコットランド啓蒙　　167

スコットランド国民党　　164, 165

スコットランドの独立　　10, 165

スコットランド法　　7, 11, 144, 149, 150, 152, 155-161, 163, 166, 168, 171

　1998年――　　163, 164

ステュアート朝　　28, 127

正式起訴を要する犯罪　　105

成文法主義　　47, 62

説　示　　51, 106, 112, 114

1998年人権法　　35, 125, 139, 142, 170, 174-179, 198, 199

選挙法改正　　32

先例拘束性の原則　　6, 21, 34, 49, 58, 59, 63, 65,

事項索引　　213

70, 73, 98, 108, 159

訴訟開始令状　　17, 24, 65, 154

ソリシタ　　6, 19, 35, 80, 81, 90–93, 95–98, 100, 101, 118, 162, 163

　　――協会　　92

た　行

ダーネル事件（1627年）　　128, 130, 132, 138

体系的・権威的著作　　157, 160, 168

代訴人　　18, 19, 34, 95

大陪審　　110

大評議会　　20, 126, 180

代弁人　　18, 19, 34, 95

大法官　　8, 22–25, 97, 98, 109, 149, 171, 178–183, 198

大法官裁判所　　16, 22–25, 34, 160, 180

大法官府　　17, 22, 180

大法官部　　84, 86

大陸法　　7, 15, 34, 38, 46, 47, 58, 62, 144, 145, 149–152, 166

「ダヴィンチ・コード」　　19, 93

タクシー乗り場ルール　　100

多数者の専制　　137

ダルリアダ・オールバ王国　　153

治安判事　　82, 84, 107–109, 161

治安判事裁判所　　73, 81, 82, 84, 86, 91, 95, 97, 107, 161

中央裁判所施設　　84, 86, 93

懲罰的損害賠償　　51, 52, 57, 58, 121

勅選弁護士　　6, 65, 97, 100, 101, 108

デュー・プロセス条項　　55, 126

テューダー朝　　25

伝聞証拠排除則　　106

ドイツ法　　1, 3, 4, 46, 58, 144

ドゥームズデイ・ブック　　16, 18

同君連合　　28, 156, 158

独占事件（1602年）　　130

特定履行　　23, 160

ドナヒュー 対 スティーブンソン事件（1932年）　　70

な　行

軟性憲法　　134

二重の危険　　87

2001年 反テロリズム，犯罪および安全保障法　　176

2018年欧州連合（離脱）法　　189, 191, 194

2020年欧州連合（離脱協定）法　　191–194

2023年継続EU法（廃止と改革）法　　191, 194–196

日本国憲法　　3, 26, 35, 126, 133, 134, 142

ネグリジェンス　　17, 66, 71, 72

ノビレ・オフィキウム　　160

ノルマン王朝　　16, 144, 149, 180, 182

ノルマン人　　16, 39, 153

は　行

ハーグ条約　　85

陪審制　　3–6, 9, 10, 14, 18, 33, 35, 37, 48, 50, 51, 53, 57–60, 104, 105, 107, 109, 111, 114, 115, 117, 118, 120–122, 150, 162, 180

陪審による法の無視　　51

陪審のエクイティ　　109, 113–115, 121

陪審への干渉　　119

ハイランド　　154

ハノーヴァー朝　　32

バリスタ　　6, 19, 35, 42, 43, 49, 65, 80, 81, 90–103, 108, 118, 120, 121, 162

判例集　　64, 70, 73

判例法主義　　2, 3, 5, 6, 10, 35, 37, 40, 42, 48–50, 58, 60, 62, 63, 65, 78, 90, 97, 101, 104, 108, 150

ピーター・ゼンガー事件（1735年）　　51

被同化法　　171, 194, 195, 199

百年戦争　　20, 26

ピューリタン革命　　25, 28, 38, 131

評　決　　105, 106, 110, 112–115, 117, 120

ファクタテイム事件（1991年）　　187, 188, 194

ブッシェル事件（1670年）　　111

不適合宣言　　176

フランス革命　　32, 38, 41
プランタジネット朝　　16
古い同盟　　152, 158
「ブレイブハート」　　154
ブレグジット　　10, 30, 31, 165, 187, 188, 193,
　194, 196-198
ブレグレット　　30, 31
プロテスタント　　27, 28, 131, 132, 158
文理律　　77
弊害律　　77
ベイト事件（1606年）　　128, 130, 132
ヘイドン事件（1584年）　　77
ヘンリ8世条項　　190, 191, 195
謀　殺　　71, 72, 82, 87, 106
法思想　　1-10, 63, 65, 67, 104, 109, 120, 124,
　147, 167, 174, 198
法宣言説　　9, 59, 68-70, 73, 76
法曹一元制　　6, 19, 33, 35, 42, 48, 49, 59, 65, 80,
　90, 96-101, 108
法曹学院　　19, 93-95
法創造説　　69
法治主義　　124
法典化　　47, 76, 77
法の格率　　66, 68
法の支配　　4-7, 9, 14, 20, 26, 31, 33, 35, 37, 43,
　44, 53-56, 57, 58, 60, 65, 80, 97, 99, 101, 111, 115,
　124-127, 129, 132-134, 136-138, 141, 142, 177, 182
法の適正な手続　　127, 128, 132, 138
保守党　　44, 174, 177, 183
ボスマン事件（1995年）　　197
ボナム医師事件（1610年）　　133, 134
ポンティング事件（1985年）　　51, 52, 112, 114

ま　行

マーベリー　対　マディソン事件（1803年）
　54
「マイ・フェア・レディ」　　42
マグナ・カルタ　　4, 7, 14, 20, 111, 120, 124-129,
　134, 135, 138, 142

ミドル・テンプル　　19, 93
民事陪審　　6, 50, 51, 115-117, 161
民訴裁判所　　17, 19, 112
無承諾課税禁止法　　126, 128, 130
名誉革命　　28, 29, 31, 32, 100, 132-134, 136
メンズ・レア　　72

や　行

約　因　　72, 155
UK　　7, 10, 11, 13, 14, 30, 60, 87, 144, 145, 152,
　160, 161, 165, 166, 170, 192, 193
ヨークシャー・リッパー事件　　82
世論法廷　　136

ら　行

ライランズ　対　フレッチャー事件（1868年）
　75, 78
離婚, 解消, および別居法（2020年）　　85
「リトル・ダンサー」　　42
略式起訴で足りる犯罪　　81, 105, 107
リンカーンズ・イン　　19, 93
類　推　　49, 66-70, 75, 76, 78, 98, 129, 150, 151
ルネサンス　　156
レイシオ・デシデンダイ　　71-74, 151
レガリティ裁判所　　154
歴史的継続性　　4, 5, 7, 9, 14, 20, 33, 37, 38, 40,
　45-47, 58, 64, 103, 179, 180, 198
連合王国最高裁判所　　14, 30, 49, 73, 74, 81, 86-
　88, 95, 98, 102, 159, 161, 162, 165, 171, 177, 179,
　184, 189, 195, 198
連合条約　　158, 163
労働党　　44, 174, 182
ローマ法　　7, 34, 46, 47, 144-149, 151, 155, 157,
　158, 166, 171
ローマ法大全　　46, 146, 148, 157
ローランド　　154
ロックナー判決（1905年）　　55
「ロビン・フッド」　　125

事項索引　　215

執筆者紹介

戒能　通弘（かいのう　みちひろ）　　序論，第1章（共著），第2章～第6章，
　　　　　　　　　　　　　　　　　　　第8章，あとがき

1970年生まれ。同志社大学法学部教授。ロンドン・スクール・オブ・エコノミクス大学院法学修士（LL.M.）課程修了。同志社大学大学院法学研究科博士後期課程修了。博士（法学）。
主な業績：
『世界の立法者，ベンサム──功利主義法思想の再生』（日本評論社，2007年），『近代英米法思想の展開──ホッブズ＝クック論争からリアリズム法学まで』（ミネルヴァ書房，2013年），『ジェレミー・ベンサムの挑戦』（共編著，ナカニシヤ出版，2015年），『法の支配のヒストリー』（編著，ナカニシヤ出版，2018年），『功利とデモクラシー──ジェレミー・ベンサムの政治思想』（共訳書，慶應義塾大学出版会，2020年），『ベンサム「公開性」の法哲学』（単訳書，慶應義塾大学出版会，2023年），『法思想史を読み解く──古典／現代からの接近〔第2版〕』（共著，法律文化社，2024年），『法の基礎を読み解く──外国と日本の比較を通じて』（共著，法律文化社，2025年刊行予定）ほか。

竹村　和也（たけむら　かずや）　　第1章（共著），第7章

1963年生まれ。同志社大学法学部嘱託講師。エディンバラ大学大学院法学修士（LL.M.）課程修了。同志社大学大学院法学研究科博士後期課程単位取得。
主な業績：
「スコットランド啓蒙思想の一側面──ケイムズ卿の歴史法学」（『同志社法学』第48巻2号，1996年），「グローバルな正義論」（『法の理論』第23号，成文堂，2004年），「人間の安全保障と人権」（『天理大学人権問題研究室紀要』第10号，2007年），『入門法学──現代社会の羅針盤〔第5版〕』（共編著，晃洋書房，2018年）ほか。

Horitsu Bunka Sha

イギリス法入門〔第2版〕
——歴史、社会、法思想から見る

2018年6月1日　初　版第1刷発行
2025年5月5日　第2版第1刷発行

著　者	戒能通弘・竹村和也
発行者	畑　　　光
発行所	株式会社 法律文化社

〒603-8053 京都市北区上賀茂岩ヶ垣内町71
電話 075(791)7131　FAX 075(721)8400
customer.h@hou-bun.co.jp
https://www.hou-bun.com/

印刷：中村印刷㈱／製本：㈱吉田三誠堂製本所
装幀：白沢　正

ISBN 978-4-589-04404-4
ⓒ2025　M. Kaino, K. Takemura　Printed in Japan

乱丁など不良本がありましたら、ご連絡下さい。送料小社負担にてお取り替えいたします。
本書についてのご意見・ご感想は、小社ウェブサイト、トップページの「読者カード」にてお聞かせ下さい。

JCOPY　〈出版者著作権管理機構　委託出版物〉
本書の無断複写は著作権法上での例外を除き禁じられています。複写される場合は、そのつど事前に、出版者著作権管理機構（電話 03-5244-5088、FAX 03-5244-5089、e-mail: info@jcopy.or.jp）の許諾を得て下さい。

戒能通弘・神原和宏・鈴木康文著

法思想史を読み解く〔第2版〕
―古典／現代からの接近―

A5判・260頁・3190円

自然法・自然権思想を軸に古代ギリシアから20世紀前半のアメリカに至る法思想を整理する好評書の第2版。近年の政治思想史分野で研究が進む共和主義の思想を本文・コラム等で補いつつ、より多角的な視点から現代日本法が依拠する法思想史全体を解説。

倉持孝司・村田尚紀・塚田哲之編著

比較から読み解く日本国憲法

A5判・248頁・3190円

憲法学習にとって必要な項目を網羅し、判例・学説と各論点に関連する外国の憲法動向を紹介し比較検討。日本の憲法状況を外側から眺める視点を提供するとともに、日本と外国の制度の違いを内側から考えられるように工夫した。

大野達司・森元拓・吉永圭著

近代法思想史入門
―日本と西洋の交わりから読む―

A5判・304頁・3080円

立法・法改正論争が盛んな現代日本の法理論の背後にあるものを理解するため、幕末～敗戦・新憲法制定までの法思想の道筋を辿る。日本と西洋の重要人物の来歴や相互の影響関係、さらに近代法継受の社会的政治的背景を含む入門書。

村上一博・西村安博編〔HBB⁺〕

史料でひもとく日本法史

四六判・372頁・3740円

前近代法史を学ぶ意義と愉しさを史料の文言や体裁からひもとき解説する教科書。各時代を特徴づける興味深い時代区分の議論や身近でアクセスし易い資料館等を紹介するコラムも交えながら人々が何を「法」としてきたのか、どのように紛争を解決してきたのかを読み解く。

石岡浩・川村康・七野敏光・中村正人著

史料からみる中国法史

四六判・240頁・2750円

初学者にとって理解困難な史料を、現代日本語訳とやさしい語り口で読み解くユニークな入門書。中国法の変遷を概観したうえで、法学入門的なトピックを切り口に現代日本法との比較のなかで中国法史をわかりやすく叙述する。

宮坂渉・松本和洋・出雲孝・鈴木康文著
〔HBB⁺〕

史料からみる西洋法史

四六判・286頁・3080円

史料（現代日本語訳）を交えつつ、各時代を画する重要な法制度、思想、学問的潮流等を初学者にわかりやすく解説する。古代、中世、近世、近代の4部構成。各部の最初の2講では通史を、残りの3講ではトピックを取り上げ、西洋法史の「広さ」と「深さ」を示す。

法律文化社

表示価格は消費税10%を含んだ価格です